LES

BAGNES D'AFRIQUE,

HISTOIRE

DE LA

TRANSPORTATION DE DECEMBRE.

JERSEY,
IMPRIMERIE UNIVERSELLE,
19, DORSET STREET.

LES

BAGNES D'AFRIQUE,

HISTOIRE

DE LA

TRANSPORTATION

DE DÉCEMBRE,

PAR CH. RIBEYROLLES,

Ex-rédacteur en chef de la *Réforme*.

LONDRES.

JEFFS, LIBRAIRE, BURLINGTON ARCADE.

MDCCCLIII.

DÉDICACE

A LOUIS NAPOLÉON.

> La République doit être généreuse et avoir foi dans son avenir ; aussi, moi qui ai connu l'exil et la captivité, j'appelle de tous mes vœux le jour où la patrie pourra, sans danger, faire cesser toutes les proscriptions et effacer les dernières traces de nos discordes civiles.
>
> (LOUIS NAPOLÉON, 10 décembre 1848.)

C'est à vous, Monsieur, que je dédie ces quelques pages que la transportation a dictées et que l'exil a recueillies ; elles vous appartiennent de droit ; car ceci est encore un feuillet taché de sang, un livre de douleurs, une légende des cirques et, vous le savez, les dépouilles des martyrs reviennent toujours au bourreau. Vos maîtres du temps romain, les Tibère, les Caligula, les Néron eurent aussi leurs historiens ou rapsodes qui gravaient, à l'écart, sur les tables d'airain, les folies sanglantes de ces empereurs, et qui les embaumaient dans le crime : c'étaient les Suétone, les Perse, les Tacite, les Juvénal, travailleurs au burin puissant et dont les légendes ont bien mieux gardé ces Césars passés Dieux, que leur Olympe.

Comme toutes ces têtes impériales, qui suent le sang et la débauche à travers les siècles, vous aurez, Monsieur, la grande auréole ; vous serez immortel, comme vos ancêtres du crime et de la folie ; seulement votre renommée ne sera point posthume : vous aurez, vous, la justice, vivante, universelle, contemporaine ; vous la sentirez sous votre pourpre, à votre chevet, dans vos fêtes ; au besoin, vous la trouveriez au bout du monde ; car, aujourd'hui, les Barbares eux-mêmes, les Scythes lointains sont dans la confidence comme les bourgeois d'Athènes, et ce n'est pas le ponton, ce n'est pas l'Afrique, ce n'est pas l'exil, c'est la conscience du genre humain qui vous accuse ; impérissable est donc votre gloire, et vous en pourrez jouir : l'espace et le temps savent votre nom !

Vous avez bien fait, Monsieur, tout ce qu'il y avait à tenter pour écarter de votre chemin cette destinée redoutable : *l'universel mépris, la malédiction du monde*. Vous aviez la modestie du crime et vous avez fermé toutes les portes de votre empire, et vous avez éteint toutes les lumières, renversé toutes les tribunes, scellé toutes les lèvres ; vous aviez peur de l'anathème des agonies et vous avez muré vos victimes dans vos prisons pleines, au fond de vos bagnes flottants, et vous avez étouffé leur dernier cri sous la balle de vos soldats ou sous le baillon de vos juges !

Mais les temps ne sont plus où les empires étaient fermés comme des cirques ; où le rayon d'une civilisation locale ne s'étendait pas au-delà des frontières, s'arrêtait au seuil des forêts profondes et ne se reflétait jamais au-delà des mers : le crime n'a plus ses antres ; le monde est un aujourd'hui : la vérité va partout comme l'éclair, grâce à la science qui lui a donné des ailes : l'humanité vivante est son tabernacle et l'univers, son temple.

C'est donc en vain que vous avez fait autour de vous la servitude, le silence, et la nuit. Le cachot a des voix comme le désert, des voix qu'on entend par toute la terre : la tombe elle-même est sonore, et toutes les nations savent, déjà, que vous êtes la cruauté de Sylla, l'ambition d'Octave, la fourberie de Tibère.

Vous êtes sacré, César! oui, sacré par la tache de sang, et vous aurez le grand siége dans la galerie des monstres qui ont déshonoré l'espèce.

Cela, d'ailleurs, vous était bien dû ; car vous avez dépassé tous les belluaires, effacé toutes les tragédies et conquis, en un seul jour, le plus haut échelon des potences de l'histoire.

Qu'était-ce, en effet, que ce Néron, dont la tête roule à travers les âges comme la médaille éternelle du crime ?

Errant, méprisé, deux fois proscrit, et dans sa race et pour lui-même, n'avait-il comme vous retrouvé sa patrie qu'au prix du sang d'un peuple et par la miséricorde d'une révolution ?

Avait-il salué, comme vous, cette révolution libératrice du monde et de lui-même, par ce cri jeté de l'étranger à la barricade triomphante : " Sans autre ambition que celle de " servir mon pays, je viens annoncer mon arrivée aux mem- " bres du gouvernement provisoire et les assurer de mon " dévoûment à la cause qu'ils représentent comme de ma " sympathie pour leurs personnes."

Par cette autre parole qu'ont si cruellement démentie plus tard les plus infâmes trahisons : " En présence de la souve- " raineté nationale, je ne veux et ne peux que revendiquer " mes droits de citoyen français..... toute ma vie sera con- " sacrée à l'*affermissement* de la République."

Par cet engagement d'honneur, véritable contrat librement signé, déposé dans les mains du peuple, au milieu des brigues acharnées de la présidence : " Il ne faut pas qu'il y " ait d'équivoque entre vous et moi : je ne suis pas un am-

" bitieux ; élevé dans les pays libres et à l'école du malheur, " je resterai toujours fidèle aux devoirs que m'imposeront " vos suffrages et les volontés de l'assemblée. Si j'étais " nommé président, je mettrais mon honneur à laisser, au " bout de quatre ans, à mon successeur, le pouvoir affermi, " la liberté intacte, un progrès réel accompli."

Par cet autre serment enfin, prêté devant le monde entier, du haut de la tribune souveraine et qui vous reste au front comme une tache, sentence éternelle sous votre couronne : " En présence de Dieu et devant le peuple français, repré- " senté par l'Assemblée Nationale, je jure de rester fidèle à la " République démocratique une et indivisible et de remplir " tous les devoirs que m'impose la Constitution....."

Non ! le fils d'Aggripine entrant dans le palais de Claude n'avait point trouvé la République assise et Rome souveraine ; il n'était pas venu, derrière les Gracques, acclamer le peuple au mont sacré, mendier une patrie, revendiquer son titre dans la curie des citoyens, et modeste, prendre sa place au sénat, à côté de Caton ; il n'avait pas prêté vingt serments devant l'image des Dieux, vingt serments violés plus tard avec toutes les hypocrisies de l'ambition et toutes les audaces de la force ; il ne s'était point assis sur le siége du consul en trompant le peuple par des proclamations presqu'agraires ; il n'avait point réveillé les souvenirs amers de la défaite et provoqué les vengeances de la patrie, l'urne du grand César dans les mains ; il n'avait encore été ni comédien, ni traître, ni parjure; il n'avait renversé ni les rostres, ni le sénat, ni la souveraineté publique : pour monter au trône, il n'avait tué que Britannicus.

Quand je songe, Monsieur, que votre Britannicus à vous, c'est la Révolution Française, que votre Aggripine assassinée s'appelle la République et, qu'au lieu d'éventrer Poppée la courtisane, vous avez porté la main sur la conscience humaine, je déclare que vous n'avez pas d'ancêtres de votre taille parmi les malfaiteurs du monde, et que Néron, l'éternel type des monstres, à côté de vous est un pygmée !

Triste Narcisse du crime, il se mirait, dit-on, dans l'incendie de cette Rome que vous avez bombardée ; joueur de flûte, il faisait jeter ses rivaux au cirque ; empereur païen, presque parent de Jupiter, il brûlait les Chrétiens dans ses fêtes ; mais il n'avait pour toute conscience, il n'avait eu pour tout enseignement que la morale de Sénèque, la pédagogie de Burrhus et les conseils de sa mère ; il avait trouvé de plus, dans sa coupe d'adolescent, cette terrible ambroisie du pouvoir absolu qui donne les sanglants vertiges !

Vous, *élevé dans les pays libres, à l'école du malheur*, vous, sectateur et contemporain de deux révolutions, vous, disciple avoué (pendant les mauvais jours) des idées qui chantent dans le cœur du pauvre, vous en qui la raison publique avait pu pénétrer par toutes les fortes disciplines de l'esprit et du cœur, par l'éducation, par le souvenir, par l'exil, vous enfant du dix-neuvième siècle qui aviez vu déjà la civilisation jeter ses ancres, les libertés publiques s'asseoir, et la science, colonne de lumière, monter si haut, vous vous êtes rué, tout à coup, sur ces libertés fécondes que vous avez étranglées, sur ces phares lumineux que vous avez éteints, sur ces idées, divines semences, qui étaient en fleur dans le jardin du peuple, et que vous avez fauchées. Vous avez poignardé le droit, renversé la loi, vous son pontife, son magistrat suprême ; vous avez, enfin, volé la souveraineté du premier peuple du monde, comme on vole un manteau, la nuit dans une auberge, par effraction, par escalade et guet-à-pens !

La souveraineté, le droit, la justice, la loi, la liberté, voilà donc vos morts, à vous ; ils valent bien, n'est-ce pas, les cadavres de Sénèque et de Burrhus ?

Au milieu de ce cataclysme d'une civilisation s'effondrant tout à coup, sous un complot de nuit, comme une tente sous l'orage, l'âme publique fut saisie d'épouvante et chancela. Ce succès de la force, cette conspiration si savante en stratégies d'assassinat, ce mépris sauvage des serments, cette chute si rapide des institutions, des pouvoirs, de tout un monde la veille encore si vivant et si plein, tout cela la troubla profondément, et bien des têtes qui portaient la pensée doutèrent, inclinées sur ces ruines.

Les ténèbres, d'ailleurs, que vous aviez faites et que sillonnaient seulement les lanternes sourdes de vos polices, ces ténèbres épaisses cachaient le naufrage, masquaient les tombes, les tueries, les vols : on trouvait à peine quelques pistes de sang à travers les dithyrambes de vos journaux et, la nuit étant partout comme la peur, cette autre nuit de l'âme, on sentait peser sur soi l'anxiété des cavernes !

Mais je vous l'ai dit, Monsieur, la vérité, de nos jours, ne reste pas voilée longtemps ; muette ici, baillonnée là, captive de la force ou de la ruse, elle passe, comme le rayon, à travers les barreaux, et va remuer, partout, les touches infinies de son grand clavier humain, la presse.

Ainsi, vous n'aviez point relevé vos cadavres jetés pêle-mêle au fond de vos cimetières éventrés ; vous n'aviez point lavé le sang de vos assassinats, le long des murs, dans les cours, dans le préau de vos prisons, à la Préfecture, au Luxembourg, au Champ-de-Mars, vos trois grands abattoirs nocturnes, que la vérité, rapide comme l'hirondelle, nous arrivait à Londres, qu'on parlait de vos boucheries, en Suisse, en Allemagne, en Piémont, et qu'en Belgique on avait déjà le compte de vos meurtres.

On y faisait aussi le bilan de vos dilapidations à la Banque, à la Bourse, aux paquebots, aux lingots d'or ; on disait les nécessités de vos complices acculés soit à Clichy, soit à Clairvaux, et le coup d'Etat était expliqué dans ses raisons antérieures de vol, de faillites, d'ambitions besogneuses ou princières, comme dans ses résultats hideux : Trois mille cadavres dans Paris, les prisons pleines, les départements dévastés et la civilisation au pillage!

Ces premières clartés, d'ailleurs, étaient à peine répandues que la lumière se faisait éclatante, universelle : les généraux par vous surpris dans la nuit de la trahison et livrés à vos malfaiteurs, parlaient ; le ponton racontait ses souffrances et vos infamies; l'exil faisait entendre ses témoins sévères, et, Victor Hugo, votre Juvénal, votre Châteaubriand à vous, éclairait si bien votre âme et vos fossés de Vincennes, que le monde entier voyait clair dans ces tragédies !

Il savait, il sait maintenant que vous aviez fait du gouvernement, à vous livré par la confiance du peuple, une longue conspiration de trois années contre ce peuple lui-même, et que, par un double jeu d'esprit italien, vous aviez calomnié la France républicaine, pour rallier contre elle les intérêts effarés, tandis que vous compromettiez, que vous déshonoriez la triste assemblée législative, pour la ruiner à son tour dans l'esprit de la France républicaine.

Il savait, il sait au fond toutes vos intrigues de la veille, pour acheter les consciences militaires, administratives, policières, si toutefois on peut appeler de ce nom sacré *consciences* ce ramas d'instincts cupides, de bilans véreux, de servilités corses, de vices bigames, de juifs, d'écumeurs et d'aventuriers qui forme aujourd'hui votre monde officiel, vos maréchaux, vos chambellans, vos sénateurs, ô Charlemagne des flibustiers !

Il connaît aussi votre razzia du Deux-Décembre avec toutes ses manœuvres de nuit que n'eût pas imaginées Cartouche, un grand homme pourtant, et de votre famille ; il sait que le 4, à deux heures de relevée, comme disent les notaires, ces témoins de la mort, vous avez fait assassiner, par votre armée gorgée d'or et de vin, sans sommation ni provocation, deux mille citoyens désarmés, femmes, enfants, vieillards. Une riche hécatombe, vraiment, et comme en a vu bien peu la Rome des cirques !

Il sait, enfin, qu'au milieu de votre victoire, en dehors des luttes, vous avez fait égorger froidement un millier d'hommes, soit à domicile, soit dans vos prisons ; que vous avez relevé l'échafaud politique pour aspirer à votre aise la forte odeur du sang républicain, ce parfum des rois ; que vos prétoriens-kabyles ont organisé dans le Midi la chasse à l'homme, comme au Petit-Atlas, et que de tous les points de la France désolée, dévastée, sont partis, caravanes de deuil, pour les pontons, l'exil, l'Afrique ou Cayenne, trente ou quarante mille martyrs, coupables d'avoir défendu la loi contre vos assassins !

Mais ce qu'il ne sait pas, c'est le système de vos haines contre ces condamnés sans juges de la transportation ; ce sont les servitudes qui les accablent, les avanies qu'ils ont à subir ; c'est la pratique de vos vengeances contre cette légion sacrée où se trouvent pêle-mêle accouplés, ensevelis dans la misère et le désespoir, l'artiste, l'ouvrier, le laboureur, le médecin, le juge, toutes les fonctions, tous les états, tous les services, et plus de cent mères de famille que vous avez arrachées à leurs petits enfants, pour les jeter sur les chemins de l'exil ou dans vos bagnes de l'étranger.

Voilà ce qu'il ne sait pas et voilà la dernière page de vos triomphes que je viens livrer à ses méditations, en vous la dédiant.

Elle est bien incomplète et bien pâle, cette légende de vos martyrs ; car la transportation est sans parole et vos cirques sont fermés comme les cercles du Dante ; mais ne craignez rien : pas une larme, pas une tache de sang ne se perdra, tout sera recueilli : le soupir, le sanglot, l'agonie, le désespoir, la faim, et vous aurez votre colonne trajane, ô César de l'assassinat !

ÉPISODES DE PARIS.

CHAPITRE Ier.

J'écris sur des ruines, des ruines plus grandes que ne les eût faites une invasion ; car la force n'emporte pas toujours l'honneur, et, cette fois, tout est tombé.

Les champs de ma patrie sont verts, cette année, comme à tous les printemps ; ses usines fument, ses ateliers travaillent, ses arts fleurissent, quoiqu'en serre chaude ; toutes ses sèves fermentent ; il n'y a pas jusqu'à ses académies qui n'égrènent leur éternel rosaire ; la France enfin a gardé toutes ses forces matérielles, ses armées, ses citadelles, ses frontières, ses tours — et toutes les splendeurs de sa beauté, ses palais, ses musées, ses monuments ; eh bien ! regardez : sous tous ses joyaux, la France est plus pâle, plus triste, plus accablée qu'après Waterloo.

Pourquoi ? — Parce que son verbe, le souffle divin de son génie, la parole libre, est morte. — Pourquoi ? — Parce que sa souveraineté n'est plus que le caprice d'un homme !

Traversez ce grand pays ; qu'entendez-vous ? Le galop du gendarme, la crécelle du juge, le haro du policier, l'hosannah des laquais ivres de la presse ou du petit parlement, et les ukases de l'empereur ! — Que voyez-vous ? La force qui s'étale sous les armes, le soupçon qui guette dans l'ombre, la peur qui se cache, la délation qui marque les portes, et l'empereur qui revient de ses chasses !

La police et l'empereur, voilà les maîtres !

Oui, la France est plus malheureuse qu'après Waterloo.

Ce jour là, frappée dans son corps, elle n'avait point souffert dans son âme inviolée : ses armées couchées sous terre poussaient des racines à travers le sol natal, tandis que ses idées se ralliaient dans les catacombes, et l'Europe tremblait encore accroupie sur ses épaules saignantes ; aujourd'hui, la France est captive du crime : l'étranger n'a point porté la main sur elle, et ce sont les jeunes légions, filles de son flanc, qui l'écrasent !

Comment s'est faite, tout à coup, cette triste nuit dans notre histoire, et quelles sont les causes de cette chute si profonde ? On peut le dire en deux mots : l'ambition et la peur. La peur obèse des intérêts qu'effrayait une souveraineté jeune, ardente, mais magnanime jusqu'à la folie, et l'ambition louche des dynasties errantes qui trois ans ont fait le siége de la République, pour rentrer dans leurs vieux domaines ; puis, ces derniers voleurs s'attardant, à l'heure propice, est venu le lord-protecteur de tous les conjurés, un forban des ténèbres qui a fait le coup, et la Révolution est tombée ! Voilà le drame dans ses grandes lignes.

Au-dessous sont les incidents. Ainsi, dans le camp assiégé, des fautes ont été commises : on a mal manœuvré, surtout, entre les deux grandes conspirations ; mais de tels points ici ne sont pas à discuter : les détails comptent peu dans d'aussi grands naufrages, et c'est au monstre qu'il faut aller en sonnant le glas des agonies.

Les crimes du tyran ne sont-ils pas la première vengeance des martyrs ?

ÉPISODES DE PARIS.

Simple chroniqueur de faits qui se sont passés en dehors de l'exil, nous ne sommes pas témoin dans cette cause; mais nous pouvons affirmer que les notes et documents qui sont la substance de ce petit livre émanent des transportés eux-mêmes ou de leurs amis, récemment échappés des bagnes d'Afrique.

Un de ces derniers, le citoyen Frond, ex-lieutenant aux sapeurs-pompiers de Paris, nous a confié la plupart de ces pièces qu'il avait recueillies une à une, en traversant les cachots, les pontons et les camps. Tout entier à son œuvre d'enquête vengeresse et de juste réparation à l'endroit des victimes, cet officier, aujourd'hui notre compagnon d'exil, interrogeait toutes les misères, tous les griefs, toutes les douleurs, et quand plus tard il tenta son évasion heureuse, emportant ses dossiers à travers les hasards de la mer, il fit le religieux serment d'ouvrir, au plus tôt, à la cause sacrée de ses frères martyrs, les grandes assises de l'opinion publique.

C'est cette parole que nous venons ensemble dégager aujourd'hui, malheureux de ne pouvoir d'un coup venger tous ceux qui souffrent, et révéler toutes les infamies que la tombe cache ou que le silence couvre.

Mais si nous n'avons pu que glaner quelques gerbes, dans ce vaste champ de deuil, si les mille tragédies de la transportation restent voilées pour la plupart, quant aux noms et quant aux crimes, nous livrerons du moins au monde, les hideux secrets de ce régime, ses pratiques brutales, ses méthodes raffinées, ses lois sauvages ; et, pour que l'enseignement soit complet, avant de passer la mer, nous rallierons, par quelques épisodes encore inédits, par des traînées de sang, par des tombes, la cause à la conséquence, le 2 décembre à la transportation, Paris à l'Afrique !

L'OUVRIER INVALIDE.

Dans la journée du 4 décembre, à l'heure funèbre où la pluie de feu tombait sur les Boulevards de Paris, un ouvrier invalide, appuyé sur une béquille et sur une canne, s'en allait lentement, péniblement de la Chapelle-Saint-Denis à la Barrière, pour rentrer chez sa mère, au faubourg.

Ce pauvre infirme retiré (mais non retraité), du service de la marine, avait nom Habrant (Alfred). Il avait passé dans son lit, où le clouait la paralysie, les deux années si orageuses qui avaient suivi Février, et quoique républicain, il se croyait sain et sacré sous sa béquille, même au milieu de la guerre civile la plus acharnée. Ouvrier ou soldat, qui donc voudrait porter la main sur le paralytique ?

Habrant arrive à la Barrière : les portes sont fermées, toutes les issues barricadées, et des blouses montent la grand'garde. L'ouvrier demande à passer ; ce sont des frères ; ils vont ouvrir ? — Les blouses l'entourent, se forment en conseil de guerre et décident qu'on va le fusiller !

Mais tout à coup on entend le double tocsin de la charge et des feux réglés : la troupe arrive ! Sur ce, les blouses de disparaître : la barricade reste désarmée ; c'était une souricière !

Habrant s'abrite sous les portes de la Douane contre la fusillade. Les balles pleuvent autour de lui, sur les pierres, et les soldats se précipitent sur ces faciles décombres.

Il n'y a là ni défenseurs, ni blessés, ni fuyards : il n'y a qu'un invalide. Qu'a-t-on à faire contre des béquilles ?

Ces béquilles, nos braves soldats les prennent pour des armes ! gorgés de vin, flairant le sang, ils se jettent sur l'infirme que l'officier a déjà frappé d'un coup de sabre, et le tirent à bout portant.

Habrant tombe ; il n'est que blessé, car les balles sont ivres ; mais il fait le mort et les soldats se retirent croyant ne laisser derrière eux qu'un cadavre, quand un bourgeois, *éclaireur* de la troupe, se penchant sur le corps, s'écrie : " Ce n'étaient pas des armes, ce sont des béquilles ! "

Oui, c'étaient des béquilles qu'on avait fusillées !

On relève Habrant ; on éteint les flammes qui dévoraient déjà ses vêtements et ses chairs, et l'officier dit à ce mort-vivant qui demande encore le libre passage : " Bourgeois, au large ! La grille ne peut s'ouvrir ; les pavés l'encombrent ; l'ambulance est à la Chapelle ! "

Le mutilé fait un dernier effort et se dirige, en perdant son sang, vers la mairie de la Barrière ; mais la route est longue : pas une porte amie qui s'ouvre ; pas une main fraternelle qui l'appelle ou qui lui soit tendue, et le sang coule toujours, et les forces tombent. A moitié chemin pourtant, une lumière paraît, et l'invalide épuisé peut entrer dans une pharmacie. L'on recule d'épouvante à la vue de ce spectre criblé de balles, la figure brûlée, les vêtements en lambeaux comme les chairs, et quand le pharmacien a mis a nu ce corps qui saigne par vingt blessures, un cri d'horreur s'élève contre les bourreaux... Protestation fugitive, hélas ! et qu'étouffera bientôt la peur.

On fait un premier pansement ; on couche le blessé sur une botte de paille, dans le couloir de la maison, et c'est là qu'Habrant passe la nuit, tout nu, sous une couverture de cheval, n'ayant à sa portée qu'une cruche d'eau... L'honnête pharmacien se débarrasse, le lendemain, de son hôte. On porte Habrant à la mairie sur un brancard : il y passe la journée toujours tout nu, sans visite, sans nouveau pansement... mais il a cette fois une botte de foin !

Vers cinq heures pourtant, la police arrive : elle jette Habrant sur le brancard *des insurgés bleus* et se dirige vers l'hôpital Saint-Louis.

Il reste là jusqu'au 1er mars, sans guérir ni mourir, objet d'études et de soins incessants, sujet curieux de vitalité pour les praticiens qui ne comprennent rien à ce squelette indomptable ; mais la police n'aime pas ceux qui durent tant, et, quand ils ne savent pas mourir, elle les emporte dans ses antres. Elle transfère donc Habrant à la Préfecture. Huit jours après, on le porte à Bicêtre, et, de là, dans le fort d'Ivry, le magasin-entrepôt de la transportation.

Sous ces dernières voûtes, Habrant alité, troué de balles comme un vieux drapeau, reçoit enfin la visite d'un émissaire des *grâces*, le général de Goyon : " C'était un infirme, dit le médecin, et maintenant c'est un homme fini. — C'est un homme dangereux, s'écrie le guerrier du 2 décembre ; il a contre lui les dénonciations les plus graves. — Et lesquelles, demande Habrant ? Qu'on me confronte ! — L'épine dorsale est fourbue, déviée, reprend le médecin : quatre coups de feu, des blessures graves, l'éthisie, la paralysie, voilà l'homme ! Il ne verra pas l'Afrique. — Eh bien ! que les notables de son quartier signent un certificat en sa faveur..... la *clémence* du prince verra..."

La mère d'Habrant court le quartier, supplie, conjure ; les signatures abondent : le dossier est riche. Le médecin, d'ailleurs, déclare qu'un dernier transfèrement serait un assassinat : Habrant va sortir ?

Habrant, quelques jours après, faisait partie d'un convoi pour les pontons et l'on encaissait ce cadavre pour l'Afrique.

Depuis huit mois qu'est-il devenu sous ce climat qui dévore les plus robustes et les plus vaillants ? Est-il vivant, a-t-il fini de souffrir ? Nul ne le sait, pas même le *Moniteur* qui, le 4 février, le couchait sur ses tablettes d'amnistie avec une *vingtaine de morts !*

LA CHASSE AUX ENFANTS.

Le lendemain de l'assassinat commis sur Habrant, à la même barrière, les héros de la veille campaient encore; c'était toujours le détachement du 28e de ligne, commandé par un lieutenant. Consigne de guerre, armes chargées, éclaireurs-sentinelles, rien n'y manquait : on eût dit un avant-poste, l'oreille au guet, avant la bataille. Un enfant se présente ; il porte à l'anse deux boîtes de fer blanc : il va tenter le passage pour le service habituel de sa clientèle, et descend seul jusqu'à la grille.

Ces boîtes sont peut-être des armes de guerre comme les béquilles d'Habrant ! Un soldat lui crie : qui vive ! l'ajuste et le tue. Son sang jaillit avec sa cervelle sur le pavé.

L'enfant n'avait pas quinze ans ! — Que portait-il ? — Du lait !

UNE EXÉCUTION A LA BAYONNETTE.

Ce même jour, à jamais maudit, le 4 décembre, une barricade construite en face de la mairie du cinquième arrondissement, venait d'être enlevée par une ou deux compagnies du 5e bataillon des chasseurs de Vincennes. Un citoyen qui se trouvait à cette mairie s'était réfugié sous la porte ; la barricade escaladée, les soldats entrent ivres, farouches, l'officier en tête : " Que faites-vous là ?" dit ce dernier à Voisin, et sans attendre sa réponse, sans le fouiller, sans l'interroger plus au long, il donne ordre à ses soldats de le fusiller. L'escouade empoigne son *bourgeois*, le traîne sur le trottoir, et comme les armes ne sont plus chargées, six soldats le *lardent* à la bayonnette. Voisin tombe : il avait reçu douze blessures !

Vingt minutes plus tard, le citoyen *lardé* se relève de sa mare de sang et peut encore se traîner à la mairie. Là, le vieux concierge l'accueille et le conduit à l'ambulance où l'on visite ses blessures : elles étaient larges, béantes, hideuses, mais non mortelles ; il obtient qu'on le transporte à la maison de santé de M. Dubois, et ses plaies se ferment, quoique lentement, et ses forces reviennent ; mais la police n'a pas perdu de vue sa proie, et trois mois ne se sont pas écoulés qu'elle vient déjà ramasser *ces restes* de la bayonnette. Voisin fait une seconde station de douze jours à Saint-Louis ; puis commence le long pélérinage des prisons et des forts : huit jours d'abord au dépôt de la Préfecture de police, caverne immonde où l'on parque les victimes pour le recensement ; vingt-quatre heures à Bicêtre, et puis le fort d'Ivry qui garde son homme jusqu'au départ pour les pontons.

Pendant que Voisin, *troué comme de la dentelle*, gisait mourant à la maison Dubois, il fut confronté, pour les besoins de l'instruction, avec son assassin, l'officier des chasseurs de Vincennes. Après les douze coups de bayonnette, cet honnête homme avait dit : " *Assez !* " et, de sa main, il avait écarté la hache d'un soldat *qui voulait en finir :* " Nous vous avons cru mort, bien mort, lui dit cet officier, dans la rencontre judiciaire ; sans cela je vous aurais achevé moi-même ! " C'était à jeun et deux mois après la boucherie de décembre que ce digne homme laissait tomber ce regret touchant sur le lit de sa victime !

LA MÉDAILLE MILITAIRE.

Vers le 20 décembre, à l'une des barrières de Paris, deux ouvriers boulangers en viennent aux mains pour querelle de corps d'état ; une escouade arrive, empoigne les deux lutteurs et les entraîne dans ses rangs. Chemin faisant, un des deux ouvriers se dégage et cherche à fuir ; mais il n'a pas fait dix pas qu'il tombe : un soldat venait de le tirer comme un gibier, presqu'à bout portant.

Il n'y avait plus d'émeute ; il n'y avait plus de barricades : pourquoi ce coup de feu? M. Louis Napoléon venait de *fonder* la médaille militaire, et le soldat *tirait à l'ouvrier* pour la gagner!

Ce malheureux boulanger est mort à Saint-Louis, vers la fin de février, après une agonie longue et terrible; mais la police l'avait déjà marqué: trois jours après son entrée à l'hôpital, un juge d'instruction le faisait consigner pour le conseil de guerre, en cas de guérison.....

O prévoyance! et pourquoi le conseil de guerre contre cet homme? et pourquoi le coup de feu? C'était logique: lorsqu'il n'achève pas son monde, le soldat, sous M. Bonaparte, le passe au bourreau.

LA RAQUETTE DES PRÉTORIENS.

Une mère passait avec son enfant dans une des rues qui avoisinent le Boulevard, entre le Conservatoire et le Château-d'Eau. Là, comme ailleurs, l'état de siége avait échelonné ses sentinelles et deux chasseurs de Vincennes, postés à l'entrée de la rue, faisaient faction à dix pas l'un de l'autre.

Le premier laisse la femme s'engager avec son précieux fardeau. Le second l'arrête par un—Qui vive aviné; il fouille l'air de sa bayonnette comme un furieux et fait front à la pauvre mère. Celle-ci recule effarée, serrant son enfant dans ses bras; elle recule jusqu'à l'autre bayonnette qui s'allonge à son tour, couleuvre de fer, la pique et la rejette en avant; alors commence un jeu de raquette entre les deux soldats ivres. Ils lardent la malheureuse; ils l'excitent à fuir, puis la ramènent dans l'étroit rayon de mort et se la renvoient, comme un bouchon, d'une bayonnette à l'autre, jusqu'à ce qu'elle tombe enfin avec son enfant, sanglante, éventrée!

Quelques pas plus loin, et dans la même soirée du 4, trois soldats du même bataillon poursuivaient une autre femme qui se jeta chez un marchand de vins: ils entrent, la clouent au comptoir à coups de bayonnette, et laissant l'arme au corps, ils se font servir à boire. Allons, du vin et du sang! ces braves ont soif...

Le témoin qui nous a raconté ces scènes hideuses, est un maître cordonnier, ancien soldat d'Afrique, chevronné de dix ans et décoré pour actions d'éclat: quatre jours après, il pleurait comme un enfant, et n'avait pas encore retrouvé la parole, lui, le tueur de Kabyles!

Ces chroniques du grand meurtre, que nous venons de relever sont étrangères, comme on l'a vu, soit aux boucheries du Boulevard, soit aux barricades actives; nous les avons choisies, entre mille autres, pour prouver que sur tous les points, même en dehors de la résistance et du feu, la consigne était toujours à l'assassinat, et que, dans cette orgie de sang et de fureurs, rien n'était sacré, ni l'invalide, ni l'enfant, ni la mère.

Or, à qui doit remonter la responsabilité redoutable de ces exploits hideux, de ces tueries sauvages ? Certes les soldats qui ont fait cette besogne, ont déshonoré le drapeau; les officiers qui les ont conduits, pour étoiler leur épaulette, sont des misérables, et leurs généraux, chefs de commandement, d'infâmes assassins ; mais si l'armée française s'est perdue dans cette obéissance au meurtre, si nulle excuse ne peut couvrir cette large débauche de prétoriens, toujours est-il que l'impartiale histoire dira :

" Ces soldats tueurs d'enfants et de femmes, ces esclaves " disciplinaires, une ambition les avait embauchés : ils avaient " bu le vin du 2 décembre !

" Ces officiers si prompts et si dociles au carnage, ces offi- " ciers pauvres, une syrène, la Corruption les avait tentés : " ils avaient bu les espérances du 2 décembre !

" Ces généraux tarés, endettés, pourris, ces malfaiteurs de " haut commandement, ces capitaines du crime, César les " avait achetés : ils avaient bu l'or du 2 décembre !"

Et, cela ne sera point une excuse pour ces consciences vénales, abruties ou lâches; et tous, officiers, soldats, généraux garderont la tache de sang ; mais la responsabilité, se dégageant de ces têtes rasées, montera jusqu'au maître, et l'histoire dira :

" Celui qui roula dans les casernes, pour les appétits gros- " siers de soldats ignares, les tonnes de Vitellius : c'est " Louis Napoléon !

" Celui qui fit curée des croix, des grades et des comman-

" dements à tous les officiers besogneux ou sans honneur : " c'est Louis Napoléon !

" Celui qui vola les millions de la banque pour acheter, " au poids de l'or, les scrupules et l'épée des généraux du " guet-à-pens : c'est Louis Napoléon ! "

L'histoire dira :

" Celui qui, dans un appel fameux, ainsi conçu :

" Soldats ,

" En 1830, comme en 1848, on vous a traités en vaincus. " Après avoir flétri votre dévouement héroïque, on a dé- " daigné de consulter vos sympathies et vos vœux, et, cepen- " dant vous êtes l'élite de la nation...."

" Celui qui, dans cet appel aux cruelles représailles de l'ar- " mée contre le peuple, mentait à la vérité pour embrigader " les haines farouches et les jeter sur Paris, c'était Louis " Napoléon !

" C'est encore cet homme qui, suant la peur, au milieu du " combat, dont il était loin pourtant, s'écriait, dans son re- " paire des Champs-Elysées : 'Dites à Saint-Arnaud d'exécuter " mes ordres.' — Et quels étaient ces ordres ? — Massacrer " les curieux, tirer à pleine mitraille sur les passants, assas- " siner, en plein soleil, avec toutes les forces de la grande " guerre !

" C'est encore lui, toujours lui, qui faisait placarder dans " Paris, avec la signature d'un valet, ce décret sauvage dont " la pensée plane, comme une révélation sinistre, sur toutes " ces scènes hideuses :

" Tout individu pris construisant des barricades, ou défen- " dant des barricades, ou les armes à la main, *sera fusillé*."

En guerre, Tunis et le Maroc font des prisonniers. Attila, le roi des Huns, en traînait par milliers derrière ses bagages.

Les Peaux-Rouges elles-mêmes ne scalpent plus, dit-on, leurs captifs et les amènent à la hutte ; il fallait un Bonaparte pour assassiner ainsi des prisonniers au dix-neuvième siècle. — Et quels prisonniers ? — Des concitoyens entraînés par le devoir et par l'honneur dans la résistance au parjure, des martyrs de la foi publique et du droit cyniquement violés par une ambition sacrilége... O justice humaine !

Ce décret fut plus fort que le vin, l'or et la curée. Par lui, chaque soldat se trouva pourvu d'un blanc-seing pour le meurtre, et toute initiative put se donner carrière selon son ivresse ou ses haines : de là, ces assassinats commis en dehors du combat et des grands centres, sur l'invalide, sur l'enfant, sur la mère ; de là, ces gaillardises de la férocité, lardant, sabrant, arquebusant le *Bédouin* quel qu'il fût, orphelin ou vieillard, blessé, femme ou captif, bourgeois ou prolétaire.

Louis Bonaparte qui libella cet ordre de mort est donc le grand stratégiste de tous ces égorgements. A lui revient le crime, à lui le sang versé !

Quant aux cadavres, à la hâte ensevelis dans le charnier des pauvres ou jetés çà et là, comme après un naufrage, le long des cimetières, ils n'ont reçu, depuis qu'ils sont à la fosse, ni la visite, ni la prière des vivants. On ne sait pas leur tertre : les morts de décembre sont anonymes !

Mais ce qui ne l'est pas, ce qui a un nom, c'est le tueur, c'est l'assassin de tant de victimes : c'est Louis Bonaparte. Il danse aujourd'hui dans son palais aux grands lustres ; il se mire dans les grâces de son aventurière ; il fête avec le trésor public ses complices et ses courtisanes ; après les vengeances de Tibère, il nous donne les joies d'Héliogabale !

Eh bien, que le jour des morts arrive enfin ! Que tous ceux qui ont perdu le frère ou la sœur, la mère ou l'enfant se lèvent ! Républicains ou non qu'ils n'oublient pas les cadavres laissés sans sépulture comme sans vengeance, et que dans l'opinion publique, mer dormante aujourd'hui, tempête demain, ils jettent, comme cri de guerre, les noms des martyrs !

C'est le devoir de tous ceux qui restent au foyer de famille, et malheur aux hommes qui, s'endormant dans l'intérêt ou la peur, ne se souviennent pas des morts !

ÉPISODES DES DÉPARTEMENTS

B-2

CHAPITRE II.

Louis Bonaparte est un homme rompu dès la première jeunesse à toutes les pratiques de la conspiration ; il n'a point de sens moral, il ne sait ni la probité, ni la pudeur.

Quand la stupide et funeste idolâtrie des souvenirs eut ouvert à ce maniaque taciturne les arènes de la grande ambition, il trouva son rôle tout composé dans ses longues méditations de l'exil ou de Ham, et l'araignée tissa sa toile sans perdre une heure.

Le conspirateur d'Ancône et d'Arenemberg, l'échoué honteux de Strasbourg, le misérable parodiste du golfe Juan à Boulogne, avait déjà sa pépinière d'aventuriers et de forbans autour de lui.

On ne cherche pas longtemps ces icoglans de la fortune, ces hommes poignards, tout à la fois valets de chambre et séïdes, quand on a, pendant vingt ans, comme Louis Bonaparte, embauché des complices, organisé des échauffourées, et ramassé dans les bas-fonds d'une société troublée par tant d'orages, les besogneux déclassés d'un demi-siècle de révolutions.

Donc Bonaparte avait ses hommes, ses hommes à lui, qui le poussaient et le suivaient, comme le génie, comme la force et l'espérance de leurs passions libertines : pour le parjure, pour l'assassinat et pour le vol il avait ses condottieri !

Derrière cet état-major ténébreux de brigands dévoués et prêts à tout, quand viendrait l'heure des exécutions sinistres, il avait sa grande armée des fonctionnaires, cinq cent mille hommes vivant du budget, hiérarchisés, casernés, dotés, accroupis sur leur traitement, et qui ne sortiraient pas, quand on assassinerait leur mère, le jour de la paie !

Il avait de plus l'armée, que le code et la discipline de son oncle, encore en vigueur, avaient organisée, dressée, formée, contre toute société civile se rattachant au tronc vigoureux des civilisations ouvertes et progressives : mais pour lutter contre le grand esprit de la France héritière de 89, et surtout contre la Révolution de Février, le 89 de l'avenir, tout cela ne suffisait point.

Il fallait séparer, diviser le pays en deux camps ; il fallait organiser la guerre civile entre les intérêts et les intelligences ; il fallait surtout exploiter dans les campagnes, la peur du château, le soupçon de la ferme, la haine du presbytère, et rallier contre la Révolution qui couvrait la République, toutes les forces timides, égoïstes et lâches d'une civilisation qu'inquiétait le vol puissant mais fougueux des idées.

De là cette jacquerie que dénonçaient partout dans les départements, les procureurs généraux, les évêques, les préfets, les gendarmes.

De là le complot de Lyon, ce prologue tragique et si bien combiné de décembre ;

De là ces quatre grandes subdivisions militaires qui partageaient la France en camps d'observation, d'où les généraux se répondaient de l'un à l'autre en frappant sur les glaives, comme en pays ennemi.

De là l'état de siége étendant dans le centre ses réseaux de fer,— et les destitutions par milliers, et la fermeture des établissements, et l'incarcération des suspects, et la ruine des familles.

Il fallait faire la peur des riches et l'exaspération des pauvres, on y a réussi !

Nos chroniques maintenant seront expliquées.

ÉPISODES DES DÉPARTEMENTS.

Le conspirateur du 2 décembre, qui dans Paris jouait, avant son coup d'Etat, le rôle de Mazaniello contre l'Assemblée législative, ce conspirateur à double face jouait dans les départements le rôle de Gessler.

Ainsi dans le Var, dans les Basses-Alpes, dans l'Hérault et la Haute-Garonne, il faisait arrêter préventivement tous les citoyens connus par la vigueur du caractère et leurs antécédents républicains; mais c'est surtout au sein de la France centrale que ces razzias furent les plus nombreuses; ainsi, dans l'Allier, dans le Cher et dans la Nièvre, après avoir frappé les instituteurs, on faucha les huissiers, les notaires, les médecins, et jusqu'aux pauvres débitants qui tenaient les cafés et les petites auberges!

A Clamecy, quinze jours avant l'événement, tous les lieux dits suspects étaient fermés, les familles étaient sans pain et les chefs de maison avaient été conduits sous forte escorte, comme des voleurs, dans les prisons de Clamecy.

Cette première expédition avait déjà profondément irrité la conscience populaire, lorsque éclatèrent sur les départements les sinistres nouvelles de Paris; aussi, les ouvriers des campagnes et ceux de Clamecy, qui savaient leurs voisins en prison, se portèrent-ils en masse sous les murs du Donjon, dans le double but d'obtenir la délivrance de leurs amis et de venger la République.

Au moment où la foule enthousiaste et compacte, mais encore inoffensive jetait au vent le cri de justice, elle fut tout à coup chargée par plusieurs brigades de gendarmerie qui se tenaient cachées comme dans une embuscade. Cette attaque masquée fit courir le peuple aux armes; les barricades improvisées s'élevèrent de toutes parts; la mairie, la prison et les divers établissements publics furent envahis; en quelques heures enfin, un gouvernement révolutionnaire, ou plutôt de résistance légale, existait et fonctionnait.

En constatant ces faits par lesquels s'explique l'attitude du peuple à Clamecy, nous avons voulu prouver non seulement que le coup d'Etat légitimait par lui-même la résistance civique, mais qu'elle était encore une conséquence de la conspiration antérieure ourdie contre les patriotes dans tous les départements.

Nous ajouterons qu'au milieu de son triomphe, le peuple de Clamecy signalait ses brigandages par la proclamation suivante :

ORDRE DU COMITÉ.

" La probité est une vertu des républicains.

" *Tout voleur ou pillard sera fusillé.*

" Tout détenteur d'armes qui, dans les douze heures, ne les aura
" pas déposées à la mairie ou qui ne les aura pas rendues, sera arrêté
" et détenu jusqu'à nouvel ordre.

" Tout citoyen ivre sera désarmé et emprisonné.

" Clamecy, 7 décembre 1851.

" VIVE LA RÉPUBLIQUE SOCIALE!

" *Le Comité révolutionnaire social.*"

Voici maintenant quel fut le caractère de la répression exercée par les amis de l'ordre, de la famille et de la propriété.

LES PARLEMENTAIRES ASSASSINÉS.

A la première nouvelle des événements qui se passaient à Clamecy, des troupes furent envoyées de Nevers; elles appartenaient au commandement militaire du général Pellion, un de ces proconsuls à bestialité de caserne que M. Bonaparte avait envoyés dans les départements, pour enfermer la France dans un réseau de fer.

Avant que la colonne ne fût arrivée, les républicains de Clamecy envoyèrent une députation des leurs pour ouvrir conférence et pour s'entendre. Ces citoyens, au nombre de quatre, avaient l'attitude calme et tranquille des parlementaires en mission. Eh! bien la troupe accueillit cette députation par une décharge. Trois sur quatre tombèrent mortellement blessés, entre autres le citoyen Chapuis qui, voulant venger ce guet-à-pens, apprêtait son arme quoique blessé, quand il reçut une dernière balle en pleine poitrine. Le parlementaire alors, jetant sa casquette en l'air, fit entendre un dernier cri de : Vive la République! et tomba mort.

Ce cadavre héroïque, et qui valait mieux que celui de Dassas, fut pourtant insulté par un misérable gentillâtre de la suite du préfet, qui se cachait à l'ombre des bayonnettes. L'intrépide châtelain eut le courage, en passant devant Chapuis, de mettre pied à terre et de tirer un dernier coup de pistolet au mort. La troupe, le préfet et le général lui-même défilèrent devant les victimes : l'assassinat savourait son premier triomphe !

Que devinrent plus tard ces cadavres ? Les parents voulaient les faire enlever, mais ce pieux devoir ne fut pas compris par les bourreaux, et l'un d'eux répondit à une mère en pleurs : " *Ton fils restera* " *là jusqu'à ce que les chiens l'aient dévoré !*"

UN CONVOI DE FAMILLE.

Le capitaine Sajou, du 10e régiment de chasseurs à cheval, marchait sur la ville d'Entrains à la tête de quatre-vingts soldats, lorsqu'il rencontra sur la route quelques citoyens qui revenaient à Billy.

Ces braves gens, effrayés à la vue de la troupe, cherchent à fuir à travers champs, mais trois d'entre eux sont arrêtés, et le quatrième tombant sous une décharge roule dans le fossé. Comme il n'était pas mort, un soldat l'ajuste une dernière fois avec sa carabine et le capitaine Sajou, se précipitant sur ce corps sanglant, le perce avec son sabre. Enivré d'un si beau succès, le héros remonte en selle, foule la victime aux pieds de son cheval, et brandissant son sabre, reprend la tête de la colonne !

Arrivé dans la petite ville d'Entrains, le capitaine Sajou se mit en mesure de faire exécuter par la troupe, transformée en escouade de police, les arrestations indiquées et marquées par les délateurs. Une maison entre autres eut surtout les grands honneurs de la journée, c'était la maison de l'armurier Guibert. Le capitaine Sajou trouve une vieille femme et l'arrête : elle avait soixante ans, c'était la mère ! Le capitaine Sajou trouve un jeune homme de vingt ans cloué dans son lit depuis deux mois et fort étranger, comme acteur du moins, à tout mouvement insurrectionnel, il l'arrête : c'était un des fils de la maison ; l'autre s'était constitué la veille pour éviter cette razzia dans ses foyers. Le père, âgé de soixante ans est laissé de côté par le Bayard du 10e chasseurs ; mais nous le retrouverons bientôt dans la prison commune. Dans cette famille si vivante la veille, il ne reste plus qu'une jeune fille pour pleurer au foyer désert.

Le capitaine Sajou continue ses exécutions prévôtales, et le lendemain, soixante-seize citoyens dont les portes avaient été marquées à l'encre rouge se trouvent sur la place de l'Hôtel-de-Ville, entre deux haies de soldats. Malheur à qui voudrait sortir de l'enceinte, le chef des sbires est là, pistolet et sabre en main, toujours menaçant, toujours insultant, toujours prêt à fusiller !

On amène une charrette : le fils Guibert y est jeté sur du foin, transi, fiévreux, grelottant :

" Avant d'arriver à Clamecy, mon pauvre enfant sera mort," s'écrie le vieux père en larmes.

" Tant mieux, répond le capitaine, ce sera un brigand de moins."

Et repoussant le vieillard, il fait attacher la mère, *la mère de Guibert* derrière la charrette où son fils gît mourant. Deux autres captives sont également accouplées ainsi que deux ou trois citoyens ; puis, se plaçant au milieu du cercle, après avoir fait armer mousquetons et pistolets, le capitaine Sajou dit à ses soldats :

" Soyez sans pitié pour ces canailles : traitez-les comme des Cosaques !"

Sur ce, la colonne se met en marche : les soixante-seize prévenus, enclavés dans les lignes des chasseurs et les trois femmes enchaînées à la charrette, suivant, avec leurs deux compagnons de corde et de misère, les citoyens Coquard et Comeau.

Voilà le convoi : le fils mourant, couché sur du foin comme un gibier d'abattoir. La mère, attachée au char d'agonie comme à son supplice, en sabots, entendant le râle de son enfant, et le vieux père qui se traîne plus loin épiant, à travers les soldats, la fatale charrette !

La réaction, bien certainement, a de précieuses vertus de famille qui lui compteront un jour : elle excelle dans les tragédies de la guerre civile, et ce qu'elle a composé, cette fois, vivra longtemps dans les souvenirs de la Nièvre !

Durant le trajet, les prisonniers sont insultés, frappés, éclaboussés par les cavaliers partant au galop. Les femmes enchaînées, les pieds sanglants, suivent avec peine. On arrive enfin ; mais les prisons sont pleines et le nouveau butin est jeté dans les caves de la salle d'Asyle. Là, point de lumière, point de baquets, de la paille à peine..... et l'on passe trente heures sans pain et sans eau !

Le programme du capitaine, on le voit, avait été scrupuleusement suivi. Qui donc en effet, en pleine guerre, aurait ainsi traité même des Cosaques ?

RAZZIA DE VIEILLARDS.

A Billy, commune dépendant de Clamecy, le 27e opérait comme le 10e chasseurs dans Entrains, pour le compte de la réaction et de M. Bonaparte. Ils avaient déjà ramassé quelques *suspects ;* mais la colonne n'était pas forte et, pour faire nombre, nos braves soldats, conduits par des éclaireurs de police, arrêtèrent quatre vieillards : l'un âgé de soixante-trois ans, le citoyen Oudy ; l'autre, Badin, de soixante-neuf ans ; le troisième, de soixante-quatorze. Quant au quatrième, le citoyen Ravier père, pauvre homme chétif et chancelant, comme il ne leur faisait pas honneur sans doute, ils l'accablèrent de coups et d'avanies, ainsi que ses trois complices du bord de la tombe, et puis ils le jetèrent dans un cachot.

Nous avions naguères à Londres (après toutes les amnisties-mensonges du 2 décembre !) un de ces *Jacques* sexagénaires qui promenait, au milieu de nous, sa vieillesse exilée : c'était le citoyen Badin.

Quand on le jeta sur la terre des proscrits, après les longs supplices du cachot et des pontons, il avait une blouse et des cheveux blancs pour le couvrir ! L'étranger s'arrêtait devant cette figure hâlée par le travail, devant cette figure de proscrit à l'empreinte séculaire, et M. Bonaparte était jugé !

Dans cette même commune de Billy, qui vit cette expédition, les soldats faisaient enquête et visite minutieuse chez le citoyen Pinon, déjà sous les verroux : ils cherchaient des brochures, des munitions, des balles, et tandis que le gros de la troupe furetait partout, quelques-uns cajolaient l'enfant pour le faire parler, un enfant de cinq ou six ans. L'enfant contre le père !

LES CONSERVATEURS-VOLEURS.

On sait la proclamation de Clamecy : le programme de ces brigands qui disaient : " Respect aux prisonniers, mort aux voleurs. Vive la République !" — Voici, maintenant, comment l'entendaient les *sauveurs*, les agents de l'administration au compte de l'ordre, de la religion et de la propriété :

Caurier, chapelier à Clamecy, (toujours Clamecy : ce fut le grand cirque de la Nièvre) Caurier avait été blessé d'un coup de feu lors de la prise d'armes, et son associée de commerce, la femme Rougier l'avait soigné de son mieux, ainsi qu'un autre combattant, le citoyen Coqueval, mort depuis par suite de ses blessures.

Interviennent bientôt soldats, police et gendarmes : sous prétexte de perquisition, le domicile et le magasin sont livrés au pillage et, parmi les maraudeurs officiels, un des plus ardents à la besogne, est le sieur Décheaux, agent salarié, délateur et frère de la femme Rougier ! L'on arrête cette dernière comme *complice* (elle avait pansé deux blessés !) et l'on ferme le magasin.

Quelques jours plus tard, Caurier, à l'hôpital, reçoit la visite d'un autre agent de l'administration, nommé Raoul ; l'agent lui fait des offres de service ; dans son malheur il surveillera ses intérêts, fera ses rentrées, remettra tout en ordre dans son magasin. Caurier lui confie ses clefs, et le malheureux est, nuit par nuit, dévalisé !

Tous ces vols seraient restés impunis sans une circonstance qui les fit découvrir et qui força le procureur de la République à poursuivre son complice :

Le vingt-deux avril 1852, toute la ville de Clamecy est en émoi, la police, les soldats, et les gendarmes parcourent les rues en tous sens ; deux républicains se sont évadés, les nommés Millelot et Coquard, le premier condamné à mort et le second à la déportation dans une enceinte fortifiée ; l'agent Raoul est dépêché à la maison Coquard, et fait le guet sur la porte en attendant la femme de l'évadé. Cet homme portait à son gilet la chaîne de montre du fils Fouilleron, chaîne qu'il avait soustraite chez l'horloger Dinot ; par un singulier hasard la maison Fouilleron fait face à la maison Coquard, et madame Fouilleron reconnaît la chaîne de son fils au gilet de Raoul, elle court immédiatement chez l'horloger, qui constate le fait de la disparition de la chaîne et de la montre qui lui avait été confiée par madame Fouilleron ; ils se rendent chez le procureur, qui cette fois fut forcé de faire arrêter son agent et de procéder à une perquisition dans sa chambre.

On trouva à son domicile un trousseau de fausses clés, la montre en question et une foule d'objets sortis du magasin Caurier, dont il avait été constitué gardien par le propriétaire de la maison d'accord, avec Caurier.

Ce défenseur de l'ordre fut jugé, à l'audience on constata dix-huit vols ; il fut condamné à dix-huit mois de prison !

Une plainte avait été déposée quelques mois auparavant contre cet homme par le détenu Lavèvre, dont il avait voulu violer la fille, en lui promettant une permission pour voir son père ; le procureur avait refusé de le poursuivre, et le commissaire de police avait offert au citoyen Lavèvre, la liberté, s'il voulait se désister de sa poursuite, mais le père indigné réclama justice, ne put l'obtenir et fut transporté comme tant d'autres.

Décheaux, l'autre chercheur d'épaves ne fut même pas inquiété : le procureur de la République avait lui-même amnistié ce brave homme !

Quant à Caurier, il reste à l'hôpital, ruiné, prisonnier, attendant la mort ou de sa blessure ou de ses juges, et la *complice* du pansement, la femme Rougier, est traînée de prison en prison jusqu'à Saint-Lazare d'où la clémence de M. Bonaparte l'a depuis fait extraire et jeter comme tant d'autres en Afrique !

LE SUPPLICE D'UN JACQUES DE 74 ANS.

Le Cher et l'Allier eurent, comme la Nièvre, leurs scènes de désolation, leurs assassinats, leurs délateurs, leurs bourreaux. Là comme ailleurs, les arrestations préventives, la fermeture des établissements, l'interdit sur les propriétés, toutes les avanies administratives ou policières frappèrent les démocrates et leurs familles.

Ces provocations avaient pour but d'exciter des révoltes partielles, d'éveiller toutes les peurs bourgeoises et de les entraîner, de les rendre complices quand éclaterait le coup d'État du salut, le guet-à-pens du 2 décembre.

Avec des populations honnêtes, braves et profondément sympathiques, le piége n'était que trop certain, et presque partout on a vu se lever les campagnes pour délivrer les convois des premiers martyrs.

Ainsi, dans le département du Cher, à Percy, près de Saint-Léger, trois citoyens, pères de famille, furent arrêtés comme propagandistes républicains, dans les premiers jours d'octobre 1851. Ces braves gens nourrissaient : Ragoix, huit enfants ; Monniau, sept, et Brau, neuf. A cette nouvelle, les communes indignées se rassemblent et prennent un rendez-vous central, pour de là se rendre à Sancerre et demander la délivrance des prisonniers.

C'est là que les attendait la provocation. Le lieu de réunion connu, la police bat tous ses rappels, et les groupes arrivaient à peine, que gendarmes et soldats, débouchant par toutes les issues, se précipitent sur ces pauvres paysans qui se dispersent comme la paille dans l'aire.

On traque les fuyards, on organise la chasse à travers champs, sur tous les chemins : il faut traîner des *brigands* à Sancerre !

Dans cette mêlée de cavaliers et de fuyards, un pauvre vieillard était resté seul sur la place : il attendait que le tourbillon fût passé pour continuer sa route et gagner le domicile de son frère, au village de Baux : tout à coup un artilleur, flairant sans doute une proie facile, se détache, court sur le vieux Laurent, le frappe à coups de pied et l'abat.

" Relève-toi, brigand," dit le héros qui multiplie les coups, l'œil sanglant, l'écume à la bouche.

" Hélas ! comment me lever, vous m'avez brisé les reins !"

L'artilleur redresse alors sa victime d'un poignet vigoureux, et quatre fois le sabre nu s'abat sur Laurent.

De nouveau, le vieillard tombe :

" Aie pitié de moi, dit-il à son bourreau, ne me fais pas souffrir : achève !"

Comme l'orgie, le crime enivre : l'artilleur veut *saigner* cette fois à la façon des bouchers : le sang ruisselle, mais le coup porte à faux ; il traîne alors par les pieds ce qu'il croyait un *cadavre* jusqu'à son cheval ; il appelle un compagnon d'armes resté témoin impassible de ce meurtre hideux, et nos deux braves vont jeter ce corps sanglant au poste voisin !

Cette pauvre guenille de vieillesse, on la laissa là, tout un jour, sur la paille, sans soins et dans le sang. La nuit venue pourtant, un soldat du poste s'approche et dit à Laurent :

" Eh bien, pauvre vieux, comment cela va-t-il?"

" Je souffre bien et j'ai grand soif, va-t-on me laisser mourir ainsi ?"

Le soldat ému se retire ; il avait peut-être un père à tête blanche ! il revient bientôt avec un camarade relever Laurent, et les deux l'emportent.

Quatre jours après ce lâche assassinat, les premiers soins à peine donnés, on chargeait le vieillard sur une charrette, et ses blessures encore ouvertes, on le transférait dans les prisons de Bourges !

Qu'avait donc à faire de cet invalide des temps la politique de M. Bonaparte ? La foi républicaine de Laurent datait de la grande Révolution dont il avait été le contemporain, et jamais il ne l'avait trahie ; mais aujourd'hui ce n'est plus un homme de lutte, c'est un homme de tombe : il est caduc, blessé, chevrotant : il a soixante-quatorze ans. C'est presqu'un siècle qui va mourir !

Qu'en pourrait donc faire M. Bonaparte ?

On dit que certains empereurs de Rome noyaient, pour se ranimer, des enfants dans leur bain. Est-ce qu'il faudrait à celui-ci la longue agonie des vieillards ?

Toujours est-il que Laurent, assassiné par un soldat de décembre, a traversé les cachots de Bourges, les voitures cellulaires, les prisons de route, et qu'il était, en mars dernier, dans le fort d'Ivry, marqué pour la transportation.

" Il trouvera son frère en Afrique, disait le commissaire des grâces....." — Son frère âgé de 62 ans!

LES INQUISITEURS DE DÉCEMBRE.

Faure (Paul), cultivateur, âgé de vingt-cinq ans, fut arrêté à Châtillon (Drôme); il était accusé de faire partie d'une société secrète et d'en être le plus actif courrier.

Après deux jours de prison à Châtillon, Faure fut conduit à Dy en compagnie de huit autres citoyens enchaînés deux à deux.

A Dy, Faure eut à subir vingt-quatre jours de prison, pendant lesquels il fut conduit deux fois devant le juge d'instruction qui, malgré toutes ses instances, ses promesses et ses menaces, ne put arracher aucun aveu au prisonnier.

Les promesses, les menaces étant inutiles, on eut recours aux tortures physiques. C'est ainsi que Faure, rentrant de son deuxième interrogatoire, fut plongé dans un cachot vaseux, mis au pain sec et à l'eau. Tous les jours, à l'heure des repas, le geôlier sollicitait Faure de faire des aveux, l'avertissant que tant que durerait son silence, les portes de son cachot resteraient fermées sur lui. " Je n'ai rien à dire," répondait Faure, " vous me tuerez, mais vous ne me ferez point parler." Sur cette réponse, le geôlier, les gardiens et les gendarmes prodiguaient les injures et les menaces, et le patient, qui ne sentait déjà plus ses jambes, restait impassible : il savait qu'un mot de lui pouvait faire arrêter des hommes miraculeusement échappés aux poursuites de la police!

Après quatre jours de tortures, que son âge et sa bonne constitution lui permettaient seuls de supporter, Faure fut envoyé à l'hôpital, d'où il ne sortit que pour partir pour Cray.

A Cray comme à Dy, le prisonnier eut à subir plusieurs interrogatoires; après le juge d'instruction et les gendarmes, vint le préfet de la Drôme lui-même. Promesses de liberté, promesses d'argent, menaces de déportation et de conseils de guerre, tout fut encore employé pour arracher un mot au malheureux prisonnier qui resta ferme, inébranlable dans sa résolution d'honneur.

Après quarante-cinq jours de prison à Cray, et en présence de l'énergie constante de ses dénégations, peut-être aussi pour faire disparaître cet exemple de toutes les tortures inquisitoriales, l'autorité décida l'envoi en Afrique de Faure, espérant qu'il y trouverait la mort, prix de son silence. Mais cette même autorité, inquiète et jalouse d'arriver à la découverte d'une société d'autant mieux trempée qu'un de ses membres les plus obscurs avait annoncé " préférer la mort à toute révélation," l'autorité décembriste ordonna le retour à Brest de Faure.

A Brest, nouvelles tentatives, nouvel échec.

Faure repart pour l'Afrique ! Mais à peine a-t-il touché terre qu'on le ramène à Brest. Le paralytique des cachots est débarqué, porté sur un brancard par des matelots, et cette fois. c'est le préfet qui l'interroge lui-même en pleine cour plénière de valets : mêmes questions, mêmes réponses.

Le préfet ordonne son envoi à l'hôpital, où le médecin reconnaît quelques jours après, *suivant ordre supérieur*, que Faure est paralysé par suite d'abus de boissons et que tous les soins de l'art seraient impuissants pour le guérir. Sur cette déclaration, Faure est de nouveau enlevé, porté à bord du *Berthollet*, et expédié en Afrique, où il arrive le 28 mai.

Du port d'Alger, Faure est conduit avec ses camarades de transportation au Lazaret.

Ceux qui le connaissaient me racontent son histoire. Je m'empresse d'aller le voir. Je trouve un homme couché sur la paille, sans chemise, presque sans vêtements et privé de l'usage de ses membres inférieurs, mais toujours calme, intrépide. Il me raconte alors cette lente odyssée que je viens de transcrire sur les paroles tombées des lèvres du martyr.

Faure le lendemain partait pour l'hôpital. Les uns m'ont dit qu'il était mort, d'autres m'ont affirmé qu'il était parti pour Cayenne ! C'est encore la mort..... *le prix du silence !*

V. Frond.

LA BASTILLE DE MOULINS.

Ceci est un ancien château que notre vieille histoire a longtemps connu sous le nom de Palais-des-Bourbons ; incendié depuis longues années, ses massifs débris servent aujourd'hui de maison d'arrêt ou pour parler la langue du temps, de prison d'Etat. Un gardien chef, triste homme qui a fait tous les métiers, a la direction suprême de ce sombre établissement où sa volonté fait loi.

Dans les temps ordinaires, trois cents détenus peuvent à peine tenir sous ces voûtes; mais à la suite de décembre, la tempête de la guerre civile y charria huit cents républicains.

Ils venaient de toutes les communes et de tous les points du département entassés sur des charrettes, chargés de chaînes, escortés par des corps nombreux, le pistolet au poing et traversant des populations sympathiques, mais mornes. Là se faisait la distribution des prisonniers par chambrées, par cellules, et pour eux commençait le régime intérieur des bastilles.

Ni feu, ni lumières, ni couvertures : un peu de pain, un baquet d'eau; pour lit, de la paille hachée qu'on ne renouvelait guère, et pour plusieurs, la pierre nue. Interdiction de voir les familles. Après deux mois seulement, entretiens de dix minutes dans un chenil hideux, toujours en présence des geôliers qui ne laissaient entrer les visiteurs qu'après les avoir fouillés, même les femmes.

Autre mesure ignoble, surtout pour des détenus politiques : les geôliers n'étant pas en nombre suffisant, on leur avait adjoint les *voleurs* qui non seulement avaient mission de préparer les vivres, mais aussi de surveiller les prisonniers républicains. Pendant trois mois, l'hôpital fut fermé pour eux, mais il y avait une infirmerie pour ces voleurs-gardiens!

Ce régime d'enfer ne pouvait qu'engendrer des maladies graves; aussi, dans un mois, vingt-huit détenus sont morts dans la vermine et les douleurs sans nom des agonies abandonnées. C'est ainsi que Decoulange est mort au Donjon, sur la paille et sans secours, n'ayant pu voir sa femme qui, jour et nuit assiégeait les portes.

Au fond de ce repaire, un autre martyr, le citoyen Charpin, gisait atteint d'une fièvre cérébrale. Là, pendant la nuit et dans un accès de délire, Charpin se lève et frappe en tous sens : le poèle s'écroule sur lui; les gardes accourent, saisissent Charpin furieux et sanglant, l'emportent et le jettent tout nu dans une cage de fous. La nuit se passe, les gardes reviennent, mais Charpin n'est guère plus qu'un cadavre, le dernier souffle erre sur sa lèvre mourante! On s'empresse alors, pour cacher le crime, d'emporter le patient à l'hôpital : avant d'arriver, Charpin était mort.

La discipline intérieure de ces hideuses prisons était de tout point conforme à cette gestion philanthropique. A la moindre alerte, au moindre chant, tout factionnaire avait pour consigne de faire feu. Des claires-voies tamisaient le jour à travers les barreaux, et quand venait à se produire la moindre contravention, le plus petit fait contraire à la lettre absolue des nouveaux réglements, quelques victimes parmi les détenus étaient choisies et jetées dans les cachots où la police travaillait aux révélations.

De ces cachots-tombes, la prison de Moulins en possède trois qui n'ont jamais cessé d'être peuplés; ils sont souterrains, humides, presque vaseux; le jour n'y arrive que par un soupirail placé sur l'un des angles : la surface est de six pieds de long sur quatre de large et quatre de hauteur : l'un d'eux n'a pour plancher que la terre; les deux autres sont sablés, tous sont fermés par des portes de six pouces d'épaisseur, armées de trois énormes verroux.

Il existe un quatrième cachot, dit le Cachot-des-Fers. Ce dernier a un mètre cinquante de profondeur, un mètre de largeur et deux mètres de hauteur. Le prisonnier est debout, pris par une ceinture de fer, les pieds et les bras enchaînés : une barre de fer passant par la ceinture, et contre laquelle est adossé le patient, enlève tout mouvement au prisonnier et le condamne à l'immobilité des marbres.

C'est dans ce cercueil de pierre et de fer qu'entre autres martyrs qui l'ont traversé, le citoyen Stanislas Papu a expié le crime d'avoir composé une chanson sur les barbes socialistes proscrites et condamnées par M. de Charnailles.

C'est ce même M. de Charnailles qui, dirigeant comme préfet de l'Allier, l'épée en main, les enquêtes et les interrogatoires, adressait à de simples prévenus ces paroles paternelles :

" Vous voilà donc enfin, tas de canailles! la société est grandement
" débarrassée !... Et vous, monsieur Billard, vous êtes donc bien
" pris cette fois; mettez votre casquette par terre, ou je vous plonge
" mon épée dans le ventre."

Puis, se tournant vers son geôlier en chef, il ajoutait :

" Vous savez, monsieur le directeur, à quelle espèce de gens vous
" aurez à faire; ce sont des misérables qui ne valent pas la corde qui
" les pendra. Vous les traiterez comme tels ! "

Ceci n'est qu'un coin partiel et très limité de la vaste scène qui s'est déroulée dans les campagnes en décembre : les Basses-Alpes, le Var et l'Hérault en ont vu bien d'autres, et quand l'histoire des paysans enregistrera son nouveau chapitre des Cévennes républicaines, devant ce tableau que l'ombre couvre encore, toutes les légendes du temps passé pâliront.

Les campagnes! au mois de novembre 1848, elles avaient donné, par millions, leurs suffrages à cet homme que protégeait l'étoile de Sainte-Hélène : elles ne le connaissaient pas :

elles ne savaient rien ou presque rien de sa vie, de son caractère, de ses luttes deshonorées. Il ne s'étoit inscrit au grand livre populaire ni par d'éclatants services, ni par les idées, ni par d'héroïques dévouements : il était *l'inconnu*, mais l'inconnu sous la gloire, et son nom seul avait fait sa fortune.

Pendant trente ans, les veillées des champs avaient raconté les prodigieux poèmes de l'empire, ses invasions lointaines, ses luttes acharnées, ses agonies vaillantes, et les derniers supplices de son capitaine au Caucase de la mer d'Afrique.

La patrie, souillée par deux invasions restées sans vengeance, avait eu sa part dans la chute tragique de l'homme, et le cœur du paysan y répondait en gardant sa mémoire, en couronnant ses bustes, oubliant, hélas ! que sous le héros et sous le martyr, il y avait eu le monstre !

Ce n'est que cette pieuse légende du capitaine de 1815, resté dans leur souvenir comme une grande image de la patrie blessée, qui poussa les campagnes au scrutin du 1er décembre, et qui livra le gouvernement de la République au neveu de l'empereur.

Or, comment l'héritier de la légende, le bénéficiaire posthume a-t-il, à son tour, payé sa dette à ce peuple dont la piété naïve croyait venger en lui le soldat de la France abattu par l'Europe et par ses rois ?

Regardez passer dans la Nièvre, dans le Var, dans l'Hérault, dans l'Allier, ces charretées de captifs enchaînés, blessés, défaillants, et que poussent vers les prisons des soldats farouches, le mousquet à l'épaule, l'insulte à la bouche, le sabre au poing :

C'est la reconnaissance du *prince*, c'est la justice du 2 décembre !

Regardez au revers des chemins, ces cadavres de prolétaires que la balle a couchés et qu'a scalpés la haine sauvage de l'officier ou du gendarme :

Ce sont des électeurs acharnés et dévots de la première présidence, auxquels M. Louis Banaparte vient de payer sa bienvenue !

Entrez dans ces cabanes, dans ces maisons, dans ces fermes la veille encore riantes et pleines, aujourd'hui vides et désolées : qui les a dépeuplées ? Où sont les rudes travailleurs, les enfants, les femmes ? Les mères sont en prison, les pères captifs ou morts, et les enfants au foyer du voisin ou pleurant sur les routes.

Les sbires de M. Bonaparte ont passé par là :

C'est encore la reconnaissance du *prince* et la justice du 2 décembre !

O paysans ! dans votre misère et votre ignorance héréditaires, vous n'étiez pas responsables quand vous avez voté pour ce prétendant qui portait un nom marqué par la gloire ; vous aviez même, au fond de vos instincts confus, une raison logique d'honorer ce nom qu'avaient proscrit les Bourbons et l'étranger ; c'était votre protestation à vous qu'on n'avait pas appelés, depuis trente ans, dans les luttes publiques.

Mais voyez ce qu'ils valent, tous ces rejetons-prétendants, jeunes ou vieux, ambitions blasonées par les siècles, ou maigres aventuriers parvenus :

A peine le pied à l'échelon, Louis Bonaparte met en coupe réglée vos instituteurs, vos maires, vos juges, et vous livre à ceux de 1815, comme si les Cosaques tenaient encore la Champagne ; il lânce à travers vos fermes, vos haies et vos villages des meutes de gendarmes qui vous espionnent et vous traquent comme des bêtes fauves : il fait fouiller vos maisons, fermer vos cabarets, enlever vos meilleurs : il vous emprisonne, il vous décime, il vous ruine, et quand vient plus tard l'heure de son crime, il jette sur vous ses armées, il vous fusille, vous exile, vous transporte, comme des pillards et des assassins, vous, le travail vivant, la pépinière de nos légions, vous, la grande charrue de la France !

Gardez maintenant, au fond de vos foyers désolés, les images du grand capitaine ; chantez ses victoires, couronnez ses bustes, et quand reviendront, hâves, décharnés, brisés, ceux d'Afrique ou de Cayenne, ils vous diront ce que valent les empereurs !

Oui, cette dernière guerre, cette guerre aux paysans portera ses conséquences. Pour la première fois, depuis 92, ils se sont levés pour le droit quand les villes tremblaient, et la faux s'est trempée dans les idées : isolés, dispersés, mal conduits, ils ont succombé ; mais la campagne sait garder ses haines saintes !

Désormais, la dernière idolâtrie a fait son temps : les empereurs sont morts comme les rois !

LES PONTONS.

CHAPITRE III.

Inondée de sang la veille, et jonchée de cadavres, la France, le lendemain, devient un cachot.

Dans les départements, à défaut des prisons qui sont pleines, on s'empare des salles d'asile, des hopitaux, des maisons communes, et les colonnes de la proscription décembriste s'engouffrent dans ces repaires, tandis qu'à Paris, tout regorge, depuis les caves du Châtelet jusqu'aux casemates des forts.

Sans compter les morts, il y a cent mille familles, dans le rayon de France, que la dictature a frappées; en certaines provinces les bras manquent pour la dernière récolte, et, comme après nos grandes guerres, la terre attend des laboureurs!

Un homme a fait tous ces désastres dans un intérêt d'orgueil, dans une vue d'ambition sacrilége; et c'est cet homme, violateur du serment, assassin de la loi, qui, les pieds dans le sang, vient maintenant ouvrir ses justices!

Dans la foule innombrable de ses victimes, il en choisit d'abord quelques-unes qu'il met à part et qu'il marque pour l'échafaud. Ce sera la besogne de ses conseils de guerre.

Et qu'ont-ils fait ces hommes, paysans pour la plupart, auxquels s'étend le fatal privilége? Ils ont couru, les armes à la main, à la défense de la loi sociale et, dans la lutte, en repoussant la force impie, ils ont tué quelques gendarmes.

Si tous les citoyens avaient comme eux accompli le devoir, la loi ne serait point tombée entraînant avec elle l'honneur et tous les saints respects ; le crime aujourd'hui ne serait pas Dieu !

Voilà pourquoi la dictature les a choisis ;—des soldats du devoir ! pour le parjure et la trahison se peut-il trouver de plus grands coupables ?

Donc, les conseils de guerre s'ouvrent : — Qui est-ce qui préside ? Celui qui a conduit les bandes du coup d'Etat, soldats ou gendarmes. Et qui est-ce qui juge ces paysans ? Les officiers qui les tuaient hier : — Quant aux témoins, c'est la police qui les fournit.

Un défenseur à voix triste et grêle intervient, pour la forme; il balbutie, comme excuse et bien bas, quelques paroles sur la loi violée. — Avocat, n'insultez pas le *Prince*, pour défendre vos brigands ! s'écrie l'Ambert ou le Martinprey qui dirige les débats, et l'avocat se tait.

Chassé du principe qui devait couvrir ses clients, il veut, du moins, les protéger contre la police, par la discussion des faits. Il ouvre le dossier préparé, dressé, trié par les instructeurs ennemis ; il en fait jaillir la calomnie, le mensonge, la contradiction ; il prouve que les *insurgés* de la loi n'ont point ouvert le feu les premiers, et que les gendarmes sont tombés dans la lutte, la carabine fumante.— Avocat, c'est trop ! les gendarmes sont des martyrs, et, vos hommes, d'infâmes assassins ! La cause est entendue.

La cause est entendue !.. Oui, comme celle du Christ au tribunal de Caïphe, comme celle de Galilée au prétoire de de l'Inquisition, comme celle de tous les martyrs qui ont eu, pour juges, des bourreaux.

Qui est-ce qui avait formé ces dossiers d'instruction d'où la mort devait sortir ? L'autorité militaire aidée par la police et les magistratures locales, ensemble liguées, pour le service des communes haines.

Quelles garanties de bonne justice pouvait-on trouver dans

cette procédure louche, rapide, ténébreuse, marchant entre des interrogatoires effarés, et, les délations secrètes de la vengeance ou de la peur ? Pas d'enquête au grand jour, pas de contradiction, aucun contrôle ; puis quand viennent les débats, pas de défense possible, ni sur le droit, ni sur le fait, et, devant soi, des ennemis pour juges, des ennemis de la veille qui siègent là, l'insule à la bouche, la haine au cœur, le sang aux mains !

Heureux les assassins et les voleurs de grande route ! ils ont du moins les débats sérieux, le jury libre, la défense entière ; ils peuvent disputer leur tête et leur honneur au bourreau par tous les savants moyens de la polémique judiciaire. Ici rien : le témoin libre est bâillonné, la défense nulle, l'accusation violente, absolue, souveraine ; et l'arrêt tombe avec la calomnie, comme le couteau qui glisse dans le sang. C'est de la justice d'abattoir !

Ceux-là pourtant, qu'ont ainsi frappés les sentences militaires, ont été de beaucoup les privilégiés dans les grandes orgies de décembre : ils ont été les privilégiés de la procédure, de l'instruction, de l'enquête et de la lumière : ils ont vu des accusateurs, des témoins, des juges, et leur parole, dernière vengeance, a pu retentir sous la voûte des prétoires, et la France sait leurs noms !

Mais tout ce qu'on a jeté dans les geôles, dans les prisons, dans les forts ; tout ce qu'on a charrié sur les pontons, par caravanes enchaînées, ces trente ou quarante mille captifs de décembre qui sont aujourd'hui dans les camps d'Afrique, au milieu des marais de Cayenne, sur la terre d'exil ou dans les cercles d'internement, où donc est la sentence *judiciaire* qui les a frappés ? Où sont les enquêtes, les débats, les *preuves ?* Devant quel tribunal régulier ou même de guerre ont-ils comparu pour être accusés et pour se défendre ?

Les sauvages ont leur procédure : avant de manger leurs

prisonniers, ils tiennent un conseil de famille. Ici, quel est le conseil de famille? Où sont les témoignages, et quelle loi, quel texte écrit ont appliqué nos Cannibales?

A la suite d'un crime, le plus infâme que l'ambition humaine ait jamais commis, on arrache quarante mille citoyens à leurs foyers, on les entasse comme un vil bétail dans les prisons, on les traîne accouplés à travers les chemins, vers la mer; pas un asile ne s'ouvre pour entendre la plainte des captifs qui passent, et pas un juge n'intervient pour demander où l'on conduit ces légions filles du sol, ces cohortes du malheur où sont représentées toutes les forces et toutes les gloires de la patrie!

Le magistrat est muet, impassible comme le prêtre; comme l'église, le temple de la loi reste fermé; les soldats tiennent la route et les gendarmes sont rois!

Symptôme encore plus triste, et qui fait pressentir de grandes morts prochaines, la magistrature et le clergé non seulement se sont écartés du droit et du malheur, mais exploitant le triomphe inespéré de la force, leur vengeance avait elle-même dressé les listes des martyrs : juges, prêtres, hobereaux de finance ou d'administration, chacun avait marqué ses vaincus, désigné ses têtes, et la dictature avait eu leur active complicité jusque dans ses assassinats juridiques!

C'est là le côté le plus hideux de ces crises tragiques, où le droit succombe et disparaît, laissant la terre et les âmes sous la force : alors sortent les haines, les jalousies, les ambitions, les cupidités, les fanatismes, les concurrences, et tout cela se glisse le long des portes, au sein des familles, jusque dans les berceaux, comme les couleuvres; et tout cela siffle, déchire, mord, suce le sang et l'honneur. Ce sont les heures sombres de la bestialité humaine, les heures de la bête féroce et du serpent!

Il n'y a pas de plus effrayant spectacle que celui de ces décadences, et l'histoire ne connaît point de plus tristes chutes : qu'importe en effet que les rois tombent l'un sur l'autre, qu'un boulet emporte les héros, que la victoire, aveugle sous son casque d'acier, taille à sa guise les frontières, tout cela n'est qu'accident, tout cela n'est rien devant les terribles catastrophes de la conscience, et ce sont là les véritables, les grandes défaites de l'humanité !

Cette fois, pourtant, il n'y a pas lieu de désespérer ; car cette éruption de vices hideux, cette lèpre immonde des haines lâches, des viles concupiscences, ne fut qu'un mal partiel ; elle na pas atteint la France au cœur.

Ainsi les prêtres ont, il est vrai, presque partout servi de limiers au Deux-Décembre, et les évêques dans leurs cathédrales ont chanté le *Te Deum* du crime ; mais sur les tables de la proscription ou parmi les morts, on trouve couchés par centaines, les instituteurs et les écrivains de la République, tombés fidèles au devoir !

Les procureurs, les greffiers, les juges, les magistrats de toute robe, de tout galon, ont prêté la main, valets complaisants, à toutes les violences commises, administratives ou militaires, et les hautes-cours ont sanctionné lâchement jusqu'aux assassinats des conseils de guerre ; mais la vieille bourgeoisie libérale et révolutionnaire, quoique trahie par ses parvenus, a fait son devoir ; elle a perdu l'élite de ses hommes dans cette rencontre avec la dictature du guet-à-pens, et la phalange a sauvé le drapeau !

Les soldats, esclaves du commandement ou goujats de la curée, se sont rués sur la République et l'ont éventrée ; mais les paysans, cette fois, se sont levés, et la chaumière compte par milliers ses martyrs !

Or, quand une cause est ainsi défendue; quand elle trouve des héros jusque dans le fond des multitudes, et que le sang pour elle a coulé dans les villes et sur les chemins, cette cause est invincible comme celle des catacombes chrétiennes ; car ce n'est plus un parti, c'est une religion !

Savez-vous quels sont les morts ?

C'est l'église, ardente à la délation dans ses paroisses, et déifiant le crime sur ses autels deshonorés.

C'est la magistrature, désertant la loi pour suivre la force, et se prêtant, servante complice, à ses attentats, à ses rages, à ses monstrueuses procédures.

C'est l'armée, l'armée permanente, au meurtre dressée par ses codes, et qui campe au milieu de nos civilisations, avec l'esprit, la discipline et les mœurs des temps prétoriens.

C'est l'usure, le capital-araignée, la juiverie-banquière, qui ne sent ni la patrie, ni la liberté, ni l'honneur, et qui dans la dernière tempête, accroupie sur ses caisses, montrait du doigt aux soldats ivres, les fantômes de ses rêves, les suspects de sa peur, — les libres penseurs et les pauvres !

C'est enfin le gouvernement unitaire et centralisateur, vaste engrénage de forces hiérarchisées, dépendantes, aveugles, et qui sous la main d'un ambitieux, d'un traître à fleurons, peuvent faire, en un jour, d'une République un champ de Cosaques, de la civilisation un bagne, de la patrie un abattoir!

Voilà les morts, voilà les grands cadavres que la révolution traînera demain aux gémonies, et qui marqueront, comme les bornes milliaires, l'extrême limite entre les temps anciens et les temps nouveaux. Leurs dernières convulsions sont terribles ; ils torturent, ils emprisonnent, ils tuent ; ils suent le sang et la calomnie, ils font un crime de la pitié qu'ils envoient aux galères (1), ils transportent les femmes, ils

(1) En décembre 1851, séance du 30, le deuxième conseil de guerre de Lyon, sous la présidence du colonel Ambert, condamne le nommé *Brun*, propriétaire à Grasse (Drôme), à 10 ans de détention, pour avoir, comme complice, recélé des insurgés. *Astier*, garde-champêtre à Loriol, à vingt ans de travaux forcés, pour avoir donné asile à ceux qui avaient attaqué les gendarmes. (*Journaux de Lyon.*)

Le chef de gendarmerie, commandant les troupes de l'état de siége, dans le Lot, arrête :

fouillent le lit des vierges ; proxénètes hideux, ils cherchent, ils épient le secret des pères sur la lèvre des enfants ; toutes les bassesses en un mot leur sont familières, comme tous les outrages et toutes les violences.

Mais cela ne révèle-t-il point les fureurs inquiètes de l'agonie ? — et nous n'avons encore découvert qu'un coin du tableau, nous ne savons que les premiers actes du drame qui va se déroulant !

Voyez et jugez :. voici la chaîne, la grande chaîne des martyrs qui passe !

" Que toute personne qui donnera asile ou portera secours aux insurgés, sera poursuivie comme complice de l'insurrection."

" Quartier général d'Agen :

" Quiconque donnera asile aux coupables poursuivis ou favorisera leur fuite, sera considéré comme complice, et, comme tel, traduit devant un conseil de guerre."

LES PONTONS.

Les récits qui suivent sont les procès-verbaux de la souffrance républicaine, écrits sans prétention, au jour le jour de la douleur, et qui valent mieux, à ce titre, que les plus rudes anathèmes de la tribune ou de la poésie : ce sont des martyrs qui parlent :

UNE CHAINE D'IVRY.

Le 7 mars 1852, à huit heures du soir, un gardien, par un des créneaux de notre casemate vient, de sa parole rogue, nous annoncer notre départ et nous ordonner de faire nos paquets. A neuf heures nous sortons, après avoir jeté dans l'air le cri libre de nos cœurs : Vive la République ! puis nous défilons dans le préau, calmes et silencieux. On fait l'appel ; des fourgons sont là pour transporter nos bagages, et bientôt nous voilà enclavés entre deux mille hommes de différents corps : cavalerie, infanterie, police, formant une triple haie au milieu de laquelle nous marchons deux de front ; nous sommes divisés par sections de dix. Après chaque section, se trouve une ligne de gendarmes mobiles, *porteurs de cordes*. Des escouades de sergents-de-ville enflent et ferment le cortége.

Nous sommes quatre cent soixante-dix-huit. Avant de nous mettre en marche, ordre est donné à la troupe de charger ses armes ; ce qu'elle fait devant nous avec cette insolente brutalité de la force qui est la dernière lâcheté devant des captifs.

A onze heures, nous quittons le fort d'Ivry ; il fait un clair de lune magnifique, la route est belle. Privés depuis longtemps de lumière et de grand air, nous respirons à large et pleine poitrine, nous sommes joyeux ! nous pensons à Paris que nous allons traverser et nous nous dirigeons vers le chemin de fer, rue Saint-Lazare, en longeant les Boulevards intérieurs, les Invalides, les quais, la place de la Concorde, la Madeleine. En route, une mère, qui franchit le premier rang des soldats, se jette au milieu de nous pour embrasser une dernière fois son fils, mais les sergents de ville sont là qui la repoussent. Nos amis qui nous attendaient pour nous faire leurs adieux, puis une femme qui voit partir le père de ses enfants éprouvent le même sort : on les jette hors des rangs!

Toutes ces rencontres nous animent et nous relèvent le cœur : tout n'est donc pas mort dans la grande ville, puisqu'on vient sur notre chemin, à travers la peur et les bataillons! Enfin nous arrivons au chemin de fer, il est deux heures de la nuit, nous faisons route pour le Hâvre. A Rouen, nous prenons une dizaine de détenus. Nous arrivons au Hâvre à dix heures; on nous conduit sur le port, toujours sous bonne escorte, devant le bassin de Vauban, où nous attend le vapeur qui doit nous transporter. Nous restons sur le port quatre heures, tous réunis en groupe; là, nous avons faim, soif, il ne nous est possible de rien avoir : on nous refuse de l'eau! A deux heures, nous montons à bord de la frégate à vapeur, *le Christophe-Colomb*, en signal de départ : nous sommes placés dans la batterie et dans le faux-pont, c'est-à-dire dans un espace de onze mètres de large sur neuf mètres soixante-dix et deux mètres de hauteur. Nous n'avons pas un mètre par homme, et, sans deux bouches de ventilateur, nous serions asphyxiés. Le premier repas nous est servi à cinq heures : nous étions restés vingt-quatre heures sans manger! On nous donne du mauvais café sans sucre, un peu de biscuit avarié. Voilà le premier comfort pour les natures délabrées des casemates de Paris!

Nous nous groupons par plats de dix hommes; le dixième est chef de plat, et nous en avons quarante-huit. Le besoin d'un peu d'ordre est impérieux, nous nommons deux commissaires. Le citoyen Miot est commissaire des vingt-quatre premiers plats; le citoyen Besnard est commissaire des vingt-quatre derniers. Les premiers sont dans le faux-pont, les deuxièmes dans la batterie.

Nous passons devant Cherbourg et nous arrivons devant le goulet de Brest, le 9, à cinq heures et demie; enfin on nous laisse monter sur le pont, il pleut, le vent est fort, il fait froid. Au bout d'une heure, nous descendons pour nous installer pendant la nuit. Quelle nuit! la plupart de nous sont malades, couchés les uns sur les autres et privés d'air. Allons! martyrs, souffrons, ne nous plaignons pas, toutes les douleurs ne sont pas avec nous. On nous défend de fumer, de chanter, de parler haut; on nous menace des fers. Quelques gendarmes sont eux-mêmes révoltés de la consigne qu'ils reçoivent à notre égard; des ordres sévères sont donnés à l'équipage : il est défendu aux marins de nous parler. Cette nuit est bien triste! Nous manquons d'air et d'eau ; il nous vient des vagues furieuses par les sabords, nous sommes inondés et transis, plusieurs de nos camarades se trouvent mal, nous ne pouvons leur apporter aucun secours, entassés que nous sommes !

C'est le 10 mars : l'aurore point, et nous apercevons la rade de Brest, l'entrée du port et plusieurs bâtiments de l'Etat qui ont, comme nous l'avons appris, à leur bord, plusieurs de nos amis ; c'est la frégate à vapeur *le Mogador*, qui doit faire le voyage d'Algérie avec nous et le *Duguesclin*, vaisseau de ligne en rade depuis deux mois, pour le sinistre service des vengeances napoléoniennes.

On nous sert à déjeuner de la soupe aux pois dans des seaux, soupe infecte qu'il faut manger à la main ! Heureusement que quelques-uns de nous avaient encore quelques gobettes en fer blanc, et tour à tour nous nous en servons. Cette soupe est détestable : elle est faite avec des pois durs comme la pierre, ils étaient en magasin depuis plusieurs années.

A onze heures et demie, on nous fait monter sur le pont. On appelle cent trente-quatre de nos amis que l'on mène à bord du *Mogador*. On hèle encore quatorze noms : ceux-là sont destinés pour Cayenne ! Nous les voyons partir dans des chaloupes, les premiers à bord du *Mogador*, les autres à bord du *Duguesclin*. Ils nous font des signes d'adieu auxquels nous répondons malgré les menaces des sbires.

Le soir, à trois heures, nous remontons sur le pont où nous restons par plats de dix hommes ; je suis au cinquième plat, notre dîner est composé d'une ration de bœuf salé. A force de réclamations, on nous apporte de l'eau que nous avalons avec avidité. Nous nous organisons un peu, mais mal. Les cent trente-quatre partis nous laissent de l'espace, surtout en nous formant par plat ; on nous donne des hamacs qui ne font qu'encombrer et couper les libres courants.

Le soir, on nous lit le règlement du bord dont chaque article est suivi de la menace des fers ; on nous dit que nous sommes en rade, qu'on ne nous doit ni air, ni vin, c'est-à-dire que tant que nous y serons, nous ne monterons pas sur le pont ; on ne s'inquiète nullement de savoir si nous pouvons vivre dans de telles conditions. Quand on nous a fait descendre du pont, l'ordre est ainsi donné : " Faites descendre les insurgés ;" les matelots n'osent pas nous regarder le soir pour nous apporter de l'eau ; on nous avait dépeints à ces rudes travailleurs comme des brigands ; un d'eux, néanmoins, osa se risquer dans notre enfer : " Oh ! moi, je n'ai pas peur, dit-il, j'y entrerarai bien seul, je ne les crains pas ; ce sont des hommes après tout, et peut-être pas des plus mauvais !"

Il n'y a pas de place pour tous les hamacs, et la plupart couchent par terre. Chacun d'ailleurs pouvait s'étendre à son tour dans ces pauvres hamacs privilégiés; mais comme il y avait des malades, la préférence leur était acquise : c'était le devoir de la fraternité.

Un citoyen faisant partie d'un de nos plats a une maladie grave de la bouche, une maladie scorbutique. Nous demandons au médecin une place pour cet homme à l'infirmerie : refus formel; le médecin n'est pas visible !

Cette nuit se passe un peu moins mal, mais l'air nous manque complétement; je tombe épuisé au milieu d'horribles vomissements. J'ai mal à la gorge, au cœur, à la tête, j'ai la fièvre; mes jambes ne peuvent plus me soutenir, je demande le médecin, on ne me répond pas!

Le 11 mars, nous demandons qu'il nous soit permis de faire venir de terre quelques petites provisions, du pain, du fromage, tout nous est refusé!

12 mars, demande du médecin le matin, même refus. Nous apprenons qu'un jeune marin, nommé Leonne, s'est cassé la jambe en voulant aborder avec un canot, à huit heures environ. Cette nouvelle nous afflige; nous faisons de suite une collecte afin de venir en aide à notre compatriote victime d'un accident. Cette collecte produit 55 francs 55 centimes. Notre délégué la présente au commandant pour qu'elle soit remise à cet infortuné; le commandant nous répond qu'en son nom personnel il l'accepterait, mais qu'ayant des ordres sévères il doit refuser : il nous remercie deux fois, il nous dit qu'en route ou en Afrique il est probable qu'on acceptera.

Il nous arrive des marins du *Canada* qui viennent de faire le voyage d'Afrique et de conduire d'autres proscrits; ils nous paraissent bien disposés à notre égard et observent un peu moins la défense qui leur est faite. Ils nous demandent *l'Hymne du soir des Républicains* que nous leur donnons; ils nous disent que l'opinion de Brest nous est favorable, et voici leurs propres paroles : " Nous savons que vous êtes de bons citoyens, d'honnêtes pères de famille enlevés sans jugement; au moins en Angleterre on a le courage du châtiment et l'on vous juge! — Ici, nous savons de quoi ils sont capables; il nous faut travailler tant que nous pouvons et l'on nous laisse pour consolation sur nos vieux jours la belle chance de mendier notre pain." Sur ce nos marins courent aux manœuvres, mais nous laissent rêvant... A deux heures nous voyons arriver une barque avec cinq gendarmes le pistolet au poing, il nous amènent ce qui reste à Brest des détenus du convoi du neuf janvier; ils sont six, ils sortent de l'hôpital, il y en a un que l'on est obligé de hisser sur son lit; ils nous apprennent que deux cents des leurs sont partis sur le *Mogador* avec les cent trente-quatre de notre bâtiment! (Note du citoyen B.......)

UNE CHAINE DE BICÊTRE.

Je faisais partie d'un convoi expédié du fort de Bicêtre, le dimanche 16 mai ; il était composé de citoyens appartenant aux départements du Loiret, de la Nièvre, de l'Allier, de Loir-et-Cher, de la Meurthe, du Bas-Rhin, de l'Yonne, de la Sarthe et de la Seine, en tout, trois cents hommes de toutes les conditions : ouvriers, industriels, commerçants, artistes, hommes de lettres, avocats, journalistes, avoués, huissiers, notaires, médecins, pharmaciens, vétérinaires, cultivateurs, professeurs, propriétaires et officiers de l'armée ; il y avait d'anciens magistrats, des juges, d'anciens fonctionnaires,—préfets, sous-préfets, maires, ingénieurs, instituteurs, etc., des conseillers d'arrondissement, des conseillers municipaux et des officiers de la garde nationale !

Les dix-neuf vingtièmes de ces hommes avaient été arrachés de leurs domiciles pour le seul fait d'être réputés républicains. Nous avions avec nous deux citoyens qui avaient été passés par les armes et dont la mort n'avait pas voulu ; mais M. Bonaparte les reprenait pour son compte et les envoyait en Afrique.

Depuis le matin, nous étions debout pour le classement ; c'est-à-dire que quatre à cinq fois dans la journée on nous changea de casemates, hommes, malles, paquets, vivres et gamelles, pour des appels et des réappels ; de quatre à cinq heures et demie, on nous fit stationner dans le préau ou cour barricadée qui fermait l'entrée des casemates et où les jours de visites nous pouvions voir nos parents entre les planches, quand il ne pleuvait pas.

Il y avait une heure que les troupes qui devaient nous escorter stationnaient sur la place du fort, quand on chargea nos effets sur des voitures avec des malades et quelques valides, puis une escouade de sergents-de-ville entra dans le préau, d'où nous sortîmes deux par deux.

Nous fûmes rangés sur la place, au milieu de la troupe à qui on fit exécuter divers mouvements pour l'ordre de départ ; on fit aussi charger les armes, et le commandant adressa quelques paroles pour expliquer les mesures de sûreté dans la marche, et recommander l'usage des armes au moindre mouvement.

Le défilé s'effectua en rangs pressés sous la porte du fort : fantassins, cavaliers et prisonniers, confondus un instant, nous descendîmes le bourg de Bicêtre, marchant au pas et enclavés dans une quadruple haie de sergents-de-ville, de gendarmes, de lanciers et de troupes de ligne; plusieurs d'entre nous avaient sac au dos ou portaient à la main un petit paquet ou un sac de nuit.

A ce moment eurent lieu des scènes bien douloureuses : depuis plusieurs heures d'une longue et cruelle attente, et pour échanger un dernier adieu, des épouses, des mères, des enfants, placés sur les talus, plongeaient de loin leurs regards avides, anxieux, dans cette colonne compacte qui avançait : les malheureux cherchaient un mari, un fils, un père, un ami; leurs voix partaient de çà et de là, perçaient le bruit de la marche, et portaient un adieu avec un sanglot étouffé au cœur du proscrit bien aimé, qui renvoyait des paroles d'encouragement.

La marche continuait et on se perdit de vue : alors on aurait pu voir dans nos rangs des larmes couler, et plus d'une tête courageuse se courber un instant sous la douleur d'une telle séparation. Ah! c'était une heure solennelle et terrible! toutes les affections si chères qui attachent à la vie, qui la remplissent, étaient brutalement, cruellement frappées. On laissait en France tout ce qu'on avait aimé comme homme et comme citoyen; chaque pas nous en éloignait et nous entraînait vers un pays lointain, vers une existence nouvelle, à la discrétion d'un abominable vainqueur; nous laissions nos familles dans de cruelles douleurs, dans l'abandon et dans la misère; nous laissions notre pays, pour qui nous avions voulu liberté et prospérité, sous l'oppression la plus dégradante!

Le convoi passa à la barrière Fontainebleau et par les boulevards extérieurs conduisant à l'hôtel des Invalides. Le peuple de Paris était aux barrières; mais partout, la foule venue là pour les amusements du dimanche restait triste et stupéfaite. Beaucoup d'hommes se découvraient, et il y avait courage à nous donner ce témoignage extérieur de muette sympathie, car la terreur bonapartiste pesait comme un ouragan de mort sur la grande cité.

Dans un groupe, un homme autour duquel le vide se fit, parodiant un cri sinistre des temps les plus mauvais de la monarchie, dit à haute voix : " Laissez passer la justice de l'empereur!" Cet homme a-t-il été emprisonné ou décoré pour cet outrage ou cette flatterie digne d'être offerte à Néron ?

De l'hôtel des Invalides la colonne inclina vers la place de la Révolution, entre les Tuileries et l'Elysée, où se prolongeaient les banquets et les bals de la fête du dix mai.

Arrivés à la gare du Hâvre nous fûmes répartis dans les wagons, avec nombre égal de gendarmes; à onze heures nous partions, par une nuit noire et pluvieuse, et le lendemain matin à six heures nous entrions dans le faux-pont et le second faux-pont du *Bertholet*, qui nous attendait depuis plusieurs jours dans le port du Hâvre. Là où il y avait place pour cent hommes seulement, on nous entassa au nombre de près de trois cents. Chaque faux-pont avait environ sept mètres carrés, sur une hauteur d'un mètre et demi à peine ; en calculant l'espace qu'occupaient les personnes, les paquets, les vivres, on jugera des conditions intolérables dans lesquelles nous étions placés pour la respiration. On nous distribua par escouade un baquet de café avec ration de pain.

Je n'essaierai pas de dire les tortures, l'existence affreuse des transportés à bord des bâtiments; ces faits ont été publiés, et l'histoire flétrit déjà ces abominables cruautés qui ont trouvé tant d'exécuteurs à conscience facile.

La traversée du Hâvre à Brest fut très mauvaise, pendant la nuit il y eut tempête et pluie. Qu'on juge de notre situation au fond du vaisseau, à chaque instant renversés les uns sur les autres et manquant d'air malgré les poches à vent destinées à nous l'amener et ne nous versant que de l'eau. Une vingtaine d'entre nous seulement échappèrent au mal de mer. J'éprouve un sentiment d'horrible dégoût en me rappelant cette nuit et la matinée qui éclaira le second faux-pont où j'étais placé. Nous étions là haletants comme les malheureux esclaves jetés au fond de la cale d'un bâtiment négrier, presque tous malades, dans les tortures des vomissements, roulés dans nos couvertures, mouillés, souillés, et couchés, transis de froid, sur un plancher couvert d'ordures, de baquets, où ruisselait l'eau.

Je me rappelle que c'est au milieu de cet air infect, au milieu de cet entassement de corps souffrants et geignants, que je reconnus, à l'aide de la faible lueur qui filtrait jusqu'à nous, un vieil ami, mon ancien co-accusé et co-évadé, que je n'avais pas revu depuis seize années, quand nous nous séparâmes en sortant de Sainte-Pélagie. Depuis quatre où cinq jours il avait été arraché à sa maison, où il laissait une femme et trois enfants sans ressources, et comme tant d'autres il se trouvait jeté au fond d'un navire pour être transporté sans qu'on eût daigné lui dire pourquoi.

La tempête s'étant calmée, le mal de mer diminua ; on nous commanda alors et il y allait de notre intérêt, de nous lever, de serrer les effets et les couvertures, et de rétablir autant que possible un peu d'ordre, à défaut de propreté; puis on apporta dans des baquets de même forme que ceux de la nuit, l'inévitable café à l'eau empoisonné par le contact de cette atmosphère chargée de miasmes. Quoique nous fussions tous exténués, brisés par les souffrances de la nuit, beaucoup ne purent se résoudre à goûter cette boisson nauséabonde. Ceux qui pour relever leurs forces se décidèrent, devaient autant souffrir de dégoût que les autres de la faim.

Quand il nous fut permis, successivement et à tour de rôle, de monter sur le pont pendant quelques instants et pour nos besoins, on se dédommageait du café, on calmait la soif que nous donnait une fièvre intérieure en pompant avec la bouche à des tétines placées à la partie supérieure d'un tonneau rempli d'eau jaunâtre, puis il fallait redescendre dans notre enfer!

Nous avions emporté quelques provisions que nous devions à l'inquiète et tendre sollicitude des êtres aimés et désolés que nous avions quittés, mais à notre arrivée au Hâvre elles avaient été descendues à fond de cale dans les sacs et paquets qui les contenaient; c'eût été pour nous d'un grand secours; hélas! ce ne fut qu'au bout de quatre ou cinq jours d'instances qu'on nous les rendit déjà en partie gâtées.

Arrivés à Brest dans cette même matinée du dix-huit, on nous enleva nos couvertures pour les nettoyer, et la nuit suivante, privés de moyens de nous abriter sur le plancher où nous couchions, nous nous pressions les uns contre les autres pour nous réchauffer un peu les jambes et le corps, nous servant réciproquement d'oreillers: cette nuit ne pouvait guère nous remettre des souffrances de la dernière. Le lendemain soir, on nous rendit nos couvertures, mais humides encore, et beaucoup qui les séchaient par la chaleur de leur corps gagnèrent de gros rhumes et des douleurs. On nous donna aussi des hamacs pour cette troisième nuit, mais pour la moitié de nous seulement; il fallait alterner pour y coucher une nuit sur deux: il y avait ainsi, dans une hauteur d'un mètre et demi, deux couches d'hommes, l'une suspendue et l'autre placée au-dessous, étendue sur le plancher.

Nous restâmes quatre jours dans la rade de Brest, pendant lesquels nous eûmes de pénibles émotions: Neuf de nous destinés à Cayenne, entre autres le citoyen Carrette, furent transbordés sur l'*Erigone*, qui les attendait pour compléter son chargement: ils devaient faire le voyage en contact avec des forçats... On transborda aussi sur le *Mogador*, autre navire à vapeur qui devait partir en même temps que nous, une partie de ceux qui appartenaient à la catégorie Afrique *plus*, et on nous amena pour les remplacer de malheureux camarades qui pourrissaient depuis plus de deux mois sur le ponton le *Duguesclin*, entre autres un paralytique, corps inerte qu'il fallut hisser à bord comme un ballot. Nous partions ainsi au nombre de plus de six cents, répartis sur les deux bâtiments.

(Note du citoyen GRANGER, de la Sarthe.)

Nous pourrions multiplier ces chroniques et relever le journal de tous les convois qui, pendant six mois, ont traversé la France, entraînant un peuple de martyrs aux pontons de l'Océan ou de la Méditerranée : ces deux mers qui baignent la grande patrie n'ont, en effet, que trop vu de ces cargaisons humaines ; mais le système fut le même partout, et si les épisodes en certains points diffèrent, le drame est un au fond : c'est toujours la logique du bourreau qui mène ces caravanes !

Ainsi les casemates, les prisons, les geôles se vident : on n'avertit pas ceux qu'on enlève. — Pourquoi ? — Pour qu'ils n'aient point le dernier adieu des enfants ou des mères, pour que la douleur et l'inconnu pèsent sur tous, pour que le foyer de famille ait ses sanglots comme la grande route où les captifs cheminent.

Au départ, on fait le cercle autour des martyrs : artillerie, cavalerie, police et bataillons à pied sont massés en lignes profondes. — Pourquoi ? — Pour charger les armes et jeter à des vaincus impuissants une menace de mort ! — L'orgueil de la force est hideux, quand il s'étale ainsi devant des chaînes !

Aux stations, aux débarcadères, et sur le pont des navires, silence dans les rangs ! On craint un chant, une parole, un regard échangé.—Pourquoi ? — Parce que c'est la *galère de l'honneur* qui passe : *martyrs de la Constitution, transportés sans jugement,* ces seuls mots jetés au chemin soulèveraient peut-être les pierres!—Mais les gendarmes ont la voix haute, et de groupe en groupe ils s'en vont disant : ce sont des *forçats,* c'est l'écume des bagnes ; Bonaparte ne veut plus d'assassins dans ses villes ! On les transporte à Cayenne. — Vive l'empereur !

La foule s'écarte, et quand la chaîne arrive au ponton, les matelots eux-mêmes reculent ; la grossière calomnie a gagné la mer : *c'est l'écume des bagnes !*

Ils descendent donc les forçats *de la loi,* médecins, notaires, ingénieurs, propriétaires, industriels, écrivains ; ils descendent dans les entre-ponts, dans les cales, et sans lumière, sans air, entassés, pressés, comme les grappes dans la cuvée, ils apprennent en quelques heures tout ce qu'il peut y avoir au fond de la misère humaine!

Ils ont faim. — Que leur jette-t-on? — Des vivres avariés, pourris, et qu'il faut *manger à la main*, dans des baquets immondes : c'est la promiscuité des vermines!

Nuit et jour, ensevelis dans cet ossuaire, au milieu des miasmes putrides et des immondices que nul charnier n'a connus, ils ont soif, ils étouffent. — Que leur ouvre-t-on? — Parfois quelques auvents bien maigres ou la vague s'engouffre et vient noyer le troupeau sous ses fièvres!

Dans la pensée du Deux Décembre, qu'était-ce donc que le ponton? — La mort : on voulait continuer sans bruit, à la mer, les drames de Paris. Qu'on ne croie pas, en effet, que ce hideux régime était exceptionnel et ne durait qu'un jour : voici le journal d'un transporté du *Duguesclin* et le règlement du bord :

LE *DUGUESCLIN*.

Le *Duguesclin*, capitaine Mallet, est un vaisseau dit ponton rasé, ayant trois mâts et deux ponts, et servant de prison et de dépôt. Il est assez vaste, et contient soixante-seize canons; c'est un vaisseau de second ordre; il mouille environ trente à trente-cinq pieds d'eau. Le second pont, dans lequel nous nous trouvions plus de cinq cents, est presque divisé en deux parties par deux grandes casernes situées en avant et en arrière, où sont logés les gendarmes de surveillance, ce qui occupe environ le tiers du pont. La nuit, chaque caserne est éclairée par des quinquets; à l'extrémité de la salle, en avant, se trouve de chaque côté de la caserne un polaine ou latrines. Notre emplacement a une longueur de quarante-six mètres sur quatorze de largeur au milieu, ce qui fait une surface de quatre cent trente-quatre mètres carrés, et déduction faite des casernes, de soixante-dix-huit mètres carrés; pour cinq cents, c'est une surface de quatre-vingt-sept centimètres carrés par personne : la hauteur est de un mètre quatre-vingt-cinq centimètres, ce qui fait un cube d'air de huit cent trois mètres, c'est-à-dire un mètre soixante par personne, déduction faite de l'emplacement des polaines, casernes et caissons.

Le 21 avril, le *Berthollet*, corvette à vapeur de la force de quatre cents chevaux, nous transborda sur ce navire le *Duguesclin*, qui faisait dans la rade le service de stationnaire, et que nos bourreaux avaient transformé en ponton. Nous descendîmes au nombre de trois cent sept dans la deuxième batterie, où nous trouvâmes deux cents de nos amis qui étaient partis de Bicêtre le 24 mars. On nous distribua à chacun un hamac et une couverture, puis les gendarmes, pistolet au poing et sabre d'abordage au côté, procédèrent à une perquisition très minutieuse dans nos effets, pour détruire ce que nous possédions d'allumettes chimiques ; nous étions entassés les uns sur les autres, et nous étouffions faute d'air, puisque les sabords restaient fermés. Nous protestâmes, mais nos plaintes furent inutiles, plusieurs citoyens tombaient asphyxiés, on les apportait auprès des sabords pour respirer le peu d'air qui entrait dans la batterie par les hublots, nous étions privés de vin et le pain n'était pas mangeable. Le lendemain 22, quarante-huit colons dits volontaires, qui n'étaient autres que des forçats libérés, partirent sur l'*Erigone* pour Cayenne. L'on s'aperçut que ces forçats avaient volé plusieurs effets à nos amis avant que d'embarquer. Les gendarmes nous donnèrent nos malles, après avoir jeté à la mer toutes les allumettes, l'amadou et le vin qu'ils trouvaient, ils n'écoutaient aucune réclamation, et semblaient heureux du mal qu'ils nous faisaient. Nous nommâmes des délégués pour recevoir et donner les communications de tous les pontonniers.

Le 24, après une grande protestation, on nous accorda un quart de vin et la soupe grasse une fois de plus par semaine. Treize convalescents nous arrivèrent de l'hôpital de Brest, pour céder leur place à d'autres camarades violemment atteints, car les vivres, sauf la soupe grasse, n'étaient pas mangeables : le pain était excessivement mauvais, les légumes incuits et pleins d'ordures ; nous trouvions des chiques de tabac, des bouts de corde, des cailloux, etc. Tous les jours nous recevions des forçats libérés pour Cayenne. Nous montions sur le pont moitié par moitié, deux fois par jour.

Le 25, un gendarme voulut me faire retirer d'un sabord où je nettoyais les caisses à eau, je lui répondis que mes travaux étaient de première nécessité et dans l'intérêt commun. « Retirez-vous, me cria-t-il en faisant mine de m'ajuster avec son pistolet, ou je vais aller faire mon rapport ! — Allez-y lui dis-je, vous aurez la croix. » Dix minutes après, sept à huit gendarmes vinrent me prendre pour me conduire au cachot, je voulus protester auprès du commandant du bord, mais le brave lieutenant Fabre, d'indigne mémoire, me dit que les réclamations étaient inutiles, et que je devais aller au cachot pour dix jours, ayant insulté son gendarme dans l'exercice de ses fonctions. Il dit à ce même gendarme : " Il fallait lui loger une balle dans la tête à ce brigand-là : à quoi vous servent vos armes? Le premier qui vous répondra insolemment ne le ménagez pas?" Je descendis à fond de cale pour aller au cachot, tous mes amis protestèrent, mais le commandant répondit que la gendarmerie avait été insultée et qu'il fallait un exemple. Mes amis m'envoyèrent du pain et du vin, mais les gendarmes s'en emparèrent et je ne reçus que du pain et de l'eau. Nos malades, loin de se rétablir, étaient à la dernière extrémité, car on les envoyait à l'hôpital lorsqu'ils ne pouvaient plus se tenir debout; aussi le médecin de Brest disait qu'on ne lui envoyait que des cadavres.

Le 6 mai, le *Mogador* nous transborda cent deux prisonniers politiques et quarante-deux forçats venant tous de Toulon; l'on distribua des effets aux forçats, mais les détenus politiques ne purent en obtenir. Tous les jours nous recevions de nouveaux captifs, tandis qu'un certain nombre partait sur l'*Erigone* pour Cayenne. Les matelots nous prodiguaient beaucoup de sympathies, aussi les cachots et les fers étaient occupés journellement par les malheureux qui osaient nous adresser la parole, d'autres étaient condamnés à rester debout, tête et pieds nus, dans les enfléchures, pendant quatre heures de temps. La cantine nous vendait au poids de l'or ce dont nous avions besoin. A la suite d'une visite dans les hamacs, le citoyen Anneau Benoît, âgé de soixante ans, ayant été trouvé nanti de deux couvertures, fut condamné au cachot, malgré son grand âge, et sa position très débile. Un quartier-maître fut dégradé pour avoir refusé le service. Les matelots se vengeaient sur les gendarmes lorsqu'ils les rencontraient à terre; ainsi l'un de ces derniers ayant laissé tomber son pistolet à la mer et offrant vingt francs au premier plongeur, personne ne voulut se risquer pour lui. Il nous était expressément défendu de fumer dans la batterie; pour la moindre contravention un mois de cachot!

Le 17 mai, le *Berthollet* amena trois cent détenus de Paris, sept furent transbordés sur l'*Erigone*, et les autres sur le *Mogador*. Un matelot se tua en tombant de la hune de misaine, le commandant en deuxième dit en le voyant : " Enlevez-moi ça, et du lest." On n'eût pas mieux dit pour un chien. Enfin nous quittâmes ce tombeau flottant, à sept heures du soir, au nombre de deux cent quatorze, laissant encore quatre-vingts citoyens qui devaient être transbordés sur le *Berthollet*; et nous appareillâmes à huit heures du soir à bord du *Mogador*, frégate à vapeur de la force de six cent vingt chevaux.

(Note du Cit. H. Charles COURAGEUX,)

Transporté sans jugement.

RÈGLEMENT DU *DUGUESCLIN*.

Pendant le séjour des détenus sur le vaisseau *le Duguesclin*, ils devront, aux termes de nos règlements, se conformer aux règles de police et de discipline établies sur les bâtiments de l'Etat.

En conséquence, il leur est expressément défendu de fumer dans leur batterie et d'y introduire aucune matière inflammable, telles qu'allumettes chimiques, soufre, etc., sous peine de dix jours de double boucle ou de cachot, au pain et à l'eau, et en cas de récidive, vingt jours de la même punition.

Chaque jour un délégué à tour de rôle et quatre plats de service seront désignés pour la propreté de la batterie ; ils devront constamment tenir pleines d'eau les bailles qui avoisinent les lieux et où l'on doit puiser de l'eau pour les désinfecter. Pendant que les détenus seront sur le pont, les plats de service assécheront la batterie autant qu'il dépendera d'eux ; ils auront soin de balayer après chaque repas, et si ce service de propreté n'est pas constamment fait dans l'intérêt hygiénique de toute la batterie, ces plats seront retranchés de vin.

Tout trafic de la ration est sévèrement interdit à bord. Les chefs de plats, sous la surveillance de leurs délégués, devront tenir strictement la main à ce que chaque homme ne boive que son quart de vin. Si l'on s'apercevait que quelqu'un a bu plus que sa ration, le plat entier sera retranché, et si ce fait donnait lieu à quelque désordre, la batterie entière serait privée de vin.

Les règlements prescrivent encore d'observer le silence à bord pendant les exercices et pendant la messe. Messieurs les délégués seront prévenus chaque fois que les nécessités du service exigeront que cette disposition soit observée, et dans le cas où nous aurions à nous plaindre du bruit dans la batterie, les sabords resteront fermés ; les détenus seront privés de monter sur le pont, et le quart de vin pourra encore être supprimé.

Les détenus comprendront qu'il est de leur intérêt de se conformer ponctuellement aux mesures d'ordre qui leur sont proposées, afin de ne pas nous mettre dans l'obligation de les y contraindre par les moyens de rigueur dont nous disposons.

Les ordres les plus précis sont donnés pour qu'ils soient traités avec humanité, mais en même temps pour qu'ils soient soumis au régime militaire, qui n'admet aucune hésitation dans l'exécution d'un ordre donné.

A bord, le 24 avril 1852.

Le capitaine, commandant le vaisseau le Duguesclin,

Signé : MALLET.

Allons droit à l'ennemi.

Ce commandant du *Duguesclin* qui promulgue ou sanctionne et fait exécuter, contre des prisonniers politiques, le règlement des forçats, ce capitaine Mallet est-il autre chose qu'un forban ?

Ses lieutenants, ses aides-tourmenteurs, ses collègues des autres pontons étaient-ils plus que lui dans le devoir de la fonction, et telle consigne de bord est-elle supérieure à la loi sociale, à la foi publique, au serment ?

Voici des légions de captifs que la force amène, du fond des terres, et jette sur les ponts, comme au royaume de Dahomé. — Qui sont-ils ? d'où viennent-ils ? et pourquoi ces cargaisons humaines ? Quel délit, quel crime a commis ce troupeau qui va s'engouffrer dans les cales ?

Rien contre eux ne s'élève : ils ont défendu les institutions de leur pays, au prix de leur sang, contre le parjure, la violence et l'assassinat : ce sont les captifs de la trahison et du guet-à-pens : ce sont des martyrs !

Qu'en fera le capitaine Mallet ? Il a le commandement du bord ; au-dessous de lui tout un peuple de matelots s'agite, *irresponsable*, en ses rudes corvées : sa parole est la souveraineté du bâtiment, la loi vivante, mais à la condition de garder le devoir, l'honneur et la loi !

Le capitaine Mallet viole *le devoir*, *l'honneur* et *la loi* pour garder son commandement ; comme un négrier, il encaisse sa marchandise au compte du crime qui le paie, et du haut de son grade, il tombe argousin !

Le capitaine Mallet et tous ceux de son bord qui, pouvant briser leur épée, l'ont suivi, se sont déshonorés : l'on devient complice du crime en servant ses haines ; et la tache est, désormais, à tous ces pavillons flottant sur des cachots, comme aux drapeaux de l'armée de Paris !

S'associer au parjure, à la trahison préparant dans l'ombre la ruine des libertés publiques, et seconder par les armes, dans le combat, la félonie sacrilége d'un ambitieux contre son pays, ce sont là, sans contredit des attentats hideux, qui vous emportent quelquefois la tête, toujours l'honneur ; mais c'est moins lâche, en vérité, que ces complicités du lendemain qui viennent, s'inclinant bien bas devant la force heureuse, faire ses polices, porter ses menottes, prendre la clef de ses geôles : c'est là la dégradation suprême, la bassesse par excellence, celle du dernier valet, l'aide du bourreau !

Même après les sanglantes catastrophes de Paris et des départements, en France rien n'était encore désespéré : les services publics n'avaient qu'à chômer, à se mettre en grève, à refuser concours, et le pays se retirant, isolée au milieu de ses triomphes la conspiration du crime était perdue !

Mais le droit et le malheur ont été trahis, livrés partout, sans combat, sans protestation : la France n'a pas eu son Hampden, et, par milliers, elle a pu compter ses *capitaine Mallet*, serviteurs dociles du tyran, tout entiers à la besogne de ses vengeances !

Il était honnête et bon pourtant, disent certains chroniqueurs, ce commandant du *Duguesclin*. En dehors des *nécessités* du service, il avait des pitiés secrètes pour ses prisonniers, des sympathies, des complaisances.

Et que nous importe l'hypocrisie des paroles, quand les actes sont des crimes ? L'Inquisition aussi, de son temps, *pratiquait* avec grâce, avec onction, la larme à l'œil : en ces choses la forme est peu, comme la manière ou l'allure : c'est le rôle accepté, c'est la tâche accomplie qui dénonce l'homme et contre lui crie vengeance !

Que signifient d'ailleurs les secrètes doléances et les muettes sympathies, en face du *règlement* et des *nécessités de service* que vous savez ?

Cinq cents et quelquefois six cents captifs râlent ensevelis dans un tombeau de quelques mètres ; l'arrière et le devant sont encombrés de canons à gueule ouverte et chargée ; point de lumière, point d'air, point de place où reposer une tête fiévreuse ; le miasme empoisonne les poitrines déchirées, la maladie ronge les corps, la vermine les vêtements ; le plancher vaseux n'est qu'un lit d'immondices ; on n'entend que des agonies qui se heurtent et qui crient : de l'air ! de l'air ! mais les sabords restent fermés. La tombe est sourde : c'est l'ordre, c'est la loi, c'est le *règlement !*

Ainsi parqué dans son sépulcre, ayant la mort sous ses pieds et sur ses têtes, la mort partout, le pâle troupeau fiévreux, affamé, transi, se jette sur ses gamelles quand vient l'heure : hélas ! il n'y a là que du biscuit avarié, de la viande infecte ou des gourganes vermineuses, et pour ces corps délabrés que la mer travaille, que les maladies accablent, pour ces *cadavres* des forts, pareille pitance est un poison, un poison qui laissera la faim ! — Qu'y faire ? c'est le régime ordonné, *c'est la loi, c'est le règlement !*

Quand on songe que des légions entières de martyrs ont vécu de cette misère et de ces souffrances, un mois, un grand mois durant, on voit clair dans la pensée de M. Bonaparte, et la transportation s'explique. C'était la mort lente, la mort raffinée !

Que la responsabilité de ces supplices remonte donc à sa gloire, comme celle de ses assassinats ; mais que l'anathème, ce premier châtiment tombe aussi sur les têtes inférieures qui se sont courbées pour le service de telles infamies.

L'action ici vaut la pensée, le valet est digne du maître, et les *capitaine Mallet* resteront dans l'histoire, comme les Goyon, les Canrobert, les Saint-Arnaud, les Magnan : ce sera l'Olympe des bourreaux !

LES CONVOIS.

CHAPITRE IV.

Entre la terre, qui les proscrit, et la mer qui les emporte, arrêtons un moment la flotte des exilés. Combien sont-ils? Les bourreaux eux-mêmes ne le savent pas : on ne tient point registre d'écrou, quand c'est un peuple qui passe sous les voûtes, et les livres du bord sont muets, mystérieux, fermés. Sous toutes ces voiles pourtant qui s'appellent *le Mogador, le Berthollet, le Grondeur, le Christophe Colomb, l'Asmodée, l'Eclaireur, le Magellan*, etc., au fond de toutes ces cales qu'ont battues les vagues de l'ouest, on a pu compter, en suivant les convois successifs jusqu'à 4,000 hommes. Le centre et Paris avaient fourni cette première armée des martyrs!

Mais l'autre mer, la mer du soleil, n'a pas été moins riche en galères républicaines que le vieux et sombre Océan. Depuis les Basses-Pyrénées jusqu'au Var, chaque département, chaque village a vu partir sa caravane. Plus de cent communes ont été presque dépeuplées, et les deux villes africaines, Oran et Bone ont reçu, comme Alger, leurs épaves dans ce grand naufrage de Décembre!

Ceux qui savent le Midi de la France, ses vieilles haines religieuses dont le courant est si profond, ses mœurs ardentes, ses guerres politiques hier encore si acharnées, ceux-là comprendront combien de vengeances ont dû se lever, louves affamées, derrière la bataille, et désoler ce pays du sang et du feu.

Tout catholique, hobereau, prêtre ou bourgeois avait son *Albigeois* à livrer ; tout royaliste, chevalier à blason ou simple verdet, voulait son *Ramel* ou son *Brune*. 1815 enfin, allait rentrer en chasse et, cette fois, sous la bannière d'un Bonaparte !

Aussi que de maisons violées, que de granges fouillées, que de pistes suivies ! Les haies, les vieux murs, les chaumières, le creux des ravins et des roches, rien n'est oublié, tout est battu, nuit et jour. On n'a pas le drapeau blanc, mais qu'importe ? L'autre n'en abritera que mieux les haines masquées du royalisme. Et l'on court sus aux *Jacques* (c'est le nom du jour pour les tueries) et ceux qu'on n'abat pas, on les enchaîne deux à deux, on les traîne à pied ou par charretées, dans les villes. De Draguignan à Montpellier, chaque prison a sa pressée : c'est la vendange de la réaction et du catholicisme ; le dieu-boucher sera content !

La dictature de Bonaparte encore mal assise et cherchant partout des complices livre avec joie son peuple des campagnes à ces rages héréditaires : les évêques, dans les temples, ne lui escompteront-ils pas demain ce sang et ces larmes ? Ce pays d'ailleurs ne s'est-il pas levé pour la défense de la Constitution et contre les crimes du parjure ?

Frappez donc, royalistes du chandelier à deux branches : gendarmes et prêtres attelez-vous à la besogne de la guerre civile. Votre curée du jour est aussi celle du maître ; son ambition doit forcément seconder vos haines, et vous pouvez relever l'échafaud, comme à Bédarieux, tuer les prisonniers sur les routes, comme dans les Basses-Alpes, emprisonner, torturer, dresser vos listes de famille ; Cayenne et l'Afrique vous prendront vos *Jacques !*

Ils en ont pris, en effet, quelques milliers ; mais les convois qui, de Cette à Toulon, sortaient par tous les ports, on ne les annonçait pas officiellement : on dépeuplait sans bruit, comme le voleur qui dévalise un foyer. On cachait même les points de débarquement, et l'administration seule avait le secret, avec la vague, de ces expéditions mystérieuses ! Toujours est-il, on peut l'affirmer sans crainte, que les ports de l'ouest n'ont pas donné le tiers des victimes, et qu'avec les contingents du midi, la transportation africaine s'élève au moins à 12,000 !

En veut-on la preuve ? — Un seul département, l'Hérault a compté près de 3,000 condamnations sans jugement ! Et le Var, et les Basses-Alpes, et les Pyrénées-Orientales qu'on a dévastés comme des chenils ?

Voici d'ailleurs, un tableau relevé par le citoyen Granger, en septembre 1852, et que nous trouvons dans le dernier ouvrage si probe et si courageux du citoyen Schœlcher, ex-représentant du peuple :

Au mois de septembre, les ordres d'internement dans les diverses villes de l'Algérie s'élevaient à 5,000. Je pose seulement...	4,500
Au camp de Douhera, 4 à 500	400
Au camp de Birkadem, 250 à 300	250
Travailleurs envoyés à la construction d'un chemin dans la direction de Chiffa, 200 à 250	200
Au Lazaret d'Alger, 30 à 40	30
A la prison d'Alger	10
A l'hôpital du Dey	10
Au Bon Pasteur, 7 femmes	7
Détenus à la Casbah de Bone, 12 à 1300	1,200
Deux ateliers dans cette même province	400
Camp de Mers-el-Kébir, 2 à 300	200
Camp de Mascara	200
Camp de Délices pour la construction d'un village sur les bords de Sebaou	100
TOTAL	7,507

A ce chiffre il faut ajouter :

1° Ceux qui avaient déjà succombé ;

2° Les femmes réparties dans les provinces d'Oran et de Bone ;

3° Ce que contiennent les hôpitaux de ces mêmes provinces ;

4° Les prisons d'Oran ;

5° Enfin les campements, ateliers ou dépôts que je ne connais pas :

J'ai la conviction que le nombre des personnes qui ont été transportées en Afrique va au-delà de dix mille.

Le citoyen Fillon croit de même au chiffre de dix mille, en évaluant à 3,000 les transportés répartis dans les camps de Bouskika, Oueb-Boutan, Ain-Sultan, Ain-Beman et Beni-Mansour, sur lesquels le citoyen Granger n'avait aucune notion.

(Le Gouvernement du Deux-Décembre).

Ces chiffres sont-ils assez significatifs ? Et pourtant, nous en sommes certain, les deux victimes évaluent au rabais. Oui, ce compte est au-dessous de nos malheurs! Laissons-en toutefois le bénéfice au bourreau de Décembre : il n'a pas besoin de tous ses crimes! Dix à douze mille hommes, voilà donc le grand chargement, voilà l'armée de la loi qu'on a jetée dans les déserts d'Afrique. Et ce n'est que la phalange expurgée, triée, choisie par les *commissions mixtes*, héritières des conseils de guerre!

Des *commissions mixtes*, qu'est-ce à dire? De pareils tribunaux de justice il ne fut jamais question, ni dans l'histoire ni dans les codes!

C'est la haine à trois têtes, comme le monstre de la Fable. —Un commandant militaire, un procureur, un préfet, groupe sinistre jugeant à huis-clos, dans chaque département, et cela sur les listes de la vengeance, sans témoins entendus, sans interrogatoire, sans débats!

Ils avaient sous la main, ces bourreaux, près de cent mille prisonniers : ils les marquaient, à leur caprice et fantaisie, pour *Cayenne*, pour les tribunaux *de guerre* ou *de police*, pour l'*exil*, la *surveillance*, l'*internement* : la plus forte phalange (barbares jusque dans la langue!), ils la gardèrent pour l'Algérie *plus* ou *moins*; il y avait là vingt mille têtes!

Sur la scène, alors, s'avancèrent les comédiens sanglants de la miséricorde, les bateleurs de grâces—trois généraux assassins et l'avocat Bauchart.

Les deux premiers, soudards à tout crime, natures dégradées par toutes les ambitions perverses, avaient nom : Espinasse et Canrobert ; ils avaient *égorgé* dans Paris, on les envoyait dans les départements comme *officiers de clémence!* M. Bonaparte n'aurait pu trouver, au désert, de meilleurs Kabyles.

Le troisième était M. de Goyon, un panache insolent, une férocité grossière, armée d'éperons, se plaisant à l'outrage envers les captifs et même envers les femmes : — le goujat, enfin !

Ces trois *justiciers* traversèrent les prisons, le cigarre à la bouche, insultant, piaffant, ricanant ; ils *accordèrent* quelques centaines de commutations ou de grâces, *signèrent* des rapports contre l'indomptable *anarchie* qu'ils laissaient en haillons dans les campagnes, ou sous les verroux, et rentrèrent le plus tôt possible aux anti-chambres : la corvée de *clémence* était accomplie !

Grâce, clémence, amnisties, sur la lèvre des parjures et des assassins, quelle dérision ! C'est un des grands supplices de ce temps que cette dernière pudeur violée !

Mais cela fait mal, surtout quand on voit un homme de loi comme le Quentin-Bauchart, un ancien libéral, un juriste, un parlementaire, commettre à son tour ces profanations et prêter le secours de ses lâches hypocrisies à ces impudences de la force !

Que cet homme soit à jamais flétri comme tous les siens, procureurs louches, avocats rampants, juges lâches et prévaricateurs ; ils ont tué le droit et parqué la bourgeoisie entre deux grands tombeaux : Juin et Décembre. Les transportations vivront longtemps !

Plus hypocrite ou moins ivre que les trois juges de caserne, ce dernier commissaire ouvrit sa main pleine de perfidies et fit *remise des peines* à treize cents captifs, après *soumission préalable* pourtant, c'est assez dire que la grâce emportait l'honneur !

Quinze ou dix-huit cents, paysans pour la plupart, sur quarante mille républicains restés inébranlables et fiers dans la confession publique, au milieu des bourreaux, c'est un petit échec, et nous pouvons avec orgueil remonter sur cette flotte d'Algérie qui nous emporte douze mille martyrs !

Voici le règlement des bords :

CONSIGNE DES PASSAGERS.

Les passagers transportés placés dans la batterie avant seront soumis à l'ordre suivant :

ARTICLE 1. Partagés en quatre divisions comme l'équipage, ils seront applatés de dix en dix, et auront un chef de plat qui sera responsable du bidon et de la gamelle ; et responsable aussi du désordre qui pourrait être apporté à ce service, dans le cas où l'auteur du désordre ne pourrait être reconnu.

ART. 2. Chaque division sera partagée en deux sections, ayant chacune un chef qui sera responsable du désordre qui pourrait être commis dans sa section, *à moins qu'il ne dénonce le coupable.*

ART. 3. Les transportés coucheront dans des hamacs garnis d'une couverture, ou sur des voiles étendues dans la batterie, et auront de même une couverture ; cette différence de couchage sera réglée d'après le nombre de transportés, et la quantité de hamacs qu'il sera possible d'étendre.

ART. 4. Aux heures voulues, les hamacs seront pendus, et les toiles étendues par ceux qui devront y coucher. Au branlebas du matin, les hamacs seront dépendus, les toiles relevées et placées dans un endroit désigné, par ceux qui s'en seront servis. Chaque transporté est responsable du hamac et de la couverture qui lui auront été délivrés.

ART. 5. Aussitôt le branlebas du matin terminé, il sera distribué aux transportés la ration fixée ainsi qu'il suit, par la dépêche ministérielle du 6 janvier 1852 ; il leur est interdit de trafiquer entre eux de cette ration, l'infraction à cette défense entraînera pour le délinquant la suppression de vin pour toute la traversée. La distribution de la ration sera annoncée à chaque repas par le roulement du tambour et trois coups de baguette ; alors chaque homme de plat se présentera avec bidon et gamelle au trou d'homme pratiqué dans le pont sur l'avant, au mât de misaine, pour recevoir les rations destinées à son plat. Il est recommandé *à chaque plat* de maintenir la plus stricte propreté à l'endroit où il mange. Toutes les infractions à cette mesure seront punies selon le cas.

ART. 6. Les transportés seront chargés de la propreté de la batterie avant; pour se laver il sera placé deux bailles sur l'avant de la batterie; à l'heure où l'on passera l'inspection de l'équipage, les deux officiers de gendarmerie les plus élevés en grade, passeront l'inspection de propreté des passagers, les divisions pair à tribord et impair à babord.

ART. 7. Dans la journée, on fera monter à tour de rôle les divisions de passagers sur le gaillard avant, pour leur faire prendre l'air et fumer; chaque division restera une heure et demie sur le pont.

ART. 8. La poulaine du jardin des tambours babord avant est spécialement affectée aux passagers, il leur est défendu d'aller à celle de tribord, affectée à l'équipage; ils ne peuvent jamais aller plus de cinq à la fois à la poulaine, et pour y aller, ils devront toujours demander la permission au sous-officier de gendarmerie de service dans la batterie, et au factionnaire placé sur le passe-avant de babord.

ART. 9. Lorsque les passagers auront quelques réclamations à faire au commandant, ils s'adresseront au sous-officier de gendarmerie de service ou par écrit; on leur rappelle que *toute pétition collective est défendue.*

ART. 10. Il leur est expressément défendu de dégrader les murailles, ponts, cloisons ou fermetures quelconques de la batterie, sous peine des punitions les plus rigoureuses.

ART. 11. Les transportés seront soumis en tous points à la discipline du bord.

Le commandant de la frégate à vapeur le *Mogador*, aime à croire que les passagers transportés se rendront dignes, par leur bonne conduite et leur soumission à la discipline du bord, des mesures qu'il a prises pour que tous les subordonnés les traitassent avec humanité; mais il doit les prévenir que s'il en était autrement, et que quelques-uns d'entre eux se montrassent insubordonnés et provocateurs, ils seront traités avec toute rigueur.

Le commandant ne doit pas leur laisser ignorer *qu'il possède à bord de la frégate à vapeur le Mogador, tous les moyens possibles de répression,* et que dans les circonstances extrêmes (qu'il est loin d'appréhender, parce qu'il compte sur le bon sens et la résignation des passagers), *cette répression serait aussi prompte qu'énergique.*

A bord de la frégate à vapeur le *Mogador*, le 24 février 1852.

Le capitaine de vaisseau commandant,

Signé : NAUTON.

Cela s'appelle : *La consigne des passagers.* Quelle triste hypocrisie de mots, quel misérable abus de langage! Des *passagers*, ces hommes qu'on a violemment arrachés au foyer natal, à la famille, à la patrie! ces hommes que le guet-à-pens a faits captifs, et que le parjure outré dans ses peurs chasse devant lui comme un troupeau de consciences implacables; des *passagers*, ces colis vivants qu'on entasse dans les entre-ponts infects, et que la force entraîne, baillonnés, brisés, défaillants, aux lointains déserts de l'exil!

Et quel nom pourtant leur donner? — Prisonniers de guerre? Ils sortent de la patrie, sous le poignard des assassins, et non sous l'épée de l'étranger. Citoyens par tous les grands titres, l'origine, le travail, la loi; fils du sol et souverains, ils étaient inviolables et sacrés, quand la trahison est venue, qui les a fauchés en maraude. Or, la trahison ce n'est pas la guerre, c'est le vol!

Accusés, prévenus, condamnés? Accusés de quoi? Ce n'est pas la loi sans doute qui porterait contre eux témoignage; ils sont tombés en la défendant et, pour elle, ils ont tout perdu. — Condamnés par qui? Nul tribunal n'a reçu la plainte que nous sachions (la plainte du crime!); ils n'ont vu ni témoins, ni juges; ils n'ont trouvé que des bourreaux!

Appelez-les donc des *passagers*, capitaines-exécuteurs qui faites la besogne des forbans! ce mot inquiet trahit un secret remords, une pudeur dernière, et ce mot d'ailleurs est vrai profondément.

Ces phalanges d'ouvriers, en effet, ces milliers de paysans, aux mains robustes, au teint hâlé par le soleil et dont le dernier regard cherche tristement au loin les horizons de la patrie, n'est-ce pas le travail de la France qui passe ?

Ces savants, ces artistes, ces écrivains au front rêveur et que la vague emporte chez les Barbares, n'est-ce pas la science, n'est-ce pas la pensée, n'est-ce pas le grand esprit de la France qui passe ?

Ces avocats, ces administrateurs, ces propriétaires, ces juges qu'une sainte résistance a précipités dans les cales du grand négrier de Décembre et qui laissent derrière eux leurs maisons ruinées, leurs familles dispersées, leurs siéges et leurs domaines à l'encan des fraudes, n'est-ce pas la probité, n'est-ce pas l'honneur vaillant de la France qui passe ?

Oui, c'est la patrie qui s'en va, captive, accablée, sordide par les haillons, mais lumineuse sous ses auréoles, entière dans ses fiertés, toujours indomptable et toujours vivante !

Ce qui reste derrière la colonne des martyrs, ce n'est pas la France, c'est la terre de Jugurta, c'est la vieille Afrique !

En une nuit de sang et de trahisons, les ténèbres s'y sont répandues comme dans les villes ensevelies : une pluie de crapaux immondes est tombée dans ses palais et couvre les marches de ses Louvres. On y parle bas comme dans les bagnes ; on y cache ses enfants, ses larmes, sa pensée; car la délation est à toutes les portes, et les brigands tiennent la rue !

Ceci n'est pas la France, c'est une caverne, c'est l'*empire !*

Appelez-les donc les passagers, les *grands passagers* de la civilisation, ces hommes qui s'en vont, sur vos galères, emportant le droit sous les chaînes, l'honneur sous la vermine, et la pensée sous les haillons ; jamais la mer, qu'ont tant de fois traversée des martyrs, n'en a vu de plus saints; et devant vos captifs, vous vous inclineriez bien bas, gens de haut commandement, si votre âme n'était pas obscure et fermée comme vos écoutilles !

Mais non, les officiers tombés garde-chiourmes en prennent forcément les allures et comme le génie : la dégradation qu'ils subissent leur est d'ailleurs un secret tourment ; la vue même du malheur, dont ils sont les geôliers, les irrite : le remords saigne à travers l'ambition, et comme toutes les peurs les assiègent, ils s'exaltent dans le soupçon, dans les colères, dans la surveillance !

Ainsi, contre les *passagers,* la discipline est inquiète jusqu'à la fureur : toute contravention a ses peines, et tout délit, ses châtiments : le cachot, la cale, les fers. On diminue les rations, on supprime l'air ou le vin dans les petits accidents ; mais si la révolte s'agitait jamais, si la misère des entre-ponts élevait trop la voix, ce serait alors la grande guerre : contre les fièvres et les désespoirs on ferait parler le canon !

Or, qu'est-ce que la révolte aux yeux de la peur ? Peut-être un murmure, une pétition collective, un chant ! Que sais-je ?

Voilà le régime de la traite blanche en ses traversées !

Et quelquefois la mer venait joindre ses emportements à ces disciplines brutales : la tempête battait les convois ; tout se liguait contre les captifs : la terre, les vents, les hommes !

Ecoutez un des plus habiles écrivains de la presse périodique, le citoyen Xavier Durrieu, daus son *Histoire de la Persécution de Décembre ;* il était à bord du *Canada :*

C'était au mois de janvier, en pleine saison des rafales et des tempêtes, dans la nuit du 15 au 16, une des plus sinistres qui ait passé sur l'Océan. Vents et vagues achevaient de broyer la frégate et lui enlevaient sur le pont jusque aux tambours des cabines et des poulaines. Lancée tout au haut d'une Alpe bouillonnante, elle en redescendait aussitôt le versant, décrivant des bordées furieuses. Un coup de vent la fit dériver à trente-huit lieues de sa route et la jeta entre l'Irlande et Jersey. Si nous avions eu parmi nous un seul homme de mer, capable de diriger un navire, le *Canada* nous eût appartenu entre ces deux terres de liberté. Nous n'aurions eu affaire, je le crois, qu'au mauvais vouloir des gendarmes, mais les gendarmes étaient absorbés dans un immonde abattement. Ils ne nous auraient pas longtemps résisté.

Les hamacs s'entrechoquaient et se détachaient violemment des poutres, mais l'on ne songeait point à se relever, et ceux que l'on foulait dans sa chute ne se plaignaient même plus. Baquets et vêtements roulaient partout dans une eau fétide vomie par les *hublots* comme par autant d'écluses. Un dernier effort de la mer ébranla tout le navire ; le vent déchirait les voiles sur les vergues et les jetait dans les rouages de la machine à vapeur. Voiles et vapeur cessèrent au même instant tout service ; on n'entendit plus que le bruit des pompes dans les profondeurs de la cale. La frégate s'était affaissée comme un noyé dont les bras et le cœur manqueraient à la fois !

Quelques heures de plus et c'en était fait du *Canada*. Heureusement, le jour avait lui enfin, et par un hasard providentiel, le vent ramenait lui-même en vue de Brest. Il fallut précipitamment quitter la frégate qu'on livra aussitôt aux ouvriers dépèceurs des chantiers. Nous arrivions le matin à 10 heures. A midi, nous étions tous sur le *Duguesclin*.

Ainsi la vermine en bas, l'entassement, les asphyxies ; les gendarmes en haut, la loi martiale et les canons ; pour vêtements des loques malsaines, pour nourriture de misérables denrées avariées, pour discipline le cachot ou les fers, et parfois la mer furieuse qui venait fouailler toutes ces misères !

Comment vivre en pareil enfer et sous toutes ces ligues ennemies ?

Peu d'hommes y sont morts pourtant ; c'est que la conscience républicaine relevait ces martyrs qu'accablaient toutes les douleurs; leur âme intrépide donnait de la force au corps : patients sublimes, ils ont ainsi rendu la souffrance esclave de leur énergie et rien n'a pu les briser, ni la violence des bourreaux, ni la tempête, ni la faim.—La foi sauve !

Mais voici l'Afrique avec les incendies de son soleil et les fièvres de sa terre empestée : nos douze mille ont mis le pied sur ses côtes ; ils ont laissé bien loin derrière eux le dernier horizon de la patrie, et la dictature les a dispersés dans ses camps fétides !—Combien en restera-t-il, bientôt, si le crime dure et prospère ?

ALGER.

CHAPITRE V.

S'il faut en croire ses faméliques et ses panégyristes, la pensée de Louis Bonaparte était de coloniser l'Afrique, après avoir dégagé la mère-patrie.

Ces longues files de prisonniers, qu'il enlevait au sol natal, étaient les recrues d'une France nouvelle, et ce que n'avaient su faire les deux derniers gouvernements, le grand homme du coup d'Etat allait l'accomplir.

Pendant six mois, tous les politiques de la bande ont, avec les gazettes vendues, chanté, glorifié cette conception du maître, et, pétrie par eux, l'opinion publique s'est peut-être égarée dans ces mensonges. — On est si lâche après les tourmentes !

C'était, d'abord, une étrange façon d'organiser et de comprendre les hautes entreprises que d'ouvrir ainsi, avec le couteau, les entrailles de la France et d'y puiser, comme un boucher, pour jeter un peu de son sang sur une terre étrangère !

Mais le Colbert du crime n'avait pas même sa *haute pensée.* La vérité bientôt va luire, et l'on verra qu'il n'a colonisé que par des *ossements !*

Entrons dans les bagnes....

ALGER.

—

La plupart des navires qui portaient le butin de Décembre à la côte d'Afrique ont tour à tour débarqué dans la rade d'Alger. L'ancre jetée au plus profond des eaux, les chefs d'escouades militaires faisaient former les lignes sur deux rangs, et l'on comptait le troupeau qu'attendaient le Lazaret et la Maison-Carrée, ces deux blockaus de la mort. Le dernier de ces bâtiments fut d'abord l'enceinte privilégiée qui recueillit les premières phalanges : toujours fidèle à sa logique de tourmenteur et de bourreau, le gouvernement l'avait choisie parce qu'au milieu des fièvres et des exhalaisons fétides, les plus vigoureuses natures elles-mêmes ne pouvaient y tenir longtemps. Plus tard seulement, quand les désastres firent scandale, on voulut bien ouvrir le Lazaret aux *pestiférés* du Socialisme !

La revue des captifs passée, la cargaison humaine scrupuleusement comptée, les gendarmes entassaient leurs victimes dans de vastes chaloupes, et les rames poussaient au port. Là, dans les premiers temps, affluait de tous les points de la ville une population ardente et fraternelle, qui saluait les proscrits au débarquement. Le gendarme traînait son sabre en vainqueur, l'officier frappait sur son épée, la police insultait, l'état-major faisait tempête ou ricanait insolent, mais le peuple acclamait les vaincus du droit, et cette grande consolation, après tant de hasards de la guerre et de la mer, relevait l'âme des martyrs !

De leurs poitrines, en vain déchirées par les lentes fièvres du ponton, sortaient les chants vengeurs et le cri puissant de *Vive la République !* Alors, en dehors des haies militaires, sur les portes, sur les places, sur les toits, on voyait la foule se découvrir, salut pieux à la liberté mourante, mais qui se réveillera bientôt partout, puisqu'on l'acclame ainsi dans le vieux nid des forbans même !

Ces démonstrations, plusieurs fois répétées, irritaient profondément la soldatesque à panaches qui faisait là-bas la besogne du parjure. Le gouverneur Randon surtout avait horreur de ces cordialités vengeresses, et, pour échapper à cette condamnation redoutable du noble instinct populaire, lors des derniers débarquements, il interdit le passage à travers la ville : le crime n'aime pas les témoins. Pour ces derniers convois, des embarcations venaient prendre à bord les transportés, et les débarquaient au Lazaret sans toucher terre.

LA MAISON-CARRÉE.

A l'un des angles du port d'Alger, et faisant presque face à la ville, se trouve un vieux bâtiment mauresque, assis au milieu des marais, et fermé comme un tombeau : c'est ce qu'on appelle la *Maison-Carrée.*

L'intérieur se divise en une vaste cour et des couloirs qui la longent sur ses quatre côtés. C'étaient là jadis les écuries du dey ; l'on y jette aujourd'hui les proscrits de Décembre : après les chevaux, les martyrs !

Quand ils sont entrés dans cette cage en pierre qu'allument les rayons ardents du soleil africain, les prisonniers sont divisés par escouades de soixante, et chaque famille a son compartiment. Point de lit : des hamacs pour quelques uns, de maigres paillasses pour les autres. La nuit, les chaleurs étant tombées, l'humidité des brises imprègne et perce les murailles. L'insecte, le scorpion, la tarentule, tous les reptiles vipérineux de ces climats deviennent les hôtes des prisonniers, et leur sommeil, agité par les fièvres et les piqûres, devient un supplice.

Quant au régime alimentaire, il rappelait à peu près celui des pontons. On distribuait, le matin, par escouade et par plat, de la soupe grasse, avec son chétif assortiment de viande pourrie ; le soir, venait le riz à grande gamelle, et dix hommes s'attablaient autour de chaque chaudière pour y festiner. Pour des prisonniers allanguis, brisés par les tortures d'un long voyage, ayant souffert la faim, la soif plusieurs mois durant ; pour des hommes qu'avaient épuisés tous les supplices et de l'âme et du corps, voilà ce qu'accordait la haute loyauté du gouvernement !

C'était toujours, comme on le voit, la logique du bourreau.

Ne voulant pas se laisser mourir de cette misère affreuse et lente, toujours préoccupés d'ailleurs du grand souci fraternel qui veut couvrir les petits et les faibles, les Républicains nommaient des délégués, comme sur les pontons, et ces mandataires, que la souffrance avait aguerris, portaient au chef-geôlier les réclamations de famille : " Nous sommes ici, disaient-ils, par la victoire du crime, et l'on nous doit au moins, comme vaincus, d'être traités en prisonniers de guerre. Pourquoi donc nous condamner au régime de la mort lente, au supplice de la faim. "

— Vous êtes ici comme des disciplinaires, répondait le sbire, et vous serez traités comme tels ; il n'y a point pour nous de prisonniers politiques, il n'y a que le règlement.

— Laissez-nous acheter librement des vivres ; quoique Décembre nous ait ruinés, nous les paierons.

— Achetez et payez, vous avez la cantine du gouvernement.

Cette cantine du gouvernement était une concession spéciale, un privilége de vente accordé par l'administration à l'un de ces misérables qui viennent derrière les prisonniers comme les chacals derrière les cadavres ; il s'appelait Roustan et partageait sans doute avec son chef Randon, ou quelqu'un de ses valets, les hideux bénéfices que lui valait la souffrance affamée des captifs.

Shyllock, le juif de Venise, était moins lâche que ces corbeaux de guerre civile, il ne taillait du moins que dans la chair humaine.

La nécessité pourtant fait loi, et la faim n'attend guère : les prisonniers pendant les premiers jours achetaient donc café, sucre et vin à la cantine du gouvernement, et se laissaient rançonner par leur pirate légal. Que faire et pourquoi se plaindre ? toute protestation contre ces vols était punie des fers.

Tel était l'opulent régime de cette Maison-Carrée, vieille écurie transformée en prison par le pacha du crime, et c'est là qu'ont souffert et vécu des milliers de Républicains tombés martyrs du droit et de la loi. Quelques-uns, les plus heureux peut-être, y sont morts !

LE LAZARET.

Le Lazaret, dont le nom seul explique l'ancienne destination, est un vaste bâtiment à un seul étage s'étendant en long sur un rocher au pied d'Alger : c'est la seconde maison-entrepôt et le plus grand magasin de la transportation au débarquement. A l'un de ses flancs, s'élève le fort Bab-Azoun qui reçoit dans ses cachots ce que l'administration d'Alger appelle les *mutins* politiques.

Deux grandes salles coupaient la face intérieure du côté de la mer et le derrière avait deux parallèles, mais à larges meurtrières grillées à travers lesquelles s'engouffraient le vent et la pluie : quand les geôliers-sergents, espèce de gardes-chiourmes, avaient compté leur butin du jour, ils distribuaient les hommes par plats et les poussaient chaque escouade dans son réduit; là, point de lit, pas même de hamacs comme à la Maison-Carrée : de la paille seulement qu'on jetait sur les dalles, et de la paille rongée de vermine.

Le jour, des fermentations chaudes et lourdes, l'étouffement des plombs de Venise; la nuit, l'humidité glaciale et les fraîcheurs de la mer : deux maigres repas à la journée, le riz le soir et de la viande avariée le matin; comme surveillants, la mer d'un côté, de l'autre, d'épaisses murailles et d'énormes barreaux de fer; au-dedans, et toujours l'oreille au guet, l'injure aux lèvres, le regard provocateur, les espions-sergents. Voilà le système.

Comme la Maison-Carrée, le Lazaret avait sa cantine, sa cantine privilégiée, véritable douane où le vol tenait ses balances et suçait la faim. Toute réclamation était regardée comme une injure et brutalement châtiée; l'administration avait sous la main le fort Bab-Azoun!

Que de drames terribles restés inconnus n'ont-ils pas dû se passer entre ces murs, où la force insolente et subalterne avait à son caprice tant d'énergies vaillantes et de caractères de fer! avec les règlements qui multipliaient les délits, et qui, des contraventions font des crimes, avec des natures perverses que la cupidité besogneuse a dégradées, un mot, un geste, un regard devient un attentat, et le fort militaire était là qui s'ouvrait à toutes ces lâches vengeances!

Nous ne citerons qu'un fait ou plutôt un crime qui se rattache à ce fort Bab-Azoun.

Le Lazaret et le fort avaient pour gouverneur une seule capacité qui avait nom capitaine de Mongeot. Cet homme que recommandait une ambition capable de toutes les lâchetés, cet homme deux fois geolier était en même temps inspecteur général de la transportation et son grand juge. On l'avait investi de cette fonction parce qu'on lui savait la nature et les appétits du bourreau : le gouvernement le connaissait bien.

Un jour le capitaine de Mongeot mande auprès de lui — sur dénonciation d'un subalterne, le brigadier de Couba — un proscrit ancien officier, le lieutenant Millet, que le surveillant délateur accusait d'être resté trop longtemps aux eaux de Rovigo. Le délit était d'autant plus grave cette fois que l'officier en cause était brisé, souffrant, courbé sous la fièvre et les rhumatismes; le lieutenant Millet se rend à l'ordre du gouverneur grand-juge, et ce dernier sans respect pour le grade et le malheur, outrage lâchement cet ancien compagnon d'armes!

— Comment osez-vous violer les consignes, vous un ancien soldat, vous n'avez donc point d'honneur?

— J'ai été militaire, c'est vrai, répond Millet, mais la maladie ne connaît point le règlement: je n'ai pu me rendre à l'heure.

Exaspéré devant cette calme attitude et cette fermeté tranquille, le capitaine de Mongeot fait reconduire le captif à son lieu d'internement, et, dans un rapport au gouverneur Randon, il demande un châtiment sévère contre une aussi grave *insubordination.*—L'insubordination des rhumatismes!—Le gouverneur Randon, qui se mire dans les petites vengeances, fait droit à la haine de son lieutenant décembriste, et Millet est condamné, pour l'insolence de sa réponse, à passer un mois au cachot, sous la main de M. de Mongeot, le roi du Bab-Azoun!

A cette nouvelle, une espèce de délire s'empare de Millet: les longues persécutions qu'il a subies, et la perspective des haines qui le guettent, frappent son esprit et l'enfièvrent; il part cependant; il entre au fort et commence sa nouvelle expiation: hélas! c'était la dernière! trois jours après Millet est mort: — Comment est-il mort? On ne le sait, c'est un mystère de *de Mongeot!*

Nous devons l'avouer pourtant; dans sa vie Millet avait commis un crime: le brigadier de gendarmerie de Couba, son délateur, fils aussi misérable qu'il était indigne soldat, le brigadier Vieille traitait son père comme une bouche inutile: c'était une charge, un impôt, une servitude; et le pain lui venait par bouchées et l'insulte était quotidienne. Le malheureux vieillard, ainsi maltraité, conspué, s'était un jour avisé d'aller frapper à la porte du proscrit. Millet, qui l'avait admis à sa table, honoré, reconforté! De là le crime, de là la haine, de là la vengeance qui a fait un mort.

O terre d'Afrique! Au temps de Jugurta tu ne connus pas de tels monstres.

Comme soldat, tombé geôlier, le capitaine de Mongeot est connu maintenant, on sait le régime de sa bastille, nourriture, surveillance et discipline; voici ses dialogues:

Un Délégué. — Dans les forts, capitaine, chacun de nous a demandé de quel droit on le tenait captif: chacun de nous, dans les pontons, a demandé pourquoi les pontons? en vertu de quel jugement? où sont les dossiers? où sont les juges? quel tribunal a dicté l'arrêt? On nous a répondu: “ Cela ne nous regarde pas: vous le saurez en Afrique. ” Nous voilà maintenant en Afrique et sous votre main; ni prévenus, ni jugés, ni condamnés: vous soldat, qu'avez-vous à dire?”

Le capitaine de Mongeot. — Tout cela ne me regarde pas, vous êtes les prisonniers du gouvernement, je dois et saurai vous garder.

Le Délégué. — Mais il y a des catégories *plus*, des catégories *moins* : sans reconnaître le crime qui nous frappe, ni ses hiérarchies, ni ses divisions, nous devons et voulons savoir ce que disent et valent ces différences *plus* et *moins*.

Le capitaine de Mongeot. — Il n'y a pour moi qu'une Afrique pour tous ; je ne connais ni *plus*, ni *moins* : vous resterez ici sous la même loi, celle du châtiment, et de mon mieux je l'exécuterai : c'est ma consigne — j'ai le fort Bab-Azoun !

Voilà le héros !

Il avait pourtant ses vues et sa politique cachée, cet Achille des geôles africaines. Son cantinier — par privilége, — subissait parfois des mortes-saisons, quand le troupeau des captifs s'en allait en internement, ou que de petits convois de libérés voguaient vers la France. Le patron gardait alors ces libérés-graciés quelques jours au moins, afin sans doute d'écouler les produits et de ne point laisser l'industrie languir. On obtenait pourtant le grand privilége de la sortie, quand on allait dîner à la taverne de de Mongeot-Roustan !

Autre spéculation.

Parmi les ouvriers proscrits prisonniers du gouverneur se trouvaient des tailleurs, des cordonniers, des menuisiers, des citoyens enfin, travailleurs de toute espèce, et pour toute besogne. On les aidait paternellement à remplir les tristes heures de la captivité. Ainsi nos amis pouvaient travailler à la tâche ; mais, de concert avec les patrons, on se réservait le monopole des fournitures, et l'on gardait, de cette façon, les deux bénéfices du capitaliste et du marchand. Entre ces deux usures, que devenait le salaire ?

M. de Mongeot *pratiquait* encore une autre habileté. Gouverneur absolu de la maison centrale, il écartait avec un soin religieux les parents et les amis des transportés. Le père ou la fille, le frère ou la sœur ne pouvaient arriver dans son Lazaret qu'après avoir traversé toutes les administrations d'Afrique. Mais les juifs-maraudeurs, les spéculateurs-marchands, les loups-cerviers, araignées des prisons, avaient accueil cordial et porte grande ouverte ! Pourquoi ? Question d'escompte.

Encore une fois, voilà le Lazaret et son héros !

LA CHARTE DU TRAVAIL.

Avant que les prisonniers ne fussent expédiés sur les divers camps de la transportation, des délégués de la police se présentaient soit au

Lazaret, soit à la *Maison-Carrée*, pour dresser les listes générales de chaque détachement.

Ces matricules arrêtées, commençait un interrogatoire en forme, et chacun à son tour avait à répondre aux questions suivantes :

" Avez-vous de l'argent, et voulez-vous l'utiliser en Afrique, soit dans la colonisation, soit commercialement ? "

Aux ouvriers on disait :

" Vous qui n'avez point de capitaux, voulez-vous travailler de votre état ? "

Et aux laboureurs :

" Voulez-vous défricher, semer, cultiver? on vous donnera la terre ? "

Les plus belles promesses étaient prodiguées ; on ouvrait aux regards de ces pauvres les plus riches perspectives : les récoltes leur étaient présentées opulentes et touffues dans un court avenir : on entendait, dans ces belles harangues, les métiers battre, l'enclume sonner, la navette courir, et les capitalistes tiraient déjà dix du cent!

Malgré toutes ces merveilles, la grande masse des transportés refusait : elle devinait la fraude, le vol, l'épuisement fatal, sous ces magnifiques hableries, et jalouse d'ailleurs de garder entière la fierté du droit, elle ne voulait point donner sanction au crime qui la traquait, en acceptant ses offres empoisonnées.

Les paysans, toutefois, hommes qui vivent au grand soleil, dont la poitrine aime l'air libre et les vents, les paysans que la prison tue, acceptaient le travail des routes, croyant aller aux champs, et tombaient dans le piège.

Quant aux ouvriers, ils demandaient en général à exercer leur profession librement.

Sur toutes ces données, et signalements pris, on dressait les listes, et pour la première fois alors, on établissait réellement deux catégories de transportés : ceux qui se prêtaient aux vues de l'administration en acceptant le travail, et ceux qui ne voulaient en rien aider le gouvernement dans son hypocrite projet de colonisation forcée.

Nous verrons plus tard, par les détails qui suivront, quelle amère déception il y avait au fond de ces offres calculées, et ce que valait cette grande charte du travail !

Quand la police avait arrêté ses divisions et formé ses groupes, elle sonnait le départ : les uns allaient à BIRKADEM, les autres à DOUÉRA, les deux camps-dépôts les plus considérables : quelques petits détachements étaient envoyés dans les chétives colonies de Aîn-Sultan, de Aîn-Benian, de Loued-Boutan, de la Bourkiska, pour y travailler soit au défrichement des terres, soit à la construction des villages.

Une dernière escouade, celle des mutins, était réservée pour le doux régime du fort de Bab-Azoun, ou les charmants loisirs des cachots de Bône.

Qu'avaient-ils fait ces grands coupables ? Ils avaient commis : celui-ci, le chant républicain, celui-là, la remontrance à l'espion-sergent; tel autre, une protestation, ou le geste ennemi.

Quels révoltés !

LE CAMP DE DOUÉRA.

A dix-huit kilomètres d'Alger, sur l'un des flancs de la petite ville de Douéra, s'élève une vieille caserne de cavalerie, bâtiment immonde, aux murailles noircies et branlantes, espèce de ruine qu'habitent toutes les vermines et que le soleil brûle de ses feux; c'est là ce qui s'appelle, dans les bulletins du gouvernement, le grand camp de Douéra.

Les transportés qu'on y jetait, formaient une division permanente de sept à huit cents hommes, que gardaient une escouade de geôliers-sergents et deux compagnies de zouaves.

Ceux d'entre les captifs qui s'étaient laissé entraîner à la séduction du travail, étaient placés dans la partie privilégiée du bâtiment, et formaient les chambrées supérieures; le reste était parqué dans le bas, c'est-à-dire aux écuries et dans les magasins à foin.

Le menu de ces derniers se composait ainsi : le matin, du pain noir et de la soupe grasse avec un détritus de viande rance ou malsaine; le soir, du riz à l'eau. L'on donnait aux travailleurs un quart de vin en plus et quatre-vingt dix grammes de lard au lieu de quatre cents que portait la charte-mensonge par l'administration octroyée; ils avaient encore un autre bénéfice : ils jouissaient d'un matelas qu'on refusait aux *mutins* condamnés à la paillasse sur un parquet humide et moisi.

Chaque jour, trois appels : le premier à six heures du matin, quand se faisait le départ pour les corvées; le second à onze heures, pour les communications du gouvernement, et le dernier à huit heures du soir, pour le recensement des prisonniers et la rentrée dans les chambres.

Comme dans toutes les bastilles, petites ou grandes, il y avait l'éternel cachot, espèce de trou sombre, humide et froid, véritable serre des fièvres et des rhumatismes.

Les mesures disciplinaires étaient les mêmes pour tous : mais le caprice les appliquait, et les plus traqués étaient ceux *de la revolte*. On appelait ainsi les anarchistes qui ne voulaient point casser les pierres sur les routes du gouvernement !

Quant aux soumis qui s'en allaient en besogne, un soleil ardent était leur discipline quotidienne, et le cachot eût certes mieux valu que ce long supplice des âpres corvées, sous des feux torrides, souvent coupés par les froids courants de l'hiver.

Tel était l'ensemble des mesures qui règlaient la vie des transportés au camp de Douéra : la loi, comme on le voit, n'était point trop athénienne, mais la loi vaut presque toujours mieux que l'homme, et le commandant Monnier en est la preuve!

Esquissons la vie, le caractère et les mœurs de ce petit Hudson-Love africain, dont le nom est, depuis bientôt deux ans, dans toutes les agonies d'Afrique !

Monnier était sergent-major dans un régiment de France quelques années avant la Révolution de Février. Dans un banquet avec quelques camarades, il chanta la *Marseillaise*. Ce fait fut signalé par un rapport de police, et l'on envoya Monnier en Afrique, dans les compagnies de discipline. En passant à Mâcon, le sous-officier cassé reçut un accueil cordial des patriotes du pays. L'organisateur de la fête fut, plus tard, déporté, et gardé au camp de Douéra par le même Monnier, devenu le geôlier de son hôte!

Lors de la Révolution de Février, le sergent-major, devenu soldat disciplinaire, avait rappelé ses droits, et la République en avait fait un sous-lieutenant.

Après cet acte de réparation, Monnier se signala par son exaltation dans les clubs d'Alger. Son enthousiasme diminua pourtant à mesure que grandissait la réaction, et bientôt ce grand cœur se détacha de la politique. Le temps se faisait sombre; on devenait prudent : c'est la tactique des lieutenants comme celle des princes.

Au 2 Décembre, après le triomphe du crime, de républicain Monnier se fit bonapartiste, et cette conversion rapide autant qu'honorable fut récompensée par une place de geôlier.

C'est à la Maison-Carrée qu'il débuta dans sa noble fonction. Mais comme il se trouvait le serviteur d'un accident qui pouvait avoir son lendemain, Monnier fut d'abord prudent, quasi démocrate, presque modéré. Ne remplaçait-il pas là, d'ailleurs, le capitaine Arnaud, vieux soldat *non décoré*, qui avait dignement repoussé cette mission de honte, ne voulant pas salir son épaulette et sa vie!

Son premier acte fut de réunir les transportés et de leur adresser une harangue, *avec l'air de bravoure*, se terminant par ces mots : " Le peuple s'est prononcé en faveur de Bonaparte, nous devons res-

" pecter sa décision, mais, après tout, *s'il ne fait pas notre affaire, nous*
' le f....... à la porte, comme nous avons fait des autres..." Le digne homme!

Monnier, voyant la dictature monter et s'affermir, modifia conduite et langage. Jusqu'alors les transportés avaient eu le droit de contrôler les dépenses de l'ordinaire et les fournitures de la cantine; ce droit leur fut retiré par ukase, et Monnier commença le système d'exploitation qu'il a si bien continué depuis à Douéra.

Avec ses 1800 francs, Monnier passa prince: il eut un cheval, des domestiques et des femmes. C'est un Saint-Arnaud en fleur!

De la Maison-Carrée, Monnier, qu'illustraient ses services, fut envoyé, comme commandant du camp, à Douéra; et là, quand il eut *exercé* quelque temps, des plaintes nombreuses s'élevèrent: les habitants du petit bourg réclamaient contre le privilége de la cantine, et les employés des ponts-et-chaussées contre des irrégularités dans le paiement fait aux transportés travaillant sur les routes. Le dossier partit pour Alger, siége du gouvernement.

Que fit alors Monnier menacé? Pour se rendre nécessaire, le digne officier crut devoir faire naître quelque émotion, et créer un petit complot à la charge des détenus. Il appela donc quatre artilleurs estimés de tous leurs camarades de la transportation, et qui avaient refusé le travail comme beaucoup d'autres. Il leur déclara qu'il fallait se préparer au départ, et qu'il allait les envoyer en un lieu sûr où l'on saurait châtier leur insubordination. Ces menaces proférées publiquement à l'endroit de braves soldats dont la conduite ne donnait aucun prétexte excitèrent l'indignation générale dans la vieille caserne, et, le soir, quelques amis se réunirent au nombre d'une quinzaine, pour dire un dernier adieu à ceux qu'on leur enlevait si brutalement. Au moment où, dans le fond de l'une des chambrées, on chantait à mi-voix quelques chansons patriotiques, Monnier, prévenu par quelque agent secret, arrive tout-à-coup, comme le *tyran des mélodrames*, et dit aux militaires: "Allons, qu'on me suive, je vais vous f.... au cachot." Les chanteurs répondent alors: "Ce ne sont point les artilleurs qui sont seuls coupables. S'il y en a, nous le sommes tous. Les artilleurs ne peuvent donc être seuls punis." "Les soldats iront seuls au cachot, parce qu'il me plaît de les y conduire," réplique Monnier; je suis *maître*, et n'ai point de comptes à rendre."

A cette parole, les détenus s'exaltent, et l'on descend en masse dans la cour, réclamant le cachot pour tous ou la liberté des artilleurs. Ces derniers, calmes, et comprenant que toute réclamation ne ferait que les compromettre, engagèrent leurs camarades à rentrer dans les chambrées. Mais le lieutenant Monnier voyant son *émotion perdue*, se tourna vers les groupes, qui s'étaient arrêtés à la voix des frères, et dit, en ricanant : " Eh bien ! vous vouliez tous aller au cachot, et personne ne s'y rend ! Vous êtes donc des lâches ! Que les hommes de cœur arrivent : *mes cachots*, j'en suis certain, ne seront pas remplis."

La provocation porta coup. . A ce défi calculé, la plupart des détenus se précipitèrent, et Monnier en boucla quelques-uns, ordonnant au reste de se retirer. Au même instant, une compagnie de Zouaves arrive, entre dans la cour, charge les armes en face des prisonniers, et Monnier déclare qu'il va commander le feu, si l'on ne rentre sur-le-champ dans les chambrées. Quelques minutes après, on enlève les artilleurs, qui sont transférés dans la prison civile de Douéra d'abord, et le lendemain au fort de l'Empereur.

M. Monnier avait son complot. Il le rédigea de son mieux, et l'envoya tout truffé de calomnies au gouverneur Randon, pacha de la colonie.

Le gouverneur transmit la pièce au conseil de guerre d'Alger, qui, sur dossier, conclut à la peine de mort contre les artilleurs, et M. Monnier garda encore son commandement !

Cet abominable arrêt ne fut pas la seule conséquence du complot inventé pour les besoins de l'ambition Monnier : plusieurs des prisonniers de Douéra durent partir, en effet, pour les cachots de Bône, entre autres le citoyen Jules de Caudin, mort depuis au grand ossuaire de l'Afrique, et martyr dont nous publions ici, comme témoignage, la lettre suivante :

" Casbah de Bône, 21 juillet 1852.

" Mon cher Frond,

" En deux mots, je suis à la Casbah, parce que la poitrine de M. Monnier étant la seule des poitrines africaines restée vierge de toute espèce de croix, il a cru devoir se procurer le plaisir d'une insulte aux *hommes de cœur*. Si calme que tu me connaisses, une provocation de ce genre n'a pu être dévorée par ma dignité. J'ai dû y répondre. Quelques-uns de mes camarades m'ont imité ; à peine me connaissaient-ils. De là, émeute supposée, introduction de la garnison dans le camp, enlèvement d'une douzaine d'entre nous, et enfin translation de vingt-deux à Bône et de quatre artilleurs à la prison militaire d'Alger, où ils attendent le conseil de guerre.

. . . .

" *Signé* : Jules de Caudin."

Autre détail qui honore l'homme :

Les réclamations des détenus contre la détestable qualité de la viande étaient restées sans effet. Chaque jour, on charriait des morceaux plus que suspects, et le chef de cuisine, certain d'empoisonner ses camarades, prit sur lui, d'accord avec les aides, de faire jeter sur le fumier la plus mauvaise partie des rations, en réduisant ainsi la maigre pitance de l'ordinaire. Mais Monnier, faisant ses rondes, aperçoit un jour cette viande de rebut. Il appelle ces hommes, et leur demande de quel droit ils ont jeté ce qu'on leur a donné? "Parce que c'est trop mauvais," lui répond-on. "Eh bien! moi, je vous le ferai manger!" hurle Monnier; et le digne officier jette lui-même cette viande pourrie dans la marmite.

Les scandales de cette espèce se renouvelaient souvent; mais en dehors de ces accidents d'humeur, il y avait une conduite générale, persévérante, organisée. Le lieutenant Monnier avait, en un mot, réglé ses plaisirs contre le malheur!

Ainsi, lorsqu'arrivaient de nouvelles recrues sorties du Lazaret ou de la Maison-Carrée, les détenus, massés dans la cour, étaient placés sur deux rangs, et le harangueur Monnier commençait ainsi ses prêches

" En vous envoyant ici, *braves gens*, le gouvernement a voulu que vous serviez à la colonisation de l'Algérie, je dois donc vous prévenir que le travail, pour ceux d'entre vous qui l'accepteront *librement*, rejaillira sur eux en bénéfices de toute espèce : nourriture, coucher, logement, argent de poche, tout leur sera donné dans les meilleures conditions, tandis que les oisifs, les fainéants, les *lâches* ne recevront que les vivres ordinaires des geôles.

" Je ferai mieux : dans mes rapports hebdomadaires avec l'administration centrale dont je suis le représentant toujours écouté; je signalerai tous ceux dont la soumission et l'activité laborieuse éveilleront ma sollicitude, et leurs noms seront portés sur les listes de grâce : travaillez donc et n'écoutez pas les mauvais conseils qui voudraient vous entraîner à la protestation passive contre le gouvernement!

" Nous avons d'ailleurs contre les mutins, et ne l'oubliez pas, Bab-Azoun, Bône et Cayenne!"

Quand il avait ainsi travaillé ses âmes, et par la menace et par la promesse, Monnier entrait dans les groupes, parlait à chacun sa langue, réveillait les sentiments les plus sacrés, faisait intervenir les familles absentes, les larmes de la femme, les cris des petits enfants, la désolation du foyer, l'agonie sombre des mères, et son dernier refrain disait toujours : " Travaillez, travaillez, vos familles auront du pain et vous reverrez la patrie!"

Or, veut-on savoir maintenant ce qu'il y avait au fond de ces douces harangues?

Les ouvriers qui se laissaient embrigader étaient conduits le lendemain aux bureaux de terrassements : bottiers, tailleurs, bijoutiers, menuisiers, forgerons, gens de l'aiguille, du métier ou du compas, tous étaient condamnés à la même tâche, à cette rude corvée des pierres ; ils protestaient au retour, déclarant qu'on leur avait promis le libre exercice de leur profession spéciale, qu'on les avait trompés indignement, et qu'ils ne voulaient plus se prêter aux calculs perfides d'une administration qui les poussait à la mort : mais le lieutenant Monnier, si doux, si bénin la veille, changeait alors de langage, et disait brutalement : " Vous avez accepté le travail, vous reviendrez à la tâche, ou vous irez à Bône !"

Autre déception plus cruelle et plus triste, car c'était l'escroquerie, la spéculation, le vol contre le malheur !

La semaine terminée, chacun s'attendait à recevoir le prix de ses journées, mais au lieu d'argent, on ne donnait que des paroles et de nouvelles harangues : " Les mandats, disait Monnier, ne sont pas revenus, il n'y a que retard dans les bureaux ; vous toucherez demain." Et sur ce, l'on revenait aux carrières pour voir se renouveler, de huit jours en huit jours, l'éternelle comédie.

Cette mauvaise foi lâche et cruelle exaspérait les ouvriers, et les protestations s'élevaient ardentes. — " Point d'argent, plus de travail, disaient les martyrs ; nous ne voulons plus être volés !"

La menace alors grondait de nouveau, le lieutenant Monnier parlait de Bab-Azoun ou de Cayenne, et tous ceux qui persistaient dans le dernier refus, étaient, en effet, expédiés sur Bône. Monnier en jetait quelques-uns dans les colonies éloignées et perdues, où les attendait une mort certaine.

Au départ de ces détachements, on l'a plus d'une fois entendu dire :

" Ces hommes vont à la mort, je le sais bien, mais à tout prix il faut s'en débarrasser !"

Le lieutenant Monnier, dans son maigre pachalick, se donnait encore d'autres délassements. Au second appel du matin, quand le soleil ardent brûlait les chemins, il réunissait les captifs dans sa cour d'honneur dont il avait coupé les côtés et les coins pour ses spéculations horticoles, et là, paonant au milieu des carrés, il ouvrait ses propagandes, menaçant les uns, encourageant les autres, insultant ceux qui ne s'abaissaient pas et s'enrouant au Démosthènes, comme un Fontanarose de carrefour : c'étaient ses assises, ses lits de justice, sa tribune, et tout y passait, depuis la mercuriale aux oisifs jusqu'aux communications du gouvernement.

Parfois, quand il était à bout de hableries, il tirait de son carnet de prétendues listes de liberté qu'il avait rédigées tout seul dans son cabinet, et les lisait à voix sonore, signalant les vieillards, les pères chargés d'enfants, les travailleurs dociles qui, d'après lui, se trouvaient portés sur ces tablettes de pardon : mais il avait tant de fois menti, que toutes les fourberies tombaient et que ces listes prétendues n'excitaient dans ses rangs que l'incrédulité du mépris.

Traqué dans toutes ses perfidies, Monnier passait de nouveau à la menace, à l'injure, à la violence ouverte ; chaque parole, chaque geste, chaque regard était une provocation, et quand les hommes de cœur y répondaient, ils les envoyait à Bône. Après les listes-mensonges des fausses amnisties venaient, alors, celles de la vengeance !

BIRKADEM.

Le camp de Birkadem est situé près du village de même nom entre Alger et Douéra. Dans la première phase de la transportation, c'est là surtout qu'on envoyait les avocats, les industriels, les médecins, les notaires, les juges, les administrateurs et les journalistes, toute cette race enfin d'esprits inquiets et libéraux qui ne voulaient point se prêter aux combinaisons mortelles de la prétendue colonisation algérienne. Il y avait, comme au camp voisin, une agglomération de six à sept cents hommes à peu près permanente. Même pitance qu'à Douéra, même régime disciplinaire. Mais il n'y avait point de Monnier en cet enfer, et la vie devenait alors possible.

Plus tard, dans la seconde phase de la transportation, lorsque la *clémence* du crime eut *amnistié* quelques unes de ses victimes, et que la mort, un peu plus active, eut largement fauché dans les rangs des captifs, le gouvernement algérien transféra dans le camp de Douéra ce qui restait de détenus dans celui de Birkadem. Cette prison masure fut alors abandonnée.

Mais les intérêts *respectables* qui vivent des malheurs publics protestèrent. La population du petit village s'émut, et des réclamations ardentes furent adressées à M. le comte Randon.

Ces braves gens, en effet, perdaient leurs prisonniers, leur *gain légitime*, leur *chose ;* il leur fallait des captifs à nourrir en les rançonnant. — Que deviendrait le vautour sans les tiercelets ?

Le général Randon comprit tout le bien-fondé de ces pétitions collectives, et répondit gracieusement qu'il ne fallait pas trop s'alarmer, que la morte-saison serait courte, et que le gouvernement leur enverrait bientôt de nouveaux pensionnaires !

Les cabaretiers de Birkadem reprirent haleine sous cette grande parole, et, depuis, ils attendent sur leurs portes les nouveaux convois de l'exil. — Ayez confiance, gens du pillage et des épaves, vous n'attendrez pas longtemps : le loup est encore au milieu du troupeau !

Algérie plus : Algérie moins : Les commissions mixtes instituées pour le huis-clos des vengeances avaient, en célébrant leurs mystères, établi ces deux pénalités dans la transportation : c'était d'abord, au premier degré, l'exil et l'internement avec la faculté du libre travail et du choix des domiciles, *sous surveillance*, ou l'Algérie *moins*. Venait ensuite l'Algérie *plus*, c'est-à-dire la bastille dans la déportation, la prison centrale au désert, le Mont-Saint-Michel aux grèves d'Afrique !

Il y a quelques années, quand vivait la dernière monarchie, celle des écus et non du sang, un homme d'état resté calviniste sous la pluie des idées, hibou sous le soleil, le ministre Guizot, avait porté pareil projet à l'étude parlementaire ; il demandait, il voulait que la déportation, même aux îles les plus lointaines, fût aggravée par l'emprisonnement, et que Cayenne eût ses donjons, comme un grand royaume, ses cellules, comme Mazas ou Doullens.

Dans la pensée de cet esprit imbécile, qui, volontiers, eût règlementé la mort, ce n'était point assez d'avoir perdu les joies du foyer, le sourire de l'enfant, la consolation des mères ; ce n'était pas assez, pour les vaincus des guerres civiles, d'avoir perdu la famille et la patrie, ces deux grands deuils qu'on ne porte pas longtemps et qui tuent ; il fallait encore le verrou, le cachot,—l'isolement, le silence et la tour d'Ugolin aux lointains de la terre !

Conception monstrueuse, pénalité sauvage, que l'antiquité n'avait jamais devinée, jamais appliquée, même dans ses proscriptions les plus formidables, et quand il faisait à peine jour dans la conscience humaine !

Elle avait de même échappé, cette pensée sinistre, au sombre génie du moyen-âge, le grand Ergastule, et plus tard, lorsque la contre-révolution, entre Thermidor et l'Empire, envoya ses ennemis à la Guyane, elle oublia d'y former des bagnes ou d'y élever des citadelles : Billault-Varennes est mort libre à Cayenne.

La combinaison raffinée du philosophe Guizot devait donc épouvanter la France bourgeoise que n'avaient point encore démoralisée les peurs ignobles : elle en eut horreur, en effet, comme d'un crime sans nom, et le projet tomba devant la pudeur publique.

Eh bien ! ce que n'avaient pas fait les Denis et les Sylla, ces implacables de l'antiquité ; ce que n'avaient pas imaginé les Borgia, ces rois du supplice ; ce qu'avait seul osé rêver un sectaire monomane, ce qui avait échappé à tous les génies, comme à tous les siècles tortionnaires, M. Louis Bonaparte le décrète, entre deux festins, et l'applique à des milliers d'hommes tombés dans ses piéges !

La prison dans l'exil, la captivité dans le désert, les hautes murailles, les portes massives, les geôliers entre l'Atlas et la mer, il tire tout cela de son fonds, naturellement, froidement, ainsi qu'un simple règlement de caserne : il crée l'Algérie *plus* comme Louis XI les cages de fer, et s'endort dans ses haines avec la tranquillité des carnassiers repus.

La République aura mieux que Sainte-Hélène !

C'était là, ne vous y trompez pas, la pensée de cet homme, aristocrate ignoble, ayant par ses vices, qui sont sa nature, la haine de la Révolution — et par ses origines, qui font sa politique, la nécessité d'un suffrage violent et corrompu.

La Révolution aura mieux que Sainte-Hélène !

Oui, sans doute : l'homme qui avait tué la première République, et dans ses idées et dans ses pouvoirs et dans son nom, — l'homme qui avait assassiné un prince-enfant, dans les fossés de Vincennes, — qui avait fait à l'intérieur, pendant quinze ans, la servitude du pays et le deuil des mères— laissant au-dehors des villes ruinées par centaines et des millions de cadavres,—cet homme tombant sous la force, au milieu d'une patrie ruinée, fut jeté, par la colère et la peur de ses ennemis, sur un rocher perdu dans le vague des mers : mais là, du moins, il avait ses amis pour consoler ses crimes ! il avait sa vaisselle, ses chevaux, ses domestiques, lui, le capitaine à pied du siége de Toulon ; il avait le soleil libre pour ses cavalcades, il avait ses gazettes, et sa correspondance, et le grand souvenir du monde ! — Ici, rien : les captifs du neveu sont séquestrés, bloqués, ensevelis dans des camps : ils vivent du charnier, couchent sur la paille, sont appelés comme des forçats aux trois sifflets des polices, et tout leur est fermé : la famille, la patrie, le désert lui-même !

Cela vaut donc mieux que Sainte-Hélène ?

Et ce n'est pas tout, pourtant; cette haine du Bonaparte fut inépuisable, comme le sera la justice, au jour des réparations saintes.

Les commissions mixtes, ces tribunaux hybrides, avaient admis deux degrés pour la politique des vengeances. Or, en Afrique, on ne connaît pas *le moins !* tous les captifs, en débarquant, appartiennent aux geôliers ; il n'y a plus ni dossiers, ni décrets, ni règlements : il y a l'administration centrale, dictature absolue, souveraine, et ses subalternes qui disent, comme le capitaine de Mongeot : " Vous êtes des disciplinaires, *ni moins, ni plus,* on vous traitera comme tels ! "

Voilà la loi du gouvernement!

Ainsi cette pénalité sortie non de l'esprit des codes, mais des fantaisies sauvages de la dictature, cette pénalité fille des caprices d'un seul, et graduée par sa politique, n'était, elle-même, qu'un mensonge !

On fraudait là-bas jusqu'aux supplices !

On en inventait, même. Qu'était-ce, en effet, que cette charte du travail offerte à tous ou plutôt imposée par l'administration *paternelle* des gardes-chiourmes ?

A peine les convois étaient-ils parqués dans les grands camps sans distinction ni de *plus* ni de *moins*, qu'on appelait les hommes, jeunes ou vieux, chétifs ou robustes, gens de main d'œuvre ou de professions libérales, et l'on ouvrait les listes du recrutement..... pour la mort sur les routes!

Certes, les républicains, bourgeois ou prolétaires ne répugnent point aux œuvres : la loi du travail est la religion de ce parti. Ses habitudes, ses intérêts, ses mœurs sont à l'action permanente, au produit incessant, et ce n'est point dans ce camp-là que se trouvent les parasites de la grande famille, vivant de l'usure ou des hautes mendicités.

Mais voici des citoyens auxquels on a volé le foyer, l'étude, le comptoir, l'usine, le travail libre ou le patrimoine, et, celui qui les a violemment expropriés de tous ces biens sacrés, celui qui leur a fait la prison, la ruine, l'exil, celui-là les entraînerait à ses corvées!

On travaille, il est vrai, dans les maisons centrales; on équarrit, on terrasse, on charrie dans les bagnes : c'est le résultat d'un jugement, la conséquence prévue d'une condamnation régulière, c'est une partie de la loi que connaissaient bien ceux qui l'affrontaient. Ici, qu'y a-t-il de semblable ou d'analogue?

C'est la violence qui vous a dépouillés, ruinés, transportés, accablés d'avanies, et, quand vous êtes là-bas, vous ses martyrs, vous vous prêteriez courtoisement à sa spéculation dernière, à l'exploitation calculée de vos forces défaillantes?

Vous vous feriez les esclaves *volontaires* de César!

—" Tuez-nous si vous voulez; mais nous n'irons ni dans vos chantiers ni sur vos routes," ont dit la plupart des républicains, " le droit, que nous représentons, ne veut aucune complicité dans vos œuvres!"

C'était là parler en hommes qui savent le devoir et que la dignité garde. Le crime heureux pouvait les égorger, mais non les réduire : ils devaient refuser tout concours au bourreau.

Qu'y avait-il, d'ailleurs, au fond de ce système d'embrigadements, et quelle était la pensée vraie des embaucheurs? Ceux qui se laissèrent entraîner, séduits par l'appât des salaires ou touchés par la voix lointaine des familles criant la faim,—ceux-là comprirent bientôt, mais trop tard : au lieu d'un travail libre et réparti selon les spécialités diverses, ils trouvèrent la même corvée quotidienne, inintelligente et forcée, la corvée des brutes, dans des marais infects, dans des terres vierges où couvaient tous les poisons, et sur des routes arides que brûlait le soleil !

Ce travail d'Afrique, ce n'était donc que l'agonie lente qu'on voulait organiser, avec le concours des martyrs eux-mêmes; et le plus net du salaire, c'étaient les fièvres, les rhumatismes, les paralysies, l'épuisement, la mort!

Voilà la colonisation de M. Bonaparte en son vrai jour.

Et ce qui le prouve, c'est le choix intelligent de ses créatures, c'est la *qualité* des agents subalternes employés par lui pour mener à bonne fin cette vaste entreprise d'assassinats.

Ainsi, pour n'en citer qu'un seul, dans ce personnel des petits monstres, se peut-il trouver une nature plus dégradée, plus lâche en ses hypocrisies, plus grossière en ses violences que le lieutenant Monnier?

Cet homme a besoin d'un complot pour éviter une destitution et raffermir son escabeau de geôlier : il désire peut-être en même temps être étoilé, comme tant d'autres braves que le massacre ou la bassesse a faits *illustres ;* qu'organise-t-il? il se met à l'affût d'un couplet de *Marseillaise;* il irrite ce grand scandale, il l'étend, il lui donne les proportions d'un crime d'Etat, en provoquant les colères légitimes ; puis il fait son choix dans le troupeau de ses *rebelles*, et jette quatre artilleurs au conseil de guerre.

Le tribunal, qui fonctionne comme le couperet, les condamne à mort, et, mieux assis que jamais dans son commandement, M. Monnier, par son zèle, se fait ouvrir les cadres de la Légion-d'Honneur. Cela n'a coûté que quatre hommes! Sous Bonaparte, c'est au rabais; l'empire en a coûté cent mille!

M. Monnier faisant ses rondes, en vrai guichetier, découvre sur un fumier de la viande pourrie qui ferait peur à des chiens maigres; il la remet en marmite et la rend à ses *administrés*, comme un fourrier d'empoisonnement!

Ne faut-il pas que tout se consomme, et que le commandant ait ses *primes?*

Rogue et brutal comme tous les parvenus du vice et de la trahison, M. Monnier gourmande, insulte, provoque ses captifs; il les appelle des *lâches*, lui la bassesse vivante et qui se pelotonne derrière des bataillons!

Il a ses distractions, ses jeux, ses fantaisies de supplice. Aujourd'hui c'est une razzia pour Bône, et demain une colonne pour les camps lointains où veillent la hyène et la mort; une autre fois il monte à cheval et vient faire scandale, devant le malheur, avec ses prostituées.

C'est un petit Verrès dans la peau d'un caporal!

Quand une politique a choisi de tels hommes, elle a dit son dernier mot, et la colonisation de l'Algérie n'a plus besoin d'être expliquée. Les Monnier sont là qui parlent..... ainsi que les *cadavres!*

Voici maintenant la grande loi des camps, c'est la règle des transportés, édictée par le pouvoir central, et que font exécuter là-bas les Monnier et les de Mongeot :

RÈGLEMENT

SUR LE RÉGIME DES TRANSPORTÉS EN ALGÉRIE.

(20 mars 1852.)

CHAPITRE Ier.

DIVISION DES TRANSPORTÉS.

ARTICLE Ier. Les transportés sont divisés en trois catégories :

La première catégorie comprend ceux internés dans les forts et camps ;

La deuxième catégorie se compose de ceux admis dans les villages ;

La troisième catégorie est formée de ceux autorisés à se livrer à des exploitations particulières ou à résider sur certains points déterminés.

Art. 2. A leur arrivée en Algérie, tous les transportés font partie de la première catégorie.

Art. 3. Le passage d'une catégorie dans une autre a lieu en vertu d'une décision du gouverneur général.

Art. 4. Les transportés appartenant à la première catégorie sont soumis au régime du règlement du 28 janvier 1839, sur les pénitenciers militaires.

Art. 5. Les transportés compris dans les autres catégories sont soumis au régime déterminé par le présent règlement.

CHAPITRE II.

DES TRANSPORTÉS DANS LES VILLAGES.

Art. 6. On choisit, pour les placer dans les villages, les transportés qui se font remarquer par leur bonne conduite, par leur disposition au travail, qui exercent la profession de cultivateurs ou une profession utile à l'agriculture.

Art. 7. Les transportés sont divisés en escouades de vingt hommes.

Art. 8. Lorsqu'un convoi doit être dirigé sur un village, l'officier commandant désigne nominativement autant de chefs d'escouade que le chiffre total des partants en comporte à raison de un par vingt hommes.

Les noms de ces chefs d'escouade sont affichés dans le camp, avec un numéro d'ordre, vingt-quatre heures avant le départ du convoi.

Les transportés désignés pour partir s'inscrivent chez le nouveau commandant du camp, pour faire partie de telle ou telle escouade.

Le commandant du camp complète les escouades qui n'auraient pas atteint le chiffre ci-dessus indiqué de vingt hommes, et dresse ensuite l'état nominatif des escouades.

Cet état est soumis à l'approbation du gouverneur général.

Art. 9. Chaque homme reçoit une fourniture de literie composée de deux tréteaux avec planches, d'un campement, d'une paillasse et d'une couverture.

ART. 10. La nourriture est en commun par escouades.

ART. 11. Chaque escouade reçoit les ustensiles de campement indispensables.

ART. 12. Le chef d'escouade transmet à son escouade les ordres de l'officier directeur, et veille à leur exécution, ainsi qu'au bon ordre et aux travaux de son escouade.

ART. 13. Lorsqu'une escouade juge que la présence d'un de ses membres lui est nuisible, soit par paresse, inconduite ou mauvais vouloir, elle peut, par l'organe du chef d'escouade, demander à en être débarrassée.

ART. 14. Tout transporté qui croit ses intérêts et son avenir compromis dans son escouade, peut demander à l'officier-directeur à passer dans une autre escouade plus en rapport avec son aptitude et où une place se trouve vacante.

ART. 15. Si un transporté renvoyé de son escouade, ou qui aura demandé à la quitter, ne peut être employé individuellement dans le village, il sera renvoyé dans un des forts ou camps.

ART. 16. Les transportés sont employés en commun par escouades, selon leur aptitude, aux travaux intéressant le village, tels que défrichement, dessèchement, cultures, plantations, etc.

ART. 17. Les travaux sont exécutés à la tâche, selon un prix fixé d'avance et porté à la connaissance des transportés.

ART. 18. Les dimanches et jours fériés sont consacrés aux exercices religieux et au repos.

ART. 19. Chaque transporté reçoit, à son arrivée dans le village, un livret en tête duquel se trouvent le présent règlement et le signalement du porteur, et où sont inscrits ses gains et ses dettes, ainsi qu'il sera indiqué ci-après.

Le chef d'escouade a en outre un livret spécial pour l'inscription des dettes afférentes à son escouade.

ART. 20. Le prix fixé d'avance pour un travail, après que ce travail a été exécuté et reçu par le directeur, est décompté en fin de trimestre, tant sur le livret de l'escouade qui l'a accompli, que sur le livret de chaque homme dans la proportion suivante :

Neuf vingtièmes sont prélevés comme part de l'état pour avances faites ;

Quatre vingtièmes serviront à former une masse individuelle pour chacun des travailleurs ; c'est sur cette masse que sont soldés les objets d'habillements et autres qui sont fournis au transporté pour son usage personnel, sur sa demande ou d'office.

Cette masse devra arriver et se maintenir à 100 francs.

Un vingtième sera versé à la masse d'escouade, celle-ci servira à parer aux besoins généraux de l'escouade ; elle devra arriver et se maintenir à 100 francs au maximum.

Six vingtièmes seront remis à chaque travailleur, déduction faite de ce qui sera nécessaire :

1° Pour porter la masse individuelle aux 100 francs règlementaires, si elle est au-dessous de ce chiffre ;

2° Pour parfaire, par un prélèvement au prorata du nombre des hommes, la masse d'escouade, si elle est au-dessous des 100 francs règlementaires.

Le restant libre, auquel serait ajouté ce qui excèderait les 100 fr. de la masse individuelle, ainsi que la part revenant à chacun dans ce qui serait un excédant sur la masse d'escouade, sera remis aux transportés.

Art. 21. Tous envois d'argent que les transportés expriment le désir de faire à leur famille, ont lieu par les soins des officiers-directeurs.

Art. 22. A la fin de chaque trimestre, il est dressé, par les soins de l'officier-directeur, un relevé général de toutes les sommes gagnées par la totalité des travailleurs à la tâche.

Cette somme totale, divisée par le nombre des travailleurs et des journées de travail effectif pendant le même trimestre, sert à fixer le prix moyen de la journée de travail.

Les transportés qui n'ont pu être employés à la tâche, sont rétribués d'après ce prix moyen.

Art. 23. Les ouvriers sédentaires et les transportés qui leur seront assimilés, recevront comme salaire de leur journée de travail, ce prix moyen, décompté comme il a été dit ci-dessus.

Art. 24. Les secrétaires reçoivent la même allocation augmentée de vingt-cinq pour cent ; ils supportent les mêmes retenues, mais sur le prix de la journée seulement.

Art. 25. Ces augmentations sont versées à la masse individuelle de chacune des parties prenantes.

Art. 26. Chaque transporté recevra, à titre de sou de poche, dix centimes par jour ; le décompte lui en sera fait tous les cinq jours.

Cette allocation sera imputée trimestriellement au débet de la masse individuelle.

CHAPITRE III.

DES TRANSPORTÉS AUTORISÉS A CRÉER DES EXPLOITATIONS PARTICULIÈRES.

ART. 27. Les transportés dont la conduite et le travail auront été satisfaisants et qui déclareront vouloir se fixer en Algérie comme cultivateurs, avec leur famille, seront admis à en faire la demande.

Dès que leur demande aura été agréée, ils pourront être autorisés à disposer de leurs ressources en achat d'instruments aratoires, de bestiaux, etc.

ART. 28. Des associations de travailleurs ou de travailleurs et de bailleurs de fonds, seront autorisées pour l'exploitation des terres mises à leur disposition par l'Etat, dans la mesure des ressources qu'elles pourront y appliquer, ou acquises par elles avec l'autorisation du gouverneur général.

Ces exploitations auront lieu sous la surveillance de l'autorité militaire qui veillera à la répartition équitable, entre les associés, des produits obtenus dans la proportion déterminée par l'acte d'association.

ART. 29. Les transportés, autorisés à faire venir leur famille, pourront recevoir aussi des commissions particulières à titre provisoire. Ces titres deviendront définitifs quand ils auront mis les terres en plein rapport, si du reste leur conduite a continué d'être satisfaisante.

ART. 30. L'autorisation d'acquérir des terres sur un point déterminé pourra être accordée aux transportés individuellement. Ceux qui l'auront obtenue, devront résider sur les terres acquises par eux ; ils seront soumis à une surveillance spéciale, et ne pourront, sans autorisation, s'éloigner de la circonscription qui leur aura été assignée.

ART. 31. L'arrivée de la famille, l'octroi d'une concession particulière ou l'autorisation d'acquérir des terres, fera cesser le travail en commun, le régime d'escouade et les allocations de vivres.

La liquidation de la masse individuelle et son remboursement au transporté qui se trouvera dans l'un des cas prévus au paragraphe qui précède, seront la conséquence de cette mesure.

ART. 32. L'étendue des terres concédées provisoirement aux transportés, pourra être augmentée en proportion du bon travail et de la bonne conduite du transporté, ainsi que du nombre des bras dont se composera sa famille.

Elle pourra être également augmentée en raison des dépenses qu'il aura faites dans l'édification de sa maison, dans son matériel agricole et en proportion des ressources pécuniaires dont il justifiera pouvoir disposer.

CHAPITRE IV.

DISPOSITIONS PARTICULIÈRES.

ART. 33. Le gouverneur-général pourra assigner une résidence spéciale à certains des transportés ; ils seront soumis à la surveillance de l'autorité militaire, et ne pourront s'éloigner du lieu où ils auront été internés.

ART. 34. Quand un transporté se sera rendu recommandable par sa bonne conduite et par ses travaux, le gouverneur-général pourra demander que la transportation soit changée pour lui en une résidence temporaire en Algérie.

Alger, 20 mars 1852.

Le gouverneur-général,
Signé RANDON.

Pour ampliation :

Le secrétaire-général,
Signé G. MERCIER.

Voilà, dans son texte général, le règlement de la transportation. La France ne le connaissait pas, et bien des familles ont dû pleurer, ne sachant pas ce que devenaient leurs martyrs !

C'est là, pour le despotisme, une habitude, une force, un intérêt majeur ; il aime le silence et la nuit ! Quand on ne sait pas, on craint. L'imagination s'égare dans les drames inconnus, et les têtes se courbent, portant le souci des douleurs lointaines !

Que de foyers ont fait la demande et la prière parce qu'ils ne savaient pas le dernier sort des êtres aimés, des dieux domestiques absents !

Les martyrs eux-mêmes ignoraient la grande charte de leur supplice, et les *travailleurs* étaient les seuls qui la portaient sur leurs livrets de galère.

La vérité sortira plus loin.

LES CAMPS-COLONIES.

CHAPITRE VI.

De ses deux grands déversoirs, Bir-Kadem et Douéra, le gouvernement algérien envoyait par caravanes, sur tous les points de l'Algérie, les transportés recensés d'abord, soit au Lazaret, soit à la Maison-Carrée.

La politique indiquée par les correspondances centrales, disait : " Eloignez des principaux centres qui servent d'entrepôt, les ouvriers rebelles, refusant le travail que l'administration leur offre : éloignez surtout les ouvriers capables d'entraîner, par l'énergique propagande de l'exemple et de la parole, ceux de leurs camarades qu'auraient séduits les promesses des commandants, ou qu'auraient vaincus les besoins sacrés de la famille."

Cette politique à plusieurs visées désirait surtout faire défricher par ses hommes-instruments les terres incultes qu'on avait toujours négligées au milieu des petites guerres, et faire dessècher les marais trop mal-sains pour les troupes en campagne.

On voulait aussi couvrir des dilapidations où se trouvent mêlés et compromis des noms qui font merveille aujourd'hui dans la haute sphère ; dilapidations que les martyrs devaient effacer, en laissant aux chefs de l'administration algérienne les bénéfices de leurs sueurs et l'escompte de leurs vies.

Plus tard, on verra combien était sérieuse cette dernière préoccupation des déficits à cacher, des primes à percevoir ; les hommes, en effet, qui se sont laissé entraîner à servir ces diplomaties ténébreuses, n'ont jamais reçu leur compte, et le vol a toujours usuré leur travail !

L'administration algérienne est connue depuis longtemps : elle sait enregistrer ses victoires à grandes fanfares, et créer des héros pour ses bulletins du fond de ses antichambres ; mais son incapacité, comme colonisation et comme gouvernement, n'est plus à débattre.

Ainsi, quand elle eut à choisir l'emplacement des colonies de travail, où jeta-t-elle ses regards ? Sur les terres sans valeur et sans espérance, sur les terres qui ne se prêtaient point à l'exploitation sérieuse, mais qui portaient la mort. Soleil ardent, bourrasques inopinées, vents humides ou brûlants, toutes les conditions climatériques où la fièvre peut germer et s'étendre, on les a *trouvées*. C'était là, du reste, le grand but de Bonaparte, à qui l'Afrique à coloniser importe peu, mais qui a besoin que ses vaincus soient sous terre !

Pour tous ces camps de pestilence ayant nom la Bourkika, Aïn-Benian, Aïn-Sultan, Alzib-Ben-Nchoud, Guelma, Beni-Mansour, etc., etc., les Monnier ou les de Mongeot désignaient les victimes, et Randon expédiait par décret dans chaque cimetière.

Faire l'histoire détaillée de tous ces bagnes inférieurs, raconter les épopées tragiques du courage isolé contre ses bourreaux, donner enfin toutes ces grandes légendes du silence et du désert, cela ne nous est pas possible.

Nos frères tombés dans ces ossuaires lointains appartiennent encore à la vengeance lâche et sourde. Nous n'avons pu suivre les petits Verrès dans toutes leurs pistes, et nous sommes impuissants à dire toutes les tragédies particulières. Mais les règlements, qu'on ne l'oublie pas, étaient partout les mêmes : c'était toujours la faim lente sous un soleil torride, toujours la vermine, toujours l'insulte et les fièvres.

Nous avons d'ailleurs quelques détails curieux sur ces fosses aux lions, et nous allons les livrer à la justice de la conscience humaine.

Ce sont des *travailleurs* qui parlent. Nous taisons leurs noms ; ils sont encore aux mains des bourreaux !

LES CAMPS-COLONIES.

Voici la distribution des contingents dans cette transportation errante et semée, çà et là, jusqu'aux points extrêmes du désert. Ces divisions ne sont pas arbitraires, elles sortent, avec la malédiction, la plainte et le sanglot, de la correspondance des transportés eux-mêmes : c'est le cadastre des misères républicaines et la carte des camps-tombeaux coupant le grand cirque africain.

AÏN-SULTAN.

Aïn-Sultan est situé à trente-cinq lieues de Douéra, sur le versant d'une des hautes montagnes qui forment la chaîne de l'Atlas. A l'un des côtés du village se trouvent des cimes élevées, complètement arides ; à l'autre s'étend la plaine de la Mitidjah, plaine très fertile au bas des mamelons, marécageuse dans la partie basse, et traversée dans ses lignes par l'Harach et le Mazafran.

Là comme partout, la température subit des variations rapides et qui tuent. Aux fraîcheurs du matin, succèdent les chaleurs accablantes du grand soleil, puis vient l'humidité de la nuit, chargée de rhumatismes.

Le village entier de Aïn-Sultan compte trente-quatre barraques construites par les transportés qui l'habitent seuls.—Chacune de ces barraques se compose de deux pièces, servant, la première de dortoir, la seconde de cuisine et de salle à manger. — Ce n'est pas la salle de Lucullus !—Les prisonniers sont divisés par escouades de 10 hommes, et chaque escouade habite une de ces barraques ; le régime est le même qu'à Douéra, moins le Monnier et les sergents-chiourmes ; la nourriture est l'ordinaire des travailleurs, amaigri comme partout par l'escompte et l'usure des commandites intéressées. Cette chétive pitance est préparée par un transporté-cuisinier, payé au même taux que les travailleurs des routes.—Il est désigné par chaque section de cent hommes. Trois planches élevées sur deux tréteaux, une paillasse sans traversin, un sac de campement et une couverture, voilà le duvet pour les membres brisés de ces ouvriers à la tâche, de ces galériens de la corvée !

C'est là que sont envoyés les *mutins* du petit Gessler-Monnier, les uns parce qu'ils ont refusé son travail qu'ils n'accepteront pas mieux ailleurs, les autres, parce qu'ils déplaisent à cette tyrannie de toutes les heures, qui sans abattre leur courage, brise leurs forces.

Les listes dressées et le convoi bien fourni, l'on sonne le réveil : l'appel est fait, les groupes se forment, et chacun après avoir dit un adieu, le dernier peut-être, à ses amis, se met en route.

Après cinq heures de marche le détachement arrive à Bouffarik ; c'est là la première étape.—Aux soldats d'escorte on distribue des billets de logement, mais les transportés n'ont droit qu'à la caserne de la gendarmerie.—Parqués dans la cour pendant la journée, sous le grand soleil, ils sont autorisés à s'abriter la nuit dans les écuries !

Dans cette ville de Bouffarik, on distribue aux transportés des couvertures, des bidons, des marmites, et tous les ustensiles indispensables pour faire leur cuisine pendant la route.

Le lendemain, dès trois heures du matin on quitte l'étape, et l'on remonte son calvaire, détournant la tête, par intervalles, pour saluer une dernière fois les lieux habités, les lieux qui sentent l'homme !

Le premier village que nous trouvâmes, dit le journal d'un transporté, s'appelle Beni-Mered ; c'est là qu'est élevée une immense colonne sur laquelle sont écrits ces mots :

AUX VINGT-DEUX BRAVES DU 26e DE LIGNE !

BATAILLE DU 21 AVRIL 1833,

CONTRE DOUZE MILLE ARABES.

Ce souvenir nous fit palpiter ; et nous aussi, nous avions du sang à donner pour la patrie, pour la France, qui nous laisse casser des pierres au désert !

Blidah se trouvait sur notre chemin ; on nous fit passer par la traverse, afin sans doute de dérober aux yeux du peuple l'iniquité de notre supplice, et de cacher une honte ; mais après un inutile parcours de deux heures, nous fûmes forcés de revenir à la porte de la ville pour rejoindre la route, et nous pûmes saluer au passage quelques amis, dont la parole et le regard nous consolèrent comme une espérance.

Les autres villages n'offrent rien de remarquable, si ce n'est le petit bourg auquel la rivière l'Ouedjer a donné son nom.—A la sortie de cette bourgade chétive, et vers la droite, on remarque une petite montagne qui porte à son sommet un monument sépulcral sublime de simplicité; c'est là que reposent les cendres du père d'Abd-el-Kader.—Un des fils de l'émir nous voyant passer nous demanda ce que la France avait fait de son père; — et nous, qu'a-t-on fait de nos enfants?

Arrivés à chaque étape l'estomac toujours creux, il fallait s'occuper de faire la soupe, grimper sur les montagnes ou descendre dans les ravins chercher le bois, toujours bien rare, pour faire du feu. Nous étions forcés de rapiner à droite et à gauche, soit pour notre nourriture, soit pour ajouter quelque chose à notre trop modeste literie.

Le plus souvent des cantines venaient s'établir auprès du bivouac. mais là comme partout ce n'était qu'à des prix exorbitants qu'on pouvait se procurer soit un peu de vin pour réparer ses forces, soit quelque mauvais morceau, de viande ou de pain blanc, pour ajouter à la ration si maigre qu'allouait l'administration.

Lorsque arrivait la nuit, on dressait les tentes, et c'est sous ce modeste abri, exposés à tous les vents, que nous reposions nos membres brisés — sur la terre humide, n'ayant pour tout lit qu'une couverture et quelque fois un peu de paille!

Notre voyage avait pourtant des aspects variés: tantôt nous gravissions des montagnes gigantesques, tantôt nous descendions dans des ravins-abymes; nous traversâmes quinze fois la Chiffa, dix-huit fois l'Ouedger, rarement à pied sec, presque toujours dans l'eau jusqu'aux genoux. Les voitures ne marchent que par sauts et cahots à travers ces sentiers impraticables, elles ne pouvaient nous suivre; mais grâce à la force incroyable des mulets, et à l'adresse des charretiers du train, elles arrivaient un jour après nous.

Les curiosités, les bizarreries, les grandeurs du paysage nous ont fait plus d'une fois oublier la fatigue. Nous cheminions lentement, en chantant nos hymnes patriotiques. Mais voici qui vaut mieux que tous les grands spectacles de cette nature sauvage: nous voyons tout-à-coup accourir du haut des montagnes des citoyens français. Ce sont nos amis, nos camarades d'infortune de la colonie d'Aïn-Benian, qui viennent nous serrer la main! Nous faisons là une grande halte de deux heures. La chaleur, la faim, la soif, tout s'efface et tombe devant la consolation suprême de cette entrevue fraternelle: elle est bien courte! La police de M. Bonaparte n'aime pas les longs épanchements républicains, même au désert. Il faut donc se quitter: notre escorte sonne le départ, et, quelques heures après, nous arrivions harrassés, exténués, défaillants, à Aïn-Sultan, notre camp-repaire.

Dès la première nuit, et malgré nos accablements, nous nous sentons livrés au supplice des puces qui nous dévorent. C'est une des fortes garnisons de Aïn-Sultan, et la milice est nombreuse!

En quittant Douéra pour refus de travail constaté, nous n'étions partis pour les camps lointains que sur promesse absolue d'internement, et le commandant Monnier avait vingt fois engagé sa parole. Or, à peine installés, on nous distribue des pioches et des pelles : chaque escouade reçoit ses outils, et l'ordre est donné de nous conduire à *nos carrières*. Celui qui résistera, nous dit-on, sera saisi par les gendarmes, et conduit à Bab-Azoun, la grande halte pour Bône.

Voilà donc le résultat, le dernier secret des harangues du commandant! Il nous avait chassés de Douéra comme insoumis, ne voulant, disait-il, garder que des travailleurs; il nous avait promis l'internement, dans cet exil au désert, et nous sommes à peine arrivés, que les *travaux forcés* nous réclament! Et cet homme écrit à ses lieutenants-collègues que nous sommes un troupeau de révoltés à réduire par les corvées sans trève du terrassement!

Nous protestons contre cette mauvaise foi, qui nous a parqués pour la mort, et le lieutenant-gouverneur de notre petit désert part pour Milianah, chercher des ordres à l'endroit de ses *anarchistes*. Portera-t-il un firman pour nous expédier à Bône ou bien des nerfs de bœuf pour nous mener au travail? c'est là l'alternative.

En attendant, la nuit nous chassons la puce, et le soir la hyène, qui vient jusque dans le village chercher pâture pour ses petits.

Voilà nos délassements!

Nous nous décidons, enfin, à prendre les outils. C'est un moyen d'aller au large, et comme il n'y a pas ici de sergents-chiourmes, le désert faisant ceinture et forteresse, quelques uns d'entre nous échappant à la surveillance de l'officier, quittent ses terrassements pour la pêche.

La pitance administrative est si chétive et si maigre!

D'autres vont à Aïn-Benian voir nos camarades moins heureux que nous; car un Monnier les commande et les fait travailler rudement au tracé de la route. Cet homme sait tyranniser comme son collègue, et comme son collègue il sait voler. Ses mandats sont toujours en retard pour l'ordonnancement, et nos amis, qui devraient, d'après le règlement, gagner vingt sous par jour, ne reçoivent guère que dix centimes, grâce aux retenues de toute espèce qu'ils ont à subir! Encore sont-ils parfois obligés de se mettre en grève pour se faire payer!

Dix centimes par jour pour corvées de dix heures, et dix centimes écrêmés, tamisés, contestés, quelle liste civile! — Envoyez donc, ouvriers et laboureurs, envoyez votre riche épargne à vos familles de France, aux enfants sans pain, aux femmes devenues folles, à vos vieux pères accroupis impuissants au foyer désert!

Voilà le régime d'Aïn-Benian, et voilà le nôtre demain, à nous colons forcés d'Aïn-Sultan, si nous n'aimons mieux la mort, ou la Casbah de Bône aux cellules ténébreuses!

BENI-MANSOUR.

Aux pieds du Jurjura se trouve Beni-Mansour : c'est un point militaire qui sert d'avant-poste contre la grande Kabylie, contrée abrupte et sauvage, habitée par des tribus qu'on n'a pu dompter comme celles de la plaine, et qui tiennent pour ainsi dire bloqués les ports de la côte. Le lieutenant Monnier avait fourni aux marais, aux ravins, aux routes, à tous les points les plus malsains leur contingent, il lui restait encore la Kabylie, comme enfer à peupler; il fait donc son premier lot qui se compose de seize artisans, à professions diverses, maçons, charpentiers, mécaniciens, boulangers, cuisiniers, vétérinaire, médecin, etc.; tous hommes qui avaient refusé le travail, et sur lesquels il n'y avait rien à gagner en alignant les comptes; après les avoir réunis le 15 mai dans la cour du camp à l'heure de ses harangues, il leur annonce qu'ils vont partir, et qu'on les envoie dans le plus beau pays de l'Afrique; *pour le moment*, ajoute-t-il, les Beni-Mansour sont quelquefois le théâtre de quelques escarmouches avec les Kabyles, mais ces contrées seront promptement soumises, et vous aurez alors un véritable Eden, où vous travaillerez d'ailleurs en pleine liberté, sous la simple police de l'internement; à votre passage dans Alger, le capitaine de Mongeot vous donnera les instructions ultérieures.

Le citoyen G...., que par une erreur involontaire, Monnier avait placé sur cette liste, protesta contre son départ : il n'était point ouvrier, qu'irait-il faire là-bas?

"Partez toujours pour Alger, lui dit Monnier: votre lieu d'internement sera changé là, sans nul doute, et vous pourrez choisir vous-même le point qui vous conviendra le mieux."—Le citoyen G.... se met en route avec le convoi, mais arrivé dans la Capitale-Randon, il a beau réclamer, on l'invite à se taire: il sera si bien là-bas, d'ailleurs, disent les sergents-geôliers de M. de Mongeot.

Après deux jours passés au Lazaret, le détachement, sous la conduite d'un garde-chiourme, prit la route d'Aumale. Six mulets portaient les bagages, et les hommes allaient à pied. Lorsqu'on eut ainsi cheminé sept heures, à travers la plaine de la Mitidjah, le détachement fit halte, c'était la première étape du calvaire, et point

F-3

d'abri, point de ressources, un peu de paille pour lit; les mulets portaient les provisions de bouche.

Suivirent cinq terribles journées, qui se passèrent à gravir des montagnes, à franchir des ravins, à traverser des rivières à gué, couchant ici sous les clartés du ciel, là dans une grotte, et n'ayant contre le froid et l'humidité qu'une simple couverture.—On perdit trois jours sur les pointes et dans les gorges du Petit-Atlas, mais les deux dernières étapes furent moins dures; cette fois seulement au lieu de gravir des montagnes, c'étaient des rivières qu'on avait à passer, ainsi, dans la dernière étape le détachement eut à traverser trente-trois fois la même.

Sur notre passage, raconte l'un des transportés, point de villages, point de maisons, partout des huttes affreuses qu'on nomme Gourbis, et que les indigènes changent de place à volonté. Nos haltes se faisaient dans de misérables masures dont nos plus malheureuses chaumières ne peuvent donner l'idée.—Le plus souvent nous avons campé dans la plaine.—Pourtant, que d'opulentes récoltes, que de riches cités sont là sous terre, si l'on savait les en faire jaillir!

Nous avions atteint Aumale.

Sous le régime du sabre on ne connait que le règlement et la consigne.—Or la consigne du sergent-chiourme était non de faire reposer les prisonniers, de leur procurer les vivres dont ils manquaient, mais de les présenter au commandant de place, ce qu'il exécuta religieusement.

Le soldat lut d'abord aux prisonniers le règlement qui les concernait:

" Toute tentative d'évasion sera punie de Cayenne.

" Les internés n'ont droit à aucune subvention."

Quelle dérision! — On parle d'internement à des hommes qui vont être enfermés dans un fort, où cette fois ce ne sera plus un Mounier qui les gardera, mais bien le Kabyle! — On parle d'évasion à des hommes confinés, séquestrés à soixante lieues de la mer, sans ressources, sans vêtements, n'ayant même pas de quoi manger, et qui ne pourraient dans tous les cas chercher un refuge que chez les peaux rouges de la Kabylie!

Jusqu'à cette dernière étape le détachement avait eu pour subvenir à ses dépenses un franc vingt-cinq centimes par homme. Mais là tout était supprimé, quelques prisonniers possédaient encore un peu d'argent, la plupart étaient privés de toute ressource, plusieurs manquaient de chaussure et de vêtements.—M. le comte Randon avait sans doute gardé les pauvres pour la faim, laissant les autres aux *Barbares!*

Cette situation que les habitants d'Aumale ne tardèrent point à connaître, excita dans tous les cœurs un sentiment de fraternelle sympathie pour les victimes et un profond dégoût pour les bourreaux. En moins de deux heures les démocrates de la ville envoyèrent non seulement de quoi faire le premier repas, mais encore des provisions pour les vingt lieues que le détachement avait encore à parcourir avant d'arriver à sa nouvelle et dernière prison, l'Eden-Monnier.— On leur envoya quarante livres de viande, bœuf et mouton, quarante livres de pain et quarante litres de vin.—Quelques heures plus tard les pauvres prisonniers recevaient un pain de sucre, du café et deux litres d'eau-de-vie.—Des personnes inconnues et pratiquant la discrétion amie du malheur, firent aussi parvenir à nos camarades une petite somme d'argent.

Mais c'est avec peine que les transportés obtinrent un coin dans le camp pour s'y reposer de leurs fatigues si longues. L'administration continuait son système..... *La mort lente!*

Le détachement fit séjour à Aumale.

Le septième jour au matin, le détachement quittait Aumale, escorté par cinq spahis armés jusqu'aux dents en cas d'attaque. Il traverse la ville; sur son passage les têtes se découvrent, les femmes de leur croisée saluent, mais timidement; car le gendarme veille..... et les proscrits s'éloignent au cri de vive la République! leur foi vaillante est toujours la même; ils iraient à Cayenne comme à Beni-Mansour.

Après un parcours de dix lieues, le détachement arrive à un village arabe situé au pied du Jurjura. Là point de gîte possible; la religion locale, les mœurs de cette population, ses rudes antipathies surtout pour les soldats français, ferment à nos amis les portes de toute habitation. Une seule s'ouvre, celle du caïd, qui vient généreusement offrir à nos amis une cordiale hospitalité!

Le convoi touchait le lendemain au terme de son long et rude pèlerinage. Voici quelques détails sur l'arrivée et sur le camp de Beni-Mansour; ils sont extraits d'une lettre écrite à son frère, par un des soldats de la démocratie les plus éprouvés depuis décembre :

« Notre commandant ne sait que faire de nous; il n'a aucun ordre à cet égard. Il occupe le poste le plus avancé. Nous sommes à un demi kilomètre du *Barbare*, qui se permet tous les jours quelques tentatives contre les indigènes soumis. Tantôt c'est un troupeau qu'il enlève, une autre fois ce sont des hommes qu'il surprend et qu'il emporte. C'est peu le moment de fonder un établissement. Nous nous trouvons, par le fait, non pas à peu près, mais complètement soldats. Nous ne pouvons aller à la rivière qui coule aux pieds du fort et qui nous fournit l'eau sans prendre des fusils. On en prend même pour faire le tour du fort. Si les Kabyles possédaient des armes du même calibre que les nôtres, ils pourraient de chez eux, et sans danger, nous tuer quelques hommes tous les jours. Où tout cela aboutira-t-il? Je l'ignore; mais l'horizon me paraît très obscur, et la France bien loin!

. . . .

" Notre commandant-geôlier est sorti du camp cette nuit avec quelques spahis et les chevaux de trois ou quatre goums. Le goum est un camp indigène composé de deux ou trois cents chevaux. L'affaire a été sérieuse, et l'échec a été du côté de nos troupes.

" Je parlais avec les officiers de cette affaire, non au point de vue de la gloire, mais au point de vue de la destruction. " Quand vous serez obligés de défendre votre peau, vous changerez de langage, me répondirent-ils, et vous ferez comme les autres."— Belle perspective, vraiment! Les uns, envoyés à Bône pour refus de travail, d'autres obligés quand même de piocher ou remuer des pierres, sans distinction d'âge ou de condition; les autres forcés de répandre un sang dont ils ont horreur... voilà la chance, et voilà l'avenir!

" Je te disais dernièrement que j'avais quelque espoir de sortir bientôt d'ici. Jusqu'à ce jour, rien de nouveau à ce sujet, si ce n'est qu'on vient d'ajouter une indigne cruauté à toutes celles déjà commises. Ainsi tu n'as pas oublié ce que je t'ai dit déjà des ennemis Kabyles qui nous environnent et de la chaleur accablante de notre climat, chaleur telle, que, dès le commencement, les soldats ont dû quitter les tentes qu'ils occupaient pour se réfugier dans les bâtiments. Hé bien! sans aucune pudeur, et avec cette brutalité qui caractérise ces hommes odieux, vraiment inconnus dans les temps barbares, on vient de nous jeter hors du fort avec deux tentes pour tout abri. Qui donc osera assumer sur sa tête la responsabilité des suites que peuvent avoir de semblables folies? Car, enfin, si, par une nuit sombre, l'ennemi nous venait surprendre, il pourrait tous nous égorger sans que nous puissions opposer la moindre résistance, puisqu'on nous laisse sans armes. Nos cris ne pourraient être entendus du fort. D'un autre côté, les plus robustes d'entre nous ne sauraient résister un mois à cette température sous de simples tentes. Je veux bien croire encore qu'il y a plus de sottise que de calcul en cette affaire; car je ne puis admettre que nous ayons été choisis comme seize victimes *privilégiées* dans la transportation. Mais d'où que cela vienne, le danger est le même, et la croix bien lourde!

" VICTOR G..."

ALZIB-BEN-NCHOUD.

Alzib-ben-Nchoud doit son nom au chef d'une tribu qui l'occupa jadis et dont la mémoire est restée. Les Romains connaissaient déjà ce point militaire et l'avaient fortifié, ainsi que l'attestent encore quelques rares débris. Il est à dix-huit lieues d'Alger et à douze kilomètres de Dellys, petit port qui s'ouvre sur la côte; le Sebahou coule au milieu de ces plaines, aux terres puissantes, mais stérilisées par l'impéritie militaire, et c'est au centre de cet horizon que le commandant supérieur de Dellys a fait élever quelques barraques décorées comme dans les opéras, du beau nom de village.

On avait d'abord, entre ce point de surveillance et Dellys, ouvert une route ébauchée par les soldats et que les transportés ont finie.

Voici, sur ces derniers travaux et sur la vie générale qu'on fait aux ouvriers embauchés dans ces divers camps, des détails extraits du journal d'un ouvrier.

Qu'on lise de près et l'on verra ce que valent là-bas, comme en France, les promesses, les constitutions, les règlements.

Nous laissons à ce récit la simplicité brutale de ses développements et de ses formes :

" En partant de la Maison-Carrée, l'officier commandant nous avait dit que nous serions libres à Dellys où l'on nous envoyait; que nous travaillerions pour le particulier ou pour le génie, et que nous serions payés comme ouvriers civils; mais une fois arrivés, il ne fut plus question ni de liberté, ni de travail, ni de paiement régulier, ni de toutes les promesses qu'on avait jetées à notre misère pour l'entraîner au désert.

En effet, le lendemain, après nous avoir jeté cinquante centimes pour les frais de la journée, on nous ordonna de commencer à démolir une barraque dont les matériaux devaient être transportés plus loin et servir plus tard.

Cinquante centimes pour douze heures de rude besogne, dans un climat dévorant, et quand il faut aller à l'auberge, cela ne pouvait nous engraisser : la plupart d'entre nous furent donc obligés de se coucher sans souper, et le lendemain, l'on organisa les escouades de famille sans quoi l'on n'aurait pu.... *s'empêcher de mourir.*

La première réclamation hasardée par l'un de nous, fut brutalement repoussée :

— " Ça ne me regarde pas, dit le sergent; je sais bien que ce n'est pas assez pour vivre, mais je suis là pour vous surveiller et non pour vous nourrir; je n'ai pas envie de vous donner ma solde à dévorer. "

Le surlendemain, nous demandâmes quel prix on nous allouait pour la journée, il nous fut répondu que ces messieurs du génie l'avaient fixé à un franc, sur lequel le gouvernement nous retenait *ce que nous savions*, pour frais d'avances faites depuis notre arrestation, pour la masse d'escouade, la masse individuelle, etc., etc, *enfin, près de vingt sous à déduire sur ce franc : le reste nous appartenait!*

La barraque enfin démolie, on chargea, sur les prolonges, les ustensiles les plus nécessaires, et nous partîmes pour Alzib-ben-Nehoud où l'on nous avait promis un village ; mais ce village, nous l'emportions nous-mêmes, il nous suivait dans les fourgons, c'était notre barraque éventrée ! En effet, sans les conducteurs du génie qui, lorsque nous fûmes sur place, dressèrent nos tentes et nous installèrent eux-mêmes, il nous eût été impossible de trouver un abri pour la nuit.

Notre ameublement se composait, d'après le règlement, de deux tréteaux, trois planches, une paillasse, un sac de campement et une couverture ; mais, dans les premiers jours, nous ne pûmes obtenir que la couverture de nuit, on garda le reste ; aussi, lorsque le matin nous sortions de nos tentes pour nous rendre à nos travaux, l'humidité du sol avait déjà glacé nos membres, il fallait pourtant le soir se coucher de nouveau sur cette terre nue et passer tout notre temps entre les fraîcheurs de la nuit et les ardeurs du jour : paralytiques ou calcinés, voilà notre avenir !

Lorsque la barraque fut relevée, nous fûmes un peu moins mal comme abri ; mais pour la durée des travaux et pour la nourriture, c'était le même système qu'à Dellys, et le sergent qui s'était adjoint un voltigeur pour chef d'ordinaire, nous rançonnait impitoyablement : tantôt il n'y avait pas le poids alloué par homme, — tantôt la viande était infecte et remplie de vers ! La spéculation se faisait contre nous sous toutes les formes ; aussi combien, quand venait l'heure du repos, se tordaient sur leurs planches dans les convulsions du vomissement ou les tiraillements de la faim !

Il me vint quelques jours de répit qui m'empêchèrent peut-être de succomber. A Dellys, avec l'autorisation du capitaine du génie, je trouvai de l'ouvrage, et je pus gagner trois francs par jour, en laissant, bien entendu, les cinquante centimes que m'allouait le gouvernement. J'avais la parole du capitaine pour cette haute paie, et je travaillai toute la semaine avec énergie ; mais quand on dut régler, le secrétaire du commandant supérieur me dit qu'il fallait aller manger à l'ordinaire et lui verser un franc cinquante par journée ; c'était juste la moitié de ma solde et l'administration me forçait ainsi, soit à nourrir les autres, soit à laisser le meilleur de mon argent dans ses caisses : l'exploitation nous suivait encore !

Mon premier séjour dans le camp m'avait tellement affaibli, que je fus obligé d'interrompre mon travail et de me coucher. L'administration alors m'expédia de nouveau pour le camp : je n'avais pas le droit d'être malade et de souffrir !

A mon retour à Alzib-ben-Nchoud, je trouvai la situation bien changée ; trois nouvelles escouades étant arrivées, les travailleurs formaient une légion, mais quelle légion ! C'était la misère organisée des bagnes ; on faisait par jour trois appels, pendant lesquels il était défendu, sous peine de cachot ou de ration perdue, de parler, de fumer, d'éternuer, de manger, etc., etc... Est-ce ainsi que cela se pratique aux chantiers libres ?

A un camion traînant une bordelaise, une dixaine d'hommes étaient attelés comme des mulets : cet équipage humain devait aller chercher de l'eau à un kilomètre sur une route cailloutée fraîchement, et par conséquent très rude.

A un second camion, dix autres hommes étaient attelés charriant de la pierre pour élever les murs d'enceinte, et dix autres en traînaient un troisième chargé de terre pour faire le mortier.

Chacun avait son poste marqué dans ces convois de bêtes de somme, et nous avions de plus autour de nous, papillonnant, trois sergents-chiourmes pour nous exciter, nous surveiller et nous provoquer au besoin ; ainsi, que l'attelage fût trop longtemps à faire sa route, dans la pensée de ces messieurs, ils vous retranchaient un quart de vin ou une demi-journée, et le lieutenant de la compagnie de discipline de Dellys, commandant le camp, pour effacer sans doute les prouesses de ses subalternes, décida même un jour qu'on nous imposerait un nombre de voyages impossible à fournir ; mais nos forces étaient à bout, et ce digne officier fut obligé de s'en tenir au dernier courage que ces malheureux pouvaient lui donner. Cela nous valut de nouvelles et grossières insultes des sergents-surveillants : l'un d'eux qui revenait ivre de Dellys, où il était allé porter son serment à M. Bonaparte, disait :

“ Il faudra bien que vous marchiez, *tas de rosses !* moi je m'en charge, moi Rochette. ”

Ce misérable était un apprenti geôlier de Nîmes, et voilà ce qu'on nous donnait pour modèles de discipline et pour surveillants !

Autres misères :

L'administration ne trouvant pas sans doute qu'il tombât assez de malades parmi nous, modifia le système des vivres. On nous donna *la boule de son*, c'est-à-dire le pain que nous avions connu dans les plus mauvais jours de la transportation antérieure : les troupes en avaient refusé la première fleur, et l'on nous jetait le reste !

Nous adressâmes nos réclamations au lieutenant qui, forcé d'avouer l'insuffisance et la mauvaise qualité d'une nourriture pareille pour des travailleurs, m'envoya porter la plainte commune à M. d'Auribaud, commandant supérieur de Dellys. Comme preuve, je portai deux pains à cet l'officier qui, daignant à peine regarder, me jeta ces deux mots :

— C'est bon, c'est bon, vous pouvez vous retirer !

— Voyez ces pains, Monsieur, je les porte exprès : ils parlent d'eux-mêmes !

— Je sais, je sais, répond-il : c'est aigre, ça manque de nutrition, mais je n'y puis rien ; allez au commandant de place qui est le seul compétent en pareille matière.

On m'envoyait ainsi de Caïphe à Pilate, lequel Pilate cette fois ne voulut pas m'entendre : j'insistai pourtant, et lorsque M. le commandant eût palpé les pains, il me dit qu'on avait choisi les deux plus mauvais exprès, qu'on les avait foulés aux pieds et que ce n'étaient point les denrées vendues par l'administration! Toutefois, quand il eut essayé d'en faire manger à son chien qui refusa net, il fallut bien convenir que le pain était d'assez mauvaise qualité : voilà tout ce que j'en pus tirer, et le brave homme m'envoya parler au chef de la manutention, autre philantrope qui se lava les mains de nos malheurs ; c'était la trinité des juifs !

Quant à la viande, un mot suffira : l'on nous en donnait par homme et par jour deux cent cinquante grammes. — Viande de rebut, s'entend.

Avec de pareils aliments, et les chaleurs devenant chaque jour plus fortes, la vie n'était guère possible : nous n'avions du reste pour nous reposer la nuit de nos rudes fatigues de la journée, qu'une mauvaise paillasse truffée de foin humide et pourri : beaucoup d'entre nous étaient comme couverts de lèpre, et les corvées allaient toujours !

Tel était le régime ordinaire au camp-village de Alzib-Ben-Nchoud.

Un capitaine de pénitenciers étant venu nous visiter, nous fîmes auprès de lui des réclamations instantes pour obtenir les sacs de campement qu'avait alloués l'administration : il répondit qu'il en avait fait la demande, mais qu'on l'avait rejetée. " Qu'on ne désespère pas pourtant, ajouta-t-il, cela viendra peut-être l'hiver prochain..." Quand nous serons morts !

Malgré toutes ces misères, les travaux marchaient, et les semaines s'écoulaient sans que l'on parlât de paiement : elle vint pourtant cette solde, et les trois quarts d'entre nous touchèrent environ deux francs cinquante, les plus heureux, de dix à douze francs ; voilà notre lot pour deux mois et demi de travail ! mais il n'y avait rien à dire : le règlement, c'est-à-dire l'administration, avait mangé le reste.

Un de nous qui avait travaillé à Dellys, reçut un jour un mandat de dix francs sur la poste : c'était un souvenir de la famille. Comme nous n'avions pas le droit de toucher notre argent, il remit son mandat au sergent vaguemestre ; ce mandat lui fut retenu pour quelques malheureux centimes qui lui restaient à régler sur les effets de l'administration !—Ainsi la mère de famille avait retiré quelques bouchées de pain à ses enfants pour envoyer là-bas quelques sous au père, et nos geôliers les volaient au passage !

AVIS.

Un article du règlement porte :

Les transportés qui auront de l'argent à envoyer à leur famille, devront s'adresser à M. l'officier commandant le détachement.

Allez donc confier vos épagnes, *s'il vous en reste*, à ces braves messieurs ! qui vous enlèvent ce que vous recevez de France !

L'OUED-BOUTAN ET LA BOURKIKA.

Nous avons peu de détails sur les camps qui suivent ; il en est même quelques-uns, tels que Guelma, Mers-el-Kebir, Mascara, dont la situation et les souffrances nous sont jusqu'ici restées inconnues.

Toujours est-il que le système de la transportation en Afrique est à jour maintenant, et que les révélations publiées sur Aïn-Sultan, Aïn-Beniam, Beni-Mansour et Alzib-Ben-Nechoud, suffiront pour éclairer l'opinion du monde ; le régime là-bas n'est-il point partout le même ?

Voici quelques dernières correspondances de l'Oued-Boutan et de la Bourkika :

.... Quand nous sommes arrivés à l'Oued-Boutan, après un voyage très rude, qui a duré quatre jours, à travers rivières et montagnes. Nous n'avons trouvé rien de préparé pour nous recevoir ; il a fallu coucher sur la dure plusieurs jours, sans paille ; je dis sans paille, car nous n'en avions que quelques brins à travers lesquels perçaient les mottes de terre.

Après notre installation sous notre hangar ou barraque, l'on nous a proposé de travailler à couper des chardons dans la cour de notre camp, car c'est un vrai camp que nous habitons, et fort mal-sain, s'il faut en croire les colons qui nous environnent. C'est peut-être pour cela que l'on ne nous laisse pas communiquer avec eux, on craint les confidences qui nous éclaireraient sur notre sort prochain : qu'importe ? la mort nous l'apprendra toujours !

Plus tard l'on nous a fait creuser, comme moyen d'assainissement, des fossés, et cela nous paraît assez conforme aux révélations des colons, soit dit en passant.

Plusieurs d'entre nous, et je suis du nombre, travaillent avec des maçons pour le génie ; nous transformons en habitations de vieilles écuries, où nous serons moins mal que sous nos hangars, puisque nous pourrons dormir au moins sur le pavé, et que nous aurons des murs au lieu de planches mal jointes.

La plupart de nos amis souffrent beaucoup de coliques et de dyssenteries, quelques-uns sont à l'hôpital, d'autres sont déjà revenus, quoique souffrant encore ; mais il paraît que nous ne sommes pas aux plus mauvais moments, c'est aux mois de juillet, août et septembre que règne l'épidémie.

Le travail est libre, nous dit le lieutenant ; en attendant, ceux qui ne veulent pas aller aux corvées sont menacés de Bône, et l'on ne s'est point toujours contenté de la menace, car plusieurs sont déjà partis ; du reste si les chaleurs et les maladies continuent, il en partira bien d'autres : mieux vaut en effet aller souffrir à Bône que mourir ici lentement dans ce bagne du désert.

En arrivant ici qu'avons-nous trouvé sur le chemin ? des fosses où sont enterrés des colons ; cette route est pavée de tombes, dans quelques temps il y en aura bien d'autres !

De la Bourkika, 19 novembre 1852.

.... Je t'écris à côté du *lit* et près du corps d'un de nos bons camarades qui vient de mourir il y a deux heures ; c'est le neuvième que nous enterrons depuis un mois. Si l'esprit résiste, bien des corps sont usés, et, si ce régime devait durer, bien des hommes s'éteindraient promptement. Je n'avais pas l'idée qu'on pût mourir aussi bravement. Pas une plainte, pas un regret ; un serrement de main convulsif aux quelques amis qui le voient *partir*, puis quelques larmes silencieuses, mais brûlantes, comme adieu à la famille aimée qu'ils ne reverront plus, et tout est dit : les malheureuses victimes ont cessé de souffrir.

L'Oued-el-Hamann, près Mascara, 3 janvier 1853.

.... Si jeune ! c'est bien malheureux. Si nous devions rester longtemps ici je serais certain de finir de même. car il y a peu que la fièvre m'a quitté ; pendant quatre mois elle m'a brisé.

On dit que nous sommes amnistiés. Le directeur du camp nous a même lu une lettre par laquelle le ministre disait que Napoléon était disposé à nous renvoyer chez nous, moyennant la promesse, de notre part, d'y rester tanquilles.....

Parmi les transportés, ceux qui le sont par décision d'un conseil de guerre, et pour avoir commis un délit ou crime contre la propriété, ou attenté à la vie des personnes, ne sont pas compris dans l'amnistie. Mais tous les autres le sont, moyennant ce que je vous ai dit. Cette lettre nous a été lue le 30 novembre dernier, et depuis ce temps nous attendons l'exécution de la mesure annoncée officiellement. Au camp où je suis, nous avons perdu jusqu'à présent *trente-une personnes*, sur deux cents que nous étions primitivement ; et pour peu que l'on tarde à nous renvoyer, la déception jointe à toute autre maladie en aura bientôt tué le double.

. . . .

.... Ici nous sommes sous des tentes, nous allons casser des pierres avant le jour ; nous avons à peu près la moitié de la nourriture qu'il nous faudrait, quoique le gouvernement nous en accorde davantage. C'est à la mauvaise qualité de la viande que nous devons de souffrir la faim, les bœufs ressemblent à un cent de clous.

Nous recevons quelques sous tous les cinq jours quand nous travaillons, et nous avons la fièvre ; alors nous ne travaillons pas, et nos quatre sous de prêt de poche nous manquent juste au moment où nous en aurions le plus besoin ; enfin je peux terminer en vous disant : et nous mourons. Jusqu'à présent on n'a distribué que des pantalons de toile et des blouses idem. Je vous demande comme on a chaud par des nuits, des matinées et des soirées excessivement froides, et tellement humides, que nos effets fument quand nous approchons du feu !

.... Nous sommes dans la plus mauvaise contrée. J'ai vu en vingt-quatre heures un homme devenir fou et mourir parce qu'il n'espérait plus revoir ses enfants.

Philippe RÉBUFFOT.

Hussein-Dey, 7 janvier 1853.

. . . .

Depuis un mois environ, je subis les tristes contre-coups de ma captivité d'une année, des ennuis et du climat d'Afrique et de ses camps. Le défaut presque absolu d'exercice a fini par me mettre sous l'action menaçante de la paralysie apoplectique. J'ai éprouvé et j'éprouve encore aux extrémités des fourmillements et les torpeurs qui en sont les signes avant-coureurs. C'est à peine si je sens la plume entre mes doigts.....

DE FEUILLIDE.

Nous connaissons le règlement, ou, pour dire son vrai nom, le décret officiel de police générale qui régit la transportation d'Afrique.

Nous avons vu, d'un autre côté, par la correspondance des camps, ce qu'il y avait au fond du système colonial, dans ses applications diverses, — voyages, aliments, solde et disciplines.

Il nous reste donc à mettre en regard les ordonnances et les actes, les textes menteurs et les pratiques vraies, pour que l'opinion publique puisse apprécier et juger en connaissance de cause.

Que dit d'abord ce règlement, inconnu de la France, inconnu des transportés, sorti d'on ne sait où, lettre vivante pour les rapports et lettre morte pour les réclamations, véritable formulaire du caprice, modifiable à toutes les fantaisies ?

" Il établit trois catégories de transportés : 1° ceux internés dans les forts et les camps ; 2° ceux admis dans les villages ; 3° ceux qui sont autorisés à se livrer à des exploitations particulières ou bien à résider sur certains points déterminés. "

Ces classifications, on les a faites pour la forme : il fallait bien, *publiquement*, se conformer aux décisions des commissions mixtes, et garder l'Afrique-*moins* que portaient tant de dossiers ! — Au fond, ainsi que le disait crûment M. de Mongeot, l'on n'a jamais appliqué, l'on n'a jamais connu que l'Afrique-*plus*, et le gouverneur général lui-même ne le déclare-t-il pas dans les deux versets suivants ?

" ART. 2. A leur arrivée en Algérie, tous les transportés
" font partie de la première catégorie. — (Les *internés* dans
" les forts.)

« ART. 3. Le passage d'une catégorie dans une autre a « lieu en vertu d'une décision du gouverneur général. »

Si la simple décision du gouverneur peut vous envoyer d'un lieu d'internement dans les cachots de Bône ou du Bab-Azoun, sa volonté, son caprice, sa belle ou difficile humeur a donc puissance et force d'exécution contre tous les jugements portés et rendus en France?

Si les arrêts édictés et rendus en France ne font point compte, quand on arrive en Algérie, et que l'omnipotence-Randon soit absolue, comme l'établit l'article 3, que deviennent les paperasses des commissions mixtes, et quel recours reste-t-il aux transportés ?

Ils n'ont pas même droit à la lettre, à la lettre écrite des décisions infâmes qui les ont frappés !

Dans le vrai, la classification établie au texte officiel n'est et ne fut jamais qu'un mensonge : — le pouvoir discrétionnaire de M. Randon et la dictature ignoble de ses geôliers, officiers ou sergents,— voilà le code, voilà la charte, voilà la loi des transportés d'Afrique !

Une ambition stupide en haut ; en bas, des cupidités besogneuses jusqu'au vol, jusqu'à l'assassinat, — voilà le gouvernement !

Les *internés* des forts et des camps, disent-ils ? le mot est heureux : autant vaudrait parler des *internés* des casemates, des pontons, de *la Force*, de *la Conciergerie*, de *la Tour de Moulins* ou de *Mazas !* — Connaissez-vous les *internés* de la vieille Bastille ?

Et les transportés *admis* dans les villages ? — Ceci serait bouffon, en vérité, s'il n'y avait pas tant de morts derrière ces bergeries-Randon !

Un village, c'est Aïn-Sultan, c'est Aïn-Benian, c'est Beni-Mansour, c'est quelquefois une barraque au loin charriée dans le désert et sous laquelle vous grelottez la nuit, sur la terre nue ; c'est un campement sauvage, sans provisions, sans ressources, entre la vermine et les hyènes, sous le vent les balles kabyles !

C'est là que M. Randon veut bien *admettre* ses privilégiés de la deuxième catégorie... à la condition pourtant qu'ils y travailleront à charrier des tombereaux sous le harnais des bêtes de somme et sous l'aiguillon des sergents !

Voilà les villages du bailli-gouverneur ! Qu'en diraient nos paysans des plus chétifs hameaux de France, et qu'en dirait la steppe russe elle-même ?

Quant aux *plus favorisés* qui pourraient, à la grâce du sultan d'Alger, ouvrir des exploitations particulières ou résider sur certains points, autres que les *villages* et les *forts* ci-dessus,—les cas ont été si peu nombreux, qu'on peut déclarer la clause une pure fantaisie littéraire ; c'est une réclame de pudeur publique !

Voici la vérité : dans les forts et les grands camps, il fallait nourrir les transportés refusant le travail, ou, du moins, ne pas les laisser mourir ; mais l'administration trouva bientôt que cela coûtait cher, et s'y prit ainsi :

Sous prétexte d'internement, elle envoya, dans ses camps-colonies, ceux de ses *mutins* qui n'avaient point d'argent, et l'on a vu comment elle savait exploiter leur travail sur les routes. Ceux qui pouvaient vivre, au contraire, ceux qu'elle appelait ses *riches*, elle leur accorda l'*internement*, à quelques-uns du moins, mais à condition de faire séjour chez ses *juifs*, et d'ouvrir des exploitations avec ses *spéculateurs*.

Elle écrêmait ainsi le salaire des uns, et mangeait moitié sur le revenu des autres. — Voilà le système !

Elle a tant d'appétits et tant de besoins cette brave administration algérienne qu'ont illustrée les Saint-Arnaud !

Si ses courtoisies avaient pu l'entraîner trop loin, M. Randon n'avait-il pas, d'ailleurs, son article 14 comme Charles X ?

" Les transportés appartenant à la première catégorie

" seront soumis au régime du premier règlement du 28 jan-
" vier 1839, sur les *pénitenciers militaires.*"

Qu'est-ce que ce règlement? Le code qui pèse sur les forçats de l'armée, — un petit formulaire plein de sang et tout émaillé d'articles portant la peine de mort. Or, comme M. Randon, chef de l'autorité militaire, a, seul, plein droit de modifier les catégories et de changer les destinations, il s'ensuit, forcément, que tous les transportés, ceux des *villages*, ceux de l'internement comme ceux des forts, ont le grand heur de vivre sous ce large couperet du règlement *des pénitenciers !*

N'est-ce pas d'ailleurs en vertu de cette loi des militaires, s'étendant à la transportation, que les quatre artilleurs de Douéra, victimes de la conspiration-Monnier, ont été livrés au conseil de guerre, et condamnés, comme des assassins, pour une strophe de *la Marseillaise ?*

D'après ce règlement, la dictature reste donc entière, absolue, sans partage ni contrôle, aux mains de M. Randon : il a tout, le choix des supplices, le travail, le cachot, l'internement, la vie et la mort, — et lorsqu'il dit : " Art. 5. Les
" transportés compris dans les catégories autres que la pre-
" mière, seront soumis au régime déterminé par le présent
" règlement, " le gouverneur limite à tort sa puissance, puisque toutes les justices sont sous son caprice et toutes les douleurs sous son épée !

M. Randon dit encore : " Art. 21 (sur le travail). Tous
" envois d'argent que les transportés expriment le désir de
" faire à leur famille, ont lieu par les soins des officiers-
" directeurs. "

Ici, la dictature s'amuse. Est-ce avec les deux sous par jour alloués à chaque transporté par le règlement, et que nul transporté n'a jamais touchés, qu'on enverra de l'argent à la mère infirme, à l'enfant orphelin, à l'épouse accablée et mourante? Est-ce avec le salaire des journées sur les routes, salaire écrêmé par les neuf vingtièmes de l'Etat, les quatre vingtièmes de la masse individuelle, le vingtième de la masse d'escouade, et les autres retenues friponnes d'une administration sans pudeur qui ne payait pas même les centimes?

Cruelle ironie! Sur un franc on nous retient vingt sous, disait un ouvrier des camps, et l'on nous parle d'envoyer *le reste* à nos familles!

M. Randon sait pratiquer, au besoin, l'hypocrisie comme la violence; il ment comme il assassine, et nulle administration, en cela, n'a dépassé son gouvernement!

Ainsi, dès qu'il s'aperçoit que ses victimes éparses, çà et là dans les camps, ont perdu l'espérance, que les forçats du travail voient le piége où ils sont tombés, et refusent de revenir aux carrières, M. Randon, qui ne veut perdre ni ses villages ni ses primes, M. Randon modifie son fameux règlement du 20 mars, et fait porter à la connaissance des colonies la décision suivante :

A MM. les généraux commandant les divisions militaires.

Gouvernement général
de l'Algérie.
—
SECRÉTARIAT GÉNÉRAL.
—
2e Bureau.
—
N° 1852.

Alger, 16 mai 1852.

Général,

L'art. 20 du règlement du 20 mars, sur les transportés, établit que sur le salaire gagné par ceux qui sont envoyés dans les villages, ou font partie de tout autre détachement de colonisation :

Neuf vingtièmes sont prélevés comme part de l'Etat, pour avances faites ;

Quatre vingtièmes servent à former une masse individuelle pour chacun des travailleurs ;

Un vingtième est versé à la masse d'escouade ;

Six vingtièmes forment la part à remettre à chaque travailleur, réduction faite de ce qui est nécessaire pour compléter les masses individuelles et les masses d'escouade.

Les rapports qui me sont parvenus jusqu'à présent des villages, ainsi que des détachements isolés de colonisateurs, me signalent en général le bon esprit qui anime la masse des transportés qui les composent.

En considération de cette bonne conduite, j'ai décidé que l'art. 20 du règlement précité serait modifié ainsi qu'il suit :

Dix vingtièmes servent à former une masse individuelle pour chacun des travailleurs. C'est sur cette masse que sont soldés les objets d'habillements et autres qui sont fournis au transporté pour son usage personnel, sur sa demande ou d'office.

Cette masse devra arriver et se maintenir à cent francs.

Deux vingtièmes seront versés à la masse d'escouade.

Celle-ci servira aux besoins généraux de l'escouade ; elle devra arriver et se maintenir au minimum de cent francs.

Neuf vingtièmes seront remis à chaque travailleur, déduction faite de ce qui sera nécessaire.

Je vous prie, général, de notifier la modification qui précède à M. l'intendant militaire de Constantine, ainsi qu'à MM. les commandants supérieurs de subdivisions ou cercles qui ont intérêt à en être instruits. Elle devra être portée à la connaissance de tous les transportés faisant partie des villages ou des détachements de colonisation.

Elle sera mise à exécution à dater du 1er juin.

Il résulte donc de cette décision que les rations des vivres ou les allocations représentatives des vivres, là où elles sont données en remplacement de la ration en nature, feront, à dater du 1er juin prochain, l'objet d'un compte à part dont l'Etat se charge entièrement et que le salaire gagné par chaque travailleur lui reviendra intégralement, soit pour pourvoir à ses besoins personnels d'entretien ou autres, soit en argent dont il aura la libre disposition.

Je maintiens la moyenne du salaire au taux de un franc par journée de travail effectif, au lieu de un franc cinquante qu'il aurait fallu allouer, si les vivres avaient dû être imputés sur le prix de la journée.

Recevez, etc.

Le gouverneur-général,

Signé Randon.

Qu'y a-t-il dans cette modification si fastueusement libellée ? — On donne, comme avant, un franc par jour aux travailleurs, et le gouvernement s'engage à les nourrir : l'Etat veut bien ne plus exercer de retenues pour son compte ; mais il donnait d'abord un franc cinquante en rations-nature ou par allocation, M. Randon le reconnaît lui-même ; l'Etat ne fait donc ici qu'un revirement de comptes : — voilà la philanthropie !

Ajoutez à cela que cette grasse aubaine n'a jamais été qu'une espérance en fleur,—que les autres retenues, soit pour la masse individuelle, soit pour les masses d'escouades restaient inscrites au livret, et que les travailleurs indignement trompés ont presque partout depuis refusé les corvées ou tenté la *grève.*

Cela est si vrai, que M. Randon chercha bientôt à chanter une autre gamme algérienne : après les salaires, les grâces.

Voici ce qu'il écrivait le 2 juin à son lieutenant de la division d'Alger :

A M. le général commandant la division d'Alger.

ALGÉRIE. Alger, le 2 juin 1852.

Division d'Alger.

AFFAIRES CIVILES.

Mon cher général,

En général, la conduite des transportés de 1852 n'a donné lieu, jusqu'à présent, à aucune plainte sérieuse, et j'ai déjà eu l'occasion de signaler à M. le ministre de la guerre, comme très satisfaisante, cette situation morale.

Il me paraît que nous pouvons, dès aujourd'hui, préparer les voies de la clémence.

Je vous prie, en conséquence, de faire établir de suite les listes de transportés qui, depuis leur arrivée en Algérie, témoignent de leur repentir par leur bonne conduite, paraissent avoir de bonnes habitudes *d'ordre* et de *travail,* et en faveur desquels une mesure exceptionnelle d'indulgence pourrait être proposée.

Les propositions devront d'ailleurs être faites avec beaucoup de *réserve,* et ne concernant que les individus les meilleurs et qui offriraient toutes les garanties possibles.

Veuillez donner des ordres en conséquence à MM. les commandants de villages ou camps occupés par les transportés, et m'adresser le plus tôt possible leurs listes, en y joignant vos observations particulières.

Recevez, etc.

Le gouverneur général,
Signé : Randon.

Les subalternes des camps comprirent la pensée du maître, et la propagande du travail embaucha partout, grâce aux promesses nouvelles. "Il n'y aura que les oisifs d'esclaves," disaient les maquignons, et l'on ouvrait les listes, et l'on prenait les noms pour ces poteaux de clémence, et chacun — ouvrier, travailleur, père de famille revenait aux corvées !

Mais les jours passaient et les illusions tombaient à chaque soleil. On trompait sur les grâces de même qu'on avait trompé sur les salaires, et comme les transportés dans la correspondance avec les familles, se plaignaient amèrement de ces tristes friponneries, M. le gouverneur, si paternel à la date du 2 juin, faisait proclamer à celle du 15, l'édit de colère qui suit :

Alger, ce 15 juin 1852.

Mon cher général,

Je suis informé que quelques-uns des transportés de 1852, loin d'apprécier les motifs de bienveillance qui ont porté l'administration à les autoriser à correspondre sans contrôle avec leurs familles, profitent de la liberté qui leur est donnée pour s'entretenir de questions politiques.

Pour obvier à cet état de choses, je décide qu'aucune lettre, émanant des transportés, ne sortira des établissements pénitentiaires sans avoir passé sous les yeux de l'officier commandant l'établissement, qui indiquera l'accomplissement de la formalité par l'apposition de son paraphe sur la suscription des lettres.

Je vous prie de donner immédiatement les ordres pour que cette mesure reçoive partout sa complète exécution.

Recevez, etc.

Pour le gouverneur et par son ordre :
Le secrétaire général,
Signé G. Mercier.

Puisque l'administration avait autorisé les transportés à correspondre sans contrôle, avec leurs familles, comment a-t-elle pu savoir qu'ils s'entretenaient de questions politiques? — En violant le secret des lettres. — On n'avoue pas plus cyniquement la plus lâche des fraudes !

Puisque, *en général*, la conduite des transportés de 1852 n'avait, jusqu'au 2 mai, donné lieu à aucune plainte sérieuse, et qu'on ordonnait d'ouvrir des listes de clémence, dans tous les camps, comment se fait-il, qu'à la date du 15 mai, la même autorité les dénonce comme en conspiration permanente avec les familles, et les frappe *tous* d'une avanie sans nom : *le chiffre du maître, le paragraphe du geôlier* sur les lettres ?

Ces contradictions du langage officiel s'expliquent par les nécessités de la politique bonapartiste et les hypocrisies du système.

On a besoin d'activer l'embauchage et de ramener les travailleurs aux chantiers ? — On fait passer, devant eux, les chers horizons de la patrie : le champ perdu, les troupeaux abandonnés, les toits de famille, les enfants en groupes défilent sous leurs yeux, et les paysans courent aux carrières !

César montant au trône sur le cadavre de la République a besoin de captifs suppliants, comme ses devanciers de Rome !

De plus on envoie, dans tous les foyers désolés, la lettre de clémence, la circulaire-Randon, et le père, l'enfant, la femme écrivent à l'exilé, l'assiégent, le sollicitent par tous les cris du cœur, jusqu'à ce que son énergie vaincue demande *grâce* au crime !

Voilà les spéculations de ce gouvernement sorti de l'assassinat, et que *les âmes* épouvantent : il lui faut la tête ou l'honneur :

Nous retrouverons M. Randon.

CASBAH DE BONE.

Bône est située sur la côte orientale du golfe qui porte son nom : c'est une petite ville construite avec les ruines de la vieille Hipponne, depuis longtemps couchée sous l'herbe comme les autres cités du temps romain.

Bône a quatre forts qui l'entourent et la gardent : il y a de plus, à trois cents mètres environ de la ville, une haute et large citadelle qui commande la rivière et la rade; c'est là la Casbah-donjon, et c'est là que depuis deux ans l'administration algérienne envoie par fortes escouades *les mutins, les rebelles* de ses camps divers.

Cette forteresse, aux murailles massives hérissées de canons, est gardée nuit et jour par de forts pelotons militaires ; les sentinelles y sont jetées comme dans les villes cernées par le siége, et c'est à la gendarmerie qu'est confié le poste d'honneur.

Arrivés dans le fort, les prisonniers sont immatriculés comme dans les bagnes et classés par sections sous le commandement de sergents-chiourmes qui sont chargés de distribuer les vivres, de faire le recensement, de gouverner enfin chacun son groupe, et d'en répondre.

L'administration des escouades était à Bône plus importante que dans les camps, et par suite, son personnel était plus nombreux :

On avait d'abord les sergents-chiourmes ;

Le sous-officier remplissant les fonctions d'adjudant ;

Le sergent chargé de l'achat des vivres et de la distribution des effets ;

Un lieutenant de qui relevaient tous ces subalternes, et de plus, au sommet de la hiérarchie, un capitaine commandant le fort.

Les transportés de juin 1848 étaient restés longtemps

enfermés à la Casbah de Bône, et ils ne l'avaient quittée que pour faire place à la grande transportation de Bonaparte.

Voici quelques détails que nous empruntons à l'un des martyrs de cette dernière catégorie, au citoyen Lasserre : ils expliqueront les lieux, les hommes et les crimes de ce petit enfer qui est là-bas la grande bastille de l'administration contre les transportés :

Nous fûmes conduits à la Casbah entre deux haies de soldats du 10e de ligne, et nous y trouvâmes cinquante de nos camarades qu'y avaient envoyés les colères du lieutenant Monnier. C'étaient, pour la plupart, d'anciens amis des pontons et de vieux frères républicains : entre autres, Decès, Lavaur et Beral du Lot, Durrieu, frère du publiciste, etc., etc. ; ils étaient enfermés dans l'une des ailes du bâtiment ; dans l'autre, se trouvaient quatre cents hommes des Pyrénées-Orientales et des départements voisins.

Ces derniers captifs quittèrent, quelques jours après, la Casbah. Deux cents des plus robustes furent conduits aux défrichements à quelques lieues de Bône, et les autres furent cloîtrés à peu de distance de notre prison, dans un camp appelé les Carroubiers, situé sur les bords de la mer, et qui reçoit tous les vents !

Les Pyrénéens qui partaient furent remplacés par des hommes du Gers, du Lot, du Lot-et-Garonne, de l'Ariège, de l'Hérault, quelques-uns de la Côte-d'Or, de l'Yonne, de la Seine-Inférieure, etc.

Un mois plus tard, par suite des mutations opérées dans toute l'Algérie, les départements du Centre et de l'Ouest qui nous manquaient encore, envoyèrent leurs contingents. Bône enfin a eu, dans l'espace de six mois, un personnel de quinze cents à deux mille transportés.

Chaque homme recevait par jour :

Deux cents grammes de pain ; deux cent soixante-dix grammes de viande et soixante de légumes.

On donnait aussi vingt-cinq centilitres de vin ou de café, alternativement.

Le pain était mauvais, la viande de dernière qualité, le tout insuffisant d'ailleurs. Que de fois j'ai entendu de jeunes hommes de la campagne crier la faim ! que de fois je les ai vus courir les chambrées en demandant du pain !

Nous avions une cantine il est vrai, mais on y vendait si cher les plus misérables denrées, que les plus riches d'entre nous ne pouvaient y atteindre.

La situation était donc des plus dures : d'un côté l'insuffisance de nourriture, et de l'autre les souffrances de la prison où nous étions entassés. Le jour, tourmentés par les moustiques, la nuit, par des myriades d'insectes, nous étions couchés sur des grabats et tellement serrés les uns contre les autres, qu'il fallait monter par les pieds. Quelle vie ! Toutes les misères de l'âme et du corps nous frappaient : voilà ce qu'était pour nous le régime de Bône.

Ajoutez à cela les vexations incessantes de nos gardiens, les menées hebdomadaires de l'administration supérieure, affichées et placardées sur nos murs, et par-dessus tout, les tortures sans nom des *cellules ténébreuses*. Un trou sans lumière et sans air, voilà ce qu'on entend par *la cellule ténébreuse !*

Quant à ceux d'entre nous qui se laissaient entraîner aux travaux, voici qu'elle était leur destinée :

Vers la fin de mai, un détachement de près de deux cents hommes alla camper à deux lieues de Guelma ; ils étaient le jour exposés aux ardeurs d'un soleil brûlant, charriant de la terre, cassant des pierres, et la nuit couchant sous des tentes, n'ayant qu'une couverture et un sac pour se garantir de l'humidité qui baigne le sol. Les nuits, écrivait l'un d'eux, sont si froides et tellement humides que nos effets fument quand nous approchons du feu.

Leur nourriture était mauvaise, insuffisante, jamais ils n'eurent de vin, quoiqu'on leur en eût formellement promis. Aussi la maladie vint bientôt en diminuer le nombre, trois moururent en peu de temps.

Mais l'humidité, les maladies et la faim n'étaient pas les seuls ennemis qu'ils avaient en face : les Arabes en révolte marchèrent un jour sur Guelma. Nos amis couraient le plus grand danger, on les caserna dans cette dernière ville. Huit jours après, ramenés au camp, on les emploie à des redoutes, à des fossés, dans la crainte d'une invasion ; livrés à eux-mêmes et sans armes, les travailleurs n'auraient pu se défendre ; ils quittèrent donc le camp et rentrèrent à Bône d'eux-mêmes : que fit l'administration ? Ces hommes qu'on avait laissés sans armes sous la balle des ennemis, elle les déclara déserteurs, c'était l'ordre de la place ; plusieurs furent mis en cellule et y restèrent jusqu'au moment où ils demandèrent à revenir au travail.

Ce fut plus tard un spectacle bien douloureux, de voir ces hommes de la campagne naguère robustes et pleins de santé, revenir amaigris, abattus, exténués, se soutenant à peine ; quelques jours de plus et c'en était fait d'eux. Ceux-ci étaient employés aux routes ; ceux-là travaillaient aux défrichements ; or, un homme, quelque robuste qu'il soit, ne peut résister à cette dernière corvée plus de dix jours..., les gaz délétères qui se dégagent de ces terrains suffoquent, s'ils n'asphyxient, atrophient s'ils ne tuent. J'ai vu plusieurs de ces malheureux aux Carroubiers, ils n'avaient plus de l'homme que le squelette.

L'administration ne prenait donc pas de précautions hygiéniques? Aucune. Vous tombiez malade, on vous portait à l'infirmerie; vous étiez entre les mains du médecin, et tout était dit. Les Carroubiers n'avaient pas même de salle pour recevoir les malades : chaque matin le médecin se présentait à la porte du camp, et au lieu d'aller lui-même aux lits des souffrants, il se les faisait amener ou porter : les déclarait-il valides, ils le suivaient à la Casbah, où ils arrivaient haletants, inondés de sueur; souvent leurs camarades étaient obligés de les porter sur leur dos, tant ils étaient incapables de gravir le chemin qui conduit au fort, cela donnait lieu parfois à de terribles scènes!

Un citoyen de Perpignan, asthmatique, revenait un jour de prendre une dose de quinine : il tombe dans les bras de ses amis, à l'entrée du camp, et meurt en jetant ce dernier cri : " ma femme, mes enfants!"

Quand l'état d'un malade empirait, qu'il n'y avait presque plus de ressources, il était porté à l'hôpital où il n'était guère mieux soigné qu'à l'infirmerie. Partout incurie, partout mauvais vouloir.

Mais au milieu de nos douleurs, rien ne nous était plus poignant que l'insolence de nos chefs-geôliers, le commandant excepté toutefois : — et cette ignoble persécution de l'insulte facile nous était plus dure que toutes nos misères! — Vous demandez un pantalon : — vous ne faites rien pour le gouvernement, disait un jour à l'un de nous le lieutenant, chef de la chiourme et des subalternes?

A tel autre qui se plaignait de l'insuffisance des vivres :

— Vous êtes bien heureux d'être ici!... Allez aux travaux des routes, fainéants, et vous serez habillés et vous serez nourris!...

Comme je réclamais une romaine accordée par le commandant, et que le lieutenant nous avait enlevée :

— Qu'avez-vous à faire de peser et de contrôler, me répondit-il?... Vous êtes bien heureux qu'on vous donne de la viande.... Sous tout autre que Desmoutis (le commandant) cela ne se passerait pas ainsi...

Pour la provocation, pour l'injure, pour la menace, l'adjudant, Corse à tous crins, était le digne coadjuteur de cet officier-gendarme, et derrière ces deux chefs manœuvrait, à l'unisson, le peloton des sergents

Malgré tout, pourtant, nous parvînmes à nous organiser en cette Gehenne : au moyen de souscriptions volontaires, nous ouvrîmes une salle de consommation au rabais, et la misère fut vaincue; nous ouvrîmes des cours pour nos camarades de la campagne, et l'ignorance fut entamée : lorsque je quittai Bône au mois d'août, les deux entreprises étaient déjà prospères !

Le parti républicain a, depuis trente ans, peuplé toutes les geôles de France : il a vingt fois traversé les prisons de Paris, à la suite de ces journées héroïques et téméraires où son courage laissait tant de morts, et les meilleurs de ses soldats ont passé les années fortes de la vie dans les donjons.

Nous connaissons Belle-Isle à la ceinture de récifs, et son vaste casernement tumulaire où souffrent encore tant des nôtres ! Nous connaissons Doullens, la forteresse humide, sans air, sans horizon, et dans ses *Dix ans de Captivité*, livre interrompu par l'exil, notre ami Martin Bernard nous a dévoilé les mystères du Mont-Saint-Michel, cette bastille des vieux temps, dont l'ombre se couche dans les grèves mortes.

Il y avait là des *in pace*, des cachots, des oubliettes et des tourments que ne soupçonnait pas notre civilisation marchande : mais ces cellules aux voûtes souterraines, aux portes massives, où des lucarnes avares, à treillages étroits, tamisaient l'air et le soleil, — c'était encore la France, c'était encore la patrie !

Le captif enseveli sous les pierres entendait, comme un écho lointain, la lutte des assemblées, la parole publique dite en son nom : il voyait passer l'hirondelle qui tournoie comme l'espérance, et qui va faire son nid dans nos chaumières : la mère, la sœur, le frère, l'ami venaient parfois serrer sa main fiévreuse ; et, quand il allait au préau, pour son heure de liberté, ses mélancolies tombaient, ses tristesses étaient consolées : il voyait le ciel de France !

Là-bas, à Bône, sur la terre des Barbares, et sous un ciel de feu, c'est la citadelle isolée, loin des siens, loin de la patrie, loin des affections saintes. On n'entend plus, on ne voit plus rien venir de cette France qui est devenue le champ des morts et des grands silences. On est séparé, séquestré, coupé de toutes les relations qui gardent la vie. On est au désert, dans un tombeau muré, sous l'insulte et sous la main de quelques drôles, moustiques de la dictature qui sucent la patience des martyrs, comme les vampires le sang !

A la moindre contravention, irritée par le bon plaisir, le caprice ou la haine d'un subalterne, on diminue vos rations déjà si chétives ; on vous menace de Cayenne, le grand cimetière de l'autre mer, ou l'on vous ensevelit dans les *cellules ténébreuses*, espèces d'oubliettes africaines, silos murés et voûtés, chauffés le jour à grande vapeur tropicale, et la nuit, humides comme des tombes !

Quand vous sortez de là, brisés, perclus, amaigris, vos yeux s'effarent au grand soleil, dont l'ardent rayon les blesse, et vous avez des ophtalmies, des rhumatismes, des fièvres mortelles.

Allez à l'hôpital, vous y trouvez l'imprévoyance, l'insulte, l'ironie qui gardent tous les chevets !

Allez au chantier de Guelma, le camp des travailleurs, et vos forces dernières s'épuisent en des corvées sans fin, et vos salaires n'arrivent jamais, et vous traînez vos cadavres et vos tomberaux, comme à Beni-Mansour, sous la haine armée de l'Arabe qui vous guette comme sa proie de représailles !

Voilà le séjour de Bône et les délices de sa Casbah. Dans quelques mois, quinze cents ou deux mille captifs ont vécu dans cette citadelle-sépulcre, tandis que trois mille au moins languissaient dans les camps-dépôts, ou s'épuisaient dans les colonies du désert.

Dans la pensée de M. Bonaparte, et pour la fin dernière de ses destructions calculées, il est fâcheux, vraiment, que le vautour n'ait eu qu'une *aire*, et qu'il ne se trouve pas plusieurs Bône sur la terre d'Afrique.

On a bien voulu *meubler* à l'impériale le fort de Sebdou ; mais le mystère plane, comme le nuage, sur ce château des grèves lointaines, et nous ne connaissons qu'un de ses martyrs, l'ex-représentant Miot : ce citoyen vaillant entre tous, éprouvé par la persécution de Décembre, le crime l'a traîné, depuis deux ans, de cachot en cachot, comme sa victime expiatoire.

Il fallait son Christ au parjure !

L'INTERNEMENT.

CHAPITRE VII.

L'armée des proscrits, dans ses divisions principales, a déjà passé devant nous. Le Bab-Azoun d'Alger nous est connu : nous avons suivi nos frères, étape par étape, des grands camps de Birkadem et Douéra, jusque dans les colonies éparses et lointaines que la vengeance a semées sur cette terre sauvage ; nous venons enfin de quitter Bône, le Belle-Isle de la côte africaine.

Que de douleurs dans cette odyssée aux vaillantes agonies, aux dévouements obscurs, aux cruautés lâches, aux tortures raffinées, — dans cette odyssée de la République égorgée par la trahison et crucifiée dans ses hommes ! — Ce n'est pas là tout, pourtant : il reste encore une grande misère à raconter, un pèlerinage à suivre ; il nous reste la légion qui souffre et qui meurt à l'écart, celle de l'internement !

Cette dernière tragédie n'effacera point les autres ; mais elle a des trahisons et des hypocrisies qui lui sont particulières, et l'on verra si, de tous points, elle n'est point digne du petit Sylla de Décembre !

L'INTERNEMENT.

Dans l'échelle des peines établie par les comités d'instruction, comités de police, d'administration ou de caserne, l'internement en France ne frappait que les citoyens contre lesquels la dénonciation n'avait pu fournir que des preuves de notoriété républicaine, sans acte aucun pouvant entraîner la condamnation soit à l'Afrique, soit à Cayenne.

C'était logique de la part du crime : il internait, sous la surveillance de ses polices, les hommes qu'il ne pouvait frapper pour flagrant délit de résistance, mais qui le pouvaient gêner, comme sympathiques à la République.

Il était donc juste, d'après les divisions établies, que l'internement en Algérie vînt après l'*Afrique-plus* et *l'Afrique-moins*, et ne fût imposé qu'à des hommes que le soupçon seul ou la dénonciation anonyme avait désignés aux craintes des forbans.

Aux termes de la charte-Randon elle-même, l'internement ne devait-il pas être une faveur ?

Or, examinons ce qu'est en réalité cet adoucissement.

A peine arrivés au Lazaret, avant même que la police ait examiné les dossiers et pris les signalements, les portes sont rigoureusement fermées aux familles, aux amis, et s'ouvrent exclusivement devant des juifs autorisés à venir visiter les prisonniers.

— Avez-vous de l'argent ? Voulez-vous louer une belle maison ?

— Nous avons de l'argent, répondent quelques-uns, mais comment voulez-vous que nous puissions louer vos maisons : nous sommes condamnés à l'*Afrique-plus !*

— Soyez sans inquiétude : louez ma maison, je me charge du reste.

— Comment ?

— Voici qui ne vous laissera point de doute...

Et le juif exhibe une permission délivrée par le secrétariat général ; de son côté, quelque de Mongeot reçoit l'ordre de confier les prisonniers à ces spéculateurs borgnes, pour qu'ils puissent ensemble visiter les propriétés qu'ils voudraient acheter ou louer..... On partagera plus tard !

Nos amis ne comprennent rien à ce qui se passe autour d'eux : ils se souviennent encore de leur comparution dernière devant les de Goyon : ils se rappellent combien ce terrible justicier faisant ses enquêtes dérisoires, insistait sur ses commutations du *plus* au *moins ;* ils croient enfin que ces entremetteurs sont envoyés pour insulter à leur misère et caresser leur désespoir, par la perspective d'une liberté-mensonge :

— Allez-vous habiller, messieurs, je reviens vous prendre, leur disait le juif.

Chacun procède lentement, car il doute encore — on doute toujours après tant de sinistres ! — mais s'il y a certitude ou caution d'argent, les courtiers revenaient bientôt munis d'un *exeat* en bonne et due forme. Que de mères se lamentant attendaient, pour un regard, pour une caresse, derrière les juifs !

Nos amis sortent, doutant toujours ; mais ils rentrent bientôt enivrés de cet air libre qu'ils viennent de respirer ; on les entoure ; on veut savoir ce que signifient et ce que valent ces petites avances au malheur. — Quelques-uns, les paysans surtout, espèrent : ils sont de l'*Afrique-moins !*

Comment croire, en effet, quand le juif avait obtenu si facilement ce que la famille éplorée demandait en vain, qu'il serait fait un long refus aux *pauvres*, aux *impuissants*, au *menu-peuple* de la proscription bonapartiste ?

Ces paysans si dévoués au martyr de Sainte-Hélène, ces paysans qui ont laissé leur sang dans toutes les batailles de l'empire, et leurs votes dans toutes les urnes, comment croire qu'ils seraient oubliés quand on fait miséricorde aux bourgeois et longue chaîne à tous ces *Gracques* sortis du Mont-Sacré de 89 ?

Ces avocats, ces industriels, ces médecins, ces propriétaires, chefs d'action et chefs de propagande, on les admettait à l'internement : n'y avait-il pas là, pour les soldats, une promesse de liberté prochaine ?

Pauvres gens ! ils devaient apprendre bientôt le but financier de ces distinctions, et le sort qui leur était réservé !

" Il faut, disait Monnier, que l'ivraie soit séparée du bon grain ; " c'est-à-dire, que les riches ou les moins dépourvus *obtenaient* l'internement pour être mis à sec, et qu'on gardait les pauvres pour les envoyer sur les routes ! Double spéculation au profit de la caisse des voleurs.

On ne les avait pas tous pourtant ces *privilégiés* de la fortune; et les plus énergiques, les plus clairvoyants, les plus dévoués des bourgeois ont mieux aimé rester sur la paille des camps ou des forts, prêchant le droit et la dignité par la parole et par l'exemple, que d'aller, dans les internements, becqueter leurs derniers revenus en compagnie des juifs !

L'index frappait ces oisifs rebelles à l'escroquerie des administrations ; mais on détestait et l'on traquait encore plus les ouvriers, les artisans qui n'avaient point finance pour l'internement, c'est-à-dire pour la spéculation, pour le vol : ils étaient, ceux-là, plus coupables que leurs camarades, coupables de ne point avoir le capital !

Toutefois, comme ces pauvres paysans rompus aux fatigues étaient l'espoir des spéculateurs de la bande noire africaine, on les ménageait un peu, pour les décider au travail, en leur parlant famille, foyers du village, souvenirs du champ et de la haie,—affections inconnues ou mortes pour les bourreaux, mais qui pouvaient remuer les fibres et l'âme de ces tristes exilés du chaume et de la patrie.

Ne demandez point l'internement, leur disait-on ; casematés dans vos foyers d'exil, foyers limités, comme le veut le règlement, vous seriez oubliés par l'administration centrale, tandis que dans les camps, dans les villages et sur les routes, le gouvernement vous voit, vous a sous la main, et les rapports hebdomadaires adressés à M. Randon auront pour résultat votre mise en liberté. Vous serez avant peu tous rentrés ; — travaillez, travaillez donc ! cela seul peut vous ouvrir les portes de France !

Et, pour donner force à ces exhortations des chercheurs de primes, les villes principales dans lesquelles l'ouvrier aurait pu trouver un peu de travail, étaient interdites aux travailleurs. C'est vainement qu'ils sollicitaient le séjour d'Alger, d'Oran ou de Blidah ; à quelques rares exceptions près, le gouvernement n'accordait aucune permission pour ces villes, tant il redoutait le contact des transportés avec ces populations républicaines.

Les internés, rebelles quand même, ou qu'on avait triés et pesés à la balance des spéculateurs, se rendaient au lieu de leur destination munis de feuilles de route portant le règlement suivant : il n'était question d'aucune indemnité dans cette cédule ; nourriture, logement, entretien, tout restait à leur charge :

RÈGLEMENT

SPÉCIAL.

POUR LES TRANSPORTÉS INTERNÉS.

1. Les transportés auxquels le gouverneur-général aura assigné une résidence spéciale, conformément à l'art. 33 du règlement du 20 mars dernier, devront reconnaître la mesure favorable dont ils auront été l'objet, par une conduite réservée et tranquille, et en s'abstenant de tout propos et de toute démonstration politiques.

2. L'autorité militaire locale, sous les ordres de laquelle ils seront placés, déterminera la circonscription dans laquelle ils devront résider et exercera une surveillance constante sur leurs démarches.

Elle prescrira un appel journalier, ou l'obligation pour chaque transporté d'apposer sa signature sur un registre *ad hoc*, déposé au bureau de la place.

3. L'interné qui se montrerait rebelle à l'autorité, qui manifesterait des opinions démagogiques, qui chercherait à nouer des relations politiques avec la population, la garnison, ou ses co-détenus, serait immédiatement réintégré dans l'un des forts ou camps.

4. Celui qui quitterait sa résidence sans autorisation, serait remis,

après son arrestation, à la disposition du gouvernement, pour être transporté à la Guyane, conformément à l'art. 5 du décret du 5 mars dernier.

5. L'autorité verra avec satisfaction que les internés se livrent à des occupations en rapport avec leurs aptitudes respectives ; elle favorisera particulièrment les travaux et les exploitations agricoles.

Alger, le 16 avril 1852.

Le gouverneur-général,

Signé RANDON.

Pour ampliation :

Le secrétaire-général,

Signé G. MERCIER.

Dans le premier article du rescrit sur les internés, M. Randon leur déclare que c'est une *mesure de faveur*, qu'ils auront à reconnaître, en s'abstenant de tout propos et de toute demonstration politiques.

L'internement, pénalité disciplinaire, n'a jamais été pris au sérieux, nous l'avons dit déjà : c'est la spéculation africaine qui a voulu, besogneuse et rapace, escompter les douleurs et les bourses. Mais si nous avions besoin de preuves, ne sont-elles pas écrites, dans ce rappel au devoir muet, à l'abstention des captifs !

Des hommes condamnés sont justiciables de la peine et seulement de la peine encourue. Ici M. Randon déclare que *ses condamnés* aient à se souvenir de la miséricorde administrative qui leur est concédée par les philantropes du Coup d'Etat, et, s'ils l'oublient, voici ce que dit l'article 3 :

" Le coupable en révolte, par relations avec les habitants, ou par opinions *démagogiques manifestées*, serait immédiatement renvoyé dans les forts ou les camps *Algérie-plus*," (grande Algérie !)

Que si quelqu'un des internés, rebelle aux soins paternels, quittait jamais sa résidence, il serait remis, après son arrestation " (Art. 4.) à l'autorité compétente, "— la militaire,—

et, de par un décret du gouvernement (mars, art. 5), expédié sur Cayenne !"

Ainsi M. Randon peut changer, sur délation ténébreuse, le simple internement, en séquestration dans les forts, et, grâce à l'un des édits de la dictature, il peut, de par, ou sans délation, envoyer son monde aux marais de la Guyane, et le condamner à l'agonie lente, à la mort sèche !

Que deviennent les tribunaux, et leurs considérants et leurs arrêts ? Nous parlons des tribunaux du guet-à-pens ; que devient la justice *exceptionnelle* et parjure qui a réglé le sort des victimes ?

Il n'y a donc plus, comme nous l'avons établi vingt fois et prouvé dans ces pages, il n'y a donc plus, là-bas, ni conseils de guerre, ni commissions mixtes, ni juges, ni condamnés : il n'y a plus que des Chrétiens au cirque et les hyènes d'Afrique !

Voilà les priviléges que s'est réservés le gouverneur Randon : voici maintenant ceux qu'il a laissés à ses vaincus, sous horizon de Cayenne.

Journal d'un interné (le citoyen Ay......)

Constantine, ce 30 mai 1852.

Le lendemain du jour de notre arrivée au Lazaret, à onze heures, nous montions à bord du *Colbert*, où nous fûmes très mal nourris pendant la traversée. La mer était calme, calme comme la Seine de notre vieux et cher Paris. Nous couchâmes sur le pont, enveloppés dans des couvertures ; pendant la nuit la pluie tomba par torrents et nous étions sous le déluge ; enfin après une traversée de trente-deux heures nous arrivons à Stora ; il est impossible de débarquer à Philippeville, mauvais pied, disent les marins. — Là les sergents qui nous accompagnent reçoivent l'ordre de nous faire partir sans retard... *nous étions si dangereux !* On nous expédie à trois heures : arrivés à El-Arrouche, étape intermédiaire, à trente-deux kilomètres de Philippeville, on nous fait faire halte. On nous dirige de là sur Smendon, et enfin le samedi nous arrivons à destination... La dernière étape se comptait par 36 kilomètres ; déjà nous apercevions

Constantine, situé a trois lieues de nous, perché sur un rocher comme un nid d'aigle.

Il y a des nuées de corneilles, de cigognes et d'hirondelles qui planent au-dessus de la vieille ville arabe; ces dernières, entre autres, sont tellement familières dans le pays qu'elles font leurs nids dans l'intérieur des maisons, nous en avons vu toute une famille dans une auberge d'Elarrouche. Nos camarades qui vont à Sétif ont reçu depuis Philippe-Ville un franc vingt-cinq centimes par jour, et nous rien! mais ces pauvres amis les ont bien gagnés; car en arrivant à Constantine nous avons eu la douleur de les voir emprisonner, tandis que nous restions libres. Pourquoi cela? Les sergents nous ont dit qu'ils n'étaient point internés dans les mêmes conditions que nous, et qu'ils avaient accepté le travail pour le compte du gouvernement. J'ai fait quelques protestations, mais vaines paroles, qui se perdaient au vent! Nos amis ont été jetés en prison comme ceux de Lambessa qui ont refusé le travail, et qui doivent passer devant le Conseil de guerre:

Ils sont ainsi restés huit jours détenus, et ne sont partis pour Sétif que samedi dernier. De Constantine à Sétif, quatre étapes, et sur la route quatre maisons: quelle hospitalité possible? nos pauvres amis sont bien à plaindre!

Ici le travail va peu, nous sommes presque tous *oisifs forcés*, et sans espoir de trouver avant longtemps une occupation sérieuse.

Les Fançais sont en grande minorité, tout le commerce est fait par les Juifs, les Arabes et les Maltais. Les vivres heureusement n'y sont pas très chers, mais en revanche les meubles, les vêtements et les loyers nous écrasent; la plus petite et la plus modeste chambre garnie coûte de vingt-cinq à trente francs par mois; le prix de Paris et de Londres! N'était la liberté de parcourir librement la ville, la position ne serait point à risquer, si l'on ne risquait tout pour échapper à certains bourreaux; mais nous étions des *princes* pourtant: quel devait être en effet le sort de ceux que l'on confinait dans les villages de l'intérieur : tels que Batna près du désert, Mascara ou Guelma, occupés par la troupe? Nous avons vu ce qu'était l'interment à Beni-Mansour; ne dirait-on pas que cette peine avec ses misères n'était infligée à plusieurs que comme raffinement de supplice et comme nouveau châtiment?

Ce n'était point assez du règlement général donné par Randon; venaient, par séries, les circulaires des derniers chefs d'administration; chacun voulait avoir sa part d'autorité, chacun cherchait une vexation, un supplice, une preuve à donner : dans tous les rangs on travaillait à monter, par les crimes, jusqu'au maître !

Autre correspondance sur les tristes conditions de l'internement. La lettre qui suit est de ce même de Caudin, dont le nom s'est déjà trouvé dans ces pages, et qu'ont tué les terribles nostalgies de l'idée impuissante et de la patrie perdue :

Bône, 9 août 1852.

Mon cher ami,

J'ai reçu ta bonne lettre et j'y ai vu ce que je craignais d'y voir : une monotonie désolante dans vos *joies* et la presque impossibilité d'y substituer le moindre travail honnête et libre. — C'est à peu près le sort qui attend tous ceux de nos camarades dont l'impatience a été plus grande que la mienne et qui ont espéré d'un changement de position ce que le changement seul des choses pouvait leur donner : l'indépendance !

J'attends toujours avec le même calme et la même foi dans un meilleur avenir. Mais pour moi, pas d'internement. . . . . . .

. . . .

Tu comprends facilement, toi mon ami, qu'une fois la ville où je serais épuisée de portraits, ce qui ne serait pas long, je courrais grand risque de *mourir de faim*, et je ne veux pas de cela. Mais je doute que M. le gouverneur comprenne la nécessité de me laisser vivre. Tu te rappelles que d'Aiguillon répondait à un solliciteur qui lui disait : "— *Mais, monseigneur, il faut bien que je vive.*" "— *Je n'en vois pas la nécessité.*" Le bon mot du grand seigneur est au fond la pensée, la dernière pensée de nos *maîtres !*

Je vous embrasse de cœur, mes bons amis. Je suis avec vous tous, mais de loin, de bien loin..... J'attends !

A vous,

Jules de Caudin.

Cette lettre du martyr de Caudin était adressée au citoyen Frond, interné à Dellys, et dans les notes duquel nous trouvons encore les détails qui suivent :

Sur quarante-cinq internés qu'il y avait à Dellys, trois ou quatre travaillaient un peu, mais tous vivaient de privations ou du peu de ressources que leur envoyaient leurs familles. . Encore fallait-il que ces ressources ne fussent pas arrêtées à la poste par les craintes ou les calculs de notre administration si paternelle !

Point de chambres à louer, point de lits, points de meubles : trois mois, nous avons couché sur la paille, dans une masure éventrée, et si nous n'avions formé les faisceaux de famille, c'est-à-dire tout mis en commun, les plus dénués de la colonie seraient morts de faim.

Extrait d'un autre journal d'Afrique :

Les premières nouvelles que nous reçûmes de nos amis, dit le citoyen Lasserre, nous vinrent de la côte. Parmi eux se trouvaient un commis voyageur de Paris et un élève de l'école des mines, les autres étaient presque tous ébénistes et menuisiers. " Nous n'avons pas de travail, écrivaient-ils, nous n'en trouvons même pas, on ne fait point de meubles ici ; nous couchons et nous vivons à raison de trente centimes chacun, à la caserne où nous faisons des baquets." Pour moi, dit le commis voyageur, j'ai pris une place de domestique chez une vieille dame veuve.

. . . .

A Guelma, ils vivaient en commun dans une petite chambre vide de tout meuble, mal close, couchés sur la paille ; le loyer était de douze francs par mois. Ici, m'écrivait mon ami Durand, c'est la terre des déceptions, le présent m'inquiète et l'avenir m'épouvante. Sans Fourcade, qui seul a une occupation, j'ignore ce que nous serions devenus..... Si avant la fin du mois nous ne recevons pas quelques fonds de France, il faudra nous résoudre aux plus dures privations. Nous sommes au milieu d'une population assez sympathique, mais qui lutte elle-même contre le besoin.

. . . .

Je suis enfin à Philippe-Ville, écrit un autre interné, assez mal nourri et plus mal logé, je paie quarante-deux francs par mois ; la ville n'est pas trop déplaisante, mais il n'y a que peu d'ouvrage, et par conséquent rien à espérer pour moi qui n'ai pas d'état ; dites à nos camarades de toutes professions de ne pas venir ici, il n'y a d'occupation et bien faible encore que pour les raccommodages.

. . . .

Ne venez pas à Sétif, conseillait-on de cette ville, il n'y a rien à faire. Un de nos amis avait trouvé deux leçons à donner..... l'administration vient de lui intimer l'ordre de les cesser, sous prétexte qu'il faisait tort aux écoles chrétiennes.

— Gardez-vous de venir à Mascara, disait un ferblantier, il n'y a que des soldats, et partant rien de bon à attendre ; je nettoie et raccommode les lanternes.....

— Cette contrée est magnifique, écrivait, de Miliana, le citoyen Crubailhes ; c'est un paradis terrestre, mais pour y vivre il faut avoir des rentes... impossible d'y trouver une occupation quelconque ; la vie y est chère et les rentiers nous détestent ; ne venez pas ici.

— Je vous écris sur mes genoux, mandait-on de Constantine, attendu que je n'ai ni chaise, ni table, ni lit ; nous sommes une vingtaine ensemble, couchant sur la paille, vivant en commun. Le nombre des internés ici est considérable, peu trouveront de l'occupation ; il fait une chaleur étouffante et le Sirocco souffle de toutes ses vapeurs. Marle travaille dans une imprimerie, mais il ne pourra continuer, il n'y voit plus. Quelques-uns de nos camarades travaillent comme manœuvres, d'autres se sont mis garçons de cave et de café, quelques autres puisent de l'eau. Le plus grand nombre est sans ressources ; qu'allons-nous devenir ?

On écrivait encore de Constantine : j'ai ouï dire que l'hiver l'ouvrier est très malheureux, que celui qui n'a pas le bonheur de travailler et de faire des économies l'été, est réduit, durant le mauvais temps, aux plus cruelles privations. C'est le sort qui nous attend presque tous.

De tous les points de l'Afrique, en un mot, l'on nous donnait les mêmes renseignements. Quant aux promesses de concession de terrain, de colonisation, ce n'était qu'un leurre. Les nombreuses familles qui, sous l'administration de Cavaignac et par les soins de M. Trélat, allèrent en Afrique, y sont mortes, les unes de misère, victimes de l'esprit tracassier de l'administration militaire, d'autres par les fièvres ou les fatigues du défrichement. Celles qui ont pu résister y traînent une misérable existence ou sont rentrées en France entièrement ruinées. Un commandant de place ou un simple capitaine peut vous déposséder à son gré. Choisissez donc un internement dans ces cercles de l'arbitraire !

Mais ce n'étaient pas l'oisiveté forcée, la misère et ses privations si rudes qui tourmentaient seuls les *privilégiés* de l'internement : la police venait en aide à la vermine, au climat, à la faim !

Qu'on lise la circulaire suivante :

La gendarmerie doit exercer une surveillance active, incessante sur *les ennemis de l'ordre et de la société.*

Les commandants de brigades sont tenus d'ouvrir immédiatement un registre sur lequel seront inscrits, avec le plus grand soin, les noms, prénoms, âge, profession, lieu de naissance, signalement complet de chaque interné, le motif de sa transportation, les renseignements recueillis sur son compte, enfin les observations sur sa conduite habituelle.

Il me sera fourni par chaque commandant de brigade, le 16 et le dernier de chaque mois, un rapport spécial.

Les commandants de brigades devront exiger que chaque interné vienne tous les jours à la caserne donner sa signature : c'est surtout dans ses tournées, et particulièrement près des surveillants des établissements disciplinaires, que la gendarmerie devra prendre les informations qui lui sont nécessaires pour éclairer ma religion et celle de l'autorité supérieure.

Les internés qui obtiendront des autorités la faveur de s'absenter momentanément, devront être munis d'une permission écrite et seront, pendant la durée de leur absence, l'objet d'une surveillance spéciale dont le rapport me sera fait.

La gendarmerie devra signaler à la bienveillance du gouvernement les internés vraiment repentants, et à sa juste sévérité ceux qui n'aspirent à la liberté que *pour porter atteinte à celle d'autrui.*

Le colonel de VERNON.

Une autre circulaire du mois d'août disait que les internés étaient complètement à la discrétion de la gendarmerie, qu'ils ne pouvaient invoquer aucune loi, aucun droit, qu'il était défendu d'avoir aucun rapport avec eux ; que serait puni très rigoureusement tout gendarme qui ne fournirait pas des renseignements *sur la conduite et les actes des internés.*

Avec de pareilles mesures, alors même qu'il en eût eu les moyens, quel interné pouvait former un établissement, asseoir un intérêt sérieux et tenter une longue échéance ? Dans ces atroces conditions, était-il jamais sûr du lendemain ?

Voici ce que dit le gouverneur Randon dans sa circulaire du 28 juillet 1852 :

A MM. les généraux commandant les divisions militaires.

Alger, 28 juillet 1852.

Général,

En exécution de l'art. 33 du règlement du 20 mars, que M. le ministre de la guerre a bien voulu approuver, j'ai autorisé l'internement, dans différentes localités de l'Algérie, d'un certain nombre de transportés de 1852.

Il ne faut pas que les individus qui ont été l'objet de cette faveur, se méprennent sur leur véritable caractère.

Les internements que le gouverneur accorde, en vertu des pouvoirs qui lui sont confiés, sont essentiellement provisoires et révocables. Ils laissent subsister, dans toute leur plénitude, les condamnations encourues.

Je vous invite à faire adresser très nettement, par la voie de l'ordre, cette observation à tous les transportés.

J'ajoute avec satisfaction, d'après une communication que je reçois de M. le ministre de la guerre, que le prince-président est disposé à la clémence et à sanctionner, par des *commutations de peines* accordées sur la demande expresse et formelle des transportés, quelques-uns des internements que j'ai autorisés et qui deviendront ainsi définitifs.

Les demandes dont il s'agit devront être adressées au prince-président lui-même, et lui parvenir par mon intermédiaire.

Veuillez, général, faire recueillir immédiatement celles que les transportés se disposeront à faire, et me les transmettre avec un état du modèle ci-joint.

Les transportés qui, exerçant la profession de cultivateurs, voudraient entreprendre des exploitations agricoles, et faire venir dans ce but leurs familles en Afrique, devront indiquer très exactement le domicile desdites familles, afin que si des passages gratuits leur sont accordés, on puisse les en informer sans retard.

Il a déjà été bien entendu que le gouvernement accordera en outre, aux internés qui le mériteront par leur bonne conduite, des concessions de terre d'une étendue en rapport avec leurs moyens d'exploitation.

Recevez, etc.

Signé : RANDON.

De ces divers décrets, publiés par l'autorité supérieure, que résulte-t-il ? Que les internés qui ne peuvent ni recevoir d'argent, ni directement envoyer de lettres aux familles sont, en même temps, soumis à la surveillance incessante, absolue, tracassière de messieurs les gendarmes : — qu'il est enjoint à ces derniers de fournir, deux fois par mois à l'administration centrale, des rapports détaillés et secrets sur les actes et la conduite de leurs *administrés* — qu'avec les pratiques habituelles aux subalternes, cette surveillance devait tourner fatalement à l'espionnage, à la délation, aux calomnies intéressées, et que par suite, les cercles d'internement, où l'on rendait tout travail impossible, n'étaient en fait qu'un préau de prison, des espèces de limbes policières s'ouvrant sur Cayenne ou les forts !

Dans les circulaires, dans les correspondances on parlait différemment, et la colonisation y marchait le long des phrases : mais au fond, il n'y eut jamais d'intérêts protégés, de terres concédées, de familles mises en sol et provisions de culture : le gendarme seul y défrichait..... pour son ambition et sa paie !

L'internement, toutefois, avait quelques avantages, mais pour ceux-là seulement auxquels des revenus certains assuraient la vie tranquille et les calmes loisirs : quant aux ouvriers qui n'avaient point accès dans les villes, ils languissaient dans la misère et mouraient à l'écart, comme ces anciens esclaves de Rome qu'on jetait avec les vieux chevaux dans les îles désertes.

La vie de ces hommes, relégués dans des villages, véritables prisons cellulaires, était un supplice permanent : leur dignité saignait sous le haillon, leurs entrailles se tordaient sous la faim, et, dans l'impérieux besoin de leur nature vaillante, l'oisiveté forcée leur était, à la fois, agonie et remords.

Que faire cependant ? L'ébéniste de Paris pouvait-il trouver clientèle au milieu de ces masures qui n'avaient pas un bahut ? Le graveur, l'orfèvre, le chef de métier de Lyon pouvaient-ils tisser la soie, tailler les métaux, orner de figurines à la Médicis les grossières poteries du désert ? Le charron lui-même, le charpentier, le tailleur, le bottier, le forgeron avaient-ils chance d'organiser une clientèle, dans leur milieu de colons étiques et de pêcheurs à moitié nus ?

Jetez Benvenuto Cellini loin de Florence ou de Rome, au-delà de la mer, dans une contrée sauvage et pauvre, et le grand artiste, qui fut l'orgueil de son temps, s'éteindra bientôt, comme les paysans en prison, en vous redemandant le château Saint-Ange !

Mais c'était là, précisément, la pensée du *prince*, comme aurait dit Machiavel : ceux de ses *prolétaires* que pouvaient embaucher les hypocrites séductions des missionnaires-geôliers, il les envoyait sur ses routes de pestilence, où la mort les frappait par centaines, et — ceux des grands centres de Lyon ou de Paris, les ouvriers intelligents, au caractère indomptable, à l'esprit élevé, les maîtres de l'outil et de l'idée, trempés dans les révolutions, il les jetait dans ses forts ou dans les cellules de l'internement, entre le désespoir et la faim !

Il savait bien que ceux qui ne mourraient pas ou de la misère ou des fièvres tomberaient bientôt sous les grandes nostalgies ; il spéculait sur l'isolement et les épuisements du désert ; il ralliait de loin ses *vaincus* pour le char de l'empire !

Et voilà pourquoi M. Randon avait écrit ses circulaires de *clémence*, — et voilà pourquoi, dans les camps, dans les colonies, dans les forts comme dans les cercles d'internement, on provoquait à la *soumission*, par le mensonge, par la promesse, par la menace, par toutes les espérances sacrées, par tous les souvenirs de la famille et de la patrie.

On pensait que la persécution avait porté coup, et que les suppliciés, les cadavres du malheur ne résisteraient pas longtemps. — Ils avaient tant souffert !

Enfin, quand tout fut ainsi préparé, pour donner plus de force à cette politique infâme, qui cherche partout des hontes complices, on envoya dans les bagnes africains un commissaire des *grâces*, déjà connu, le de Goyon de Saint-Lazare et des écuries de l'Elysée.

Ce philanthrope de la haine et de l'éperon fit son entrée dans la ville d'Alger en proconsul hilare et fringant : il étalait toutes les insolences du panache et toutes les courtoisies du *bon-prince ;* il visita le Lazaret, Douéra, Birkadem, quelques-uns des camps-colonies, discourant partout, injuriant les uns, menaçant les autres, et prenant, de toutes mains, des placets qui se perdaient dans ses fontes.

Qu'y avait-il, en effet, de sérieux au fond de ces bienveillances gasconnes, insolentes, éperonées ? — Le dialogue suivant nous le dira — dialogue surpris entre un fonctionnaire et notre grand général qu'un vapeur de l'Etat emportait d'Alger à Bône.

Le haut commissaire était sur le pont en pantoufles jaunes, robe de chambre à reflets d'or et toque verte, comme un ancien sénéchal en tournée ; sa Grâce caressait l'officier d'une parole ou d'un salut, jetait un cigare au marin, un sourire aux femmes, et coquetait de son mieux avec tous les passagers.

— Que pensez-vous des événements ? dit-il à un de ces derniers qu'illustrait une croix d'honneur, triste signe en ce temps des gloires malvenues.

— Son Altesse, général, a sauvé la France d'un grand cataclysme !

— Vous avez mille fois raison, monsieur ; mais cela n'a pas été sans peine : les forces de l'anarchie étaient formidables.... J'y étais !

— Ce vous est un grand honneur, général ; quant au prince, je vous le répète, il nous a tous sauvés !

— Oh ! si l'*insurrection* avait duré, nous aurions bombardé Paris : c'était le plan des généraux et la pensée du prince !

— Et vous auriez bien fait ma foi : ce Paris est un volcan qui fume toujours quand il n'éclate pas...... Mais vous venez, général, faire grâce et largesse *aux brigands ?*

— Oh ! soyez tranquille, monsieur, la pensée du prince m'est connue : nous avons causé longtemps, et la pluie de clémence n'amènera pas d'orages. Il s'agit d'amnistier les petits coupables, les impuissants, les égarés qui feront *amende honorable et soumission absolue :* vous voyez que les *Jacques* ne rentreront pas en bien grosse phalange.

Quant à tous ces *plumassiers*, à ces buveurs d'encre, à ces avocats bavards, à ces médecins ignares, à toute cette bourgeoisie libérale et révolutionaire qui est l'effroi des *honnêtes gens*, le prince n'en veut plus : ils pourriront en Afrique, avec le chacal, leur frère, sans grâce et sans espérance.

— Vous pensez juste et dites vrai, reprit la rosette, et dans ces conditions, l'amnistie n'est pas fort redoutable.... Quel grand prince que Louis Bonaparte ! — Il est vraiment de la famille des aigles !

— Oui sans doute, mais je crois, entre nous, qu'il est plus grand que l'*autre !*

Sur ce, les deux hommes d'Etat se saluèrent, et M. de Goyon entrant dans le port, inscrivit sur ses tablettes, pour le placer plus tard, ce grand mot qu'il devait à son compère de la police : *il est vraiment de la famille des aigles !*

A Bône, M. de Goyon recruta peu malgré ses harangues ; mais comme il avait déjà fait bonne récolte de *placets* dans les camps, il put reprendre la mer : la sacoche était pleine.

Triste comédie, vraiment, et qui devait laisser derrière elle bien des désespoirs !

Combien, en effet, en est-il revenu de ces paysans *égarés*, de ces *impuissants*, de ces *petits coupables ?* Quelques centaines sur dix ou douze mille : la grande armée est toujours là-bas, dans ses cercles désolés, morne, sombre, affaiblie, tombant sur les routes et n'attendant plus ; car on a tué jusqu'à l'espérance !

Ce sont maintenant les INTERNÉS de la mort.

Voici pourtant ce qu'écrivait, il y a quelques années, l'empereur-bourreau, l'exilé de jadis :

O vous que le bonheur a rendus égoïstes, qui n'avez jamais souffert les tourments de l'exil, vous croyez que c'est une peine légère que de priver les hommes de leur patrie ! Or, sachez-le, l'exil est un martyre continuel, c'est la mort ; mais non la mort glorieuse et brillante de ceux qui succombent pour la patrie, non la mort plus douce de ceux dont la vie s'éteint au milieu des charmes du foyer domestique, mais une mort de consomption, lente et hideuse, qui vous mine sourdement et vous conduit sans bruit et sans effort à un tombeau désert. Dans l'exil, l'air qui vous entoure vous étouffe, et vous ne vivez que du souffle affaibli qui vient des rives lointaines de la terre natale.

L.-N. BONAPARTE.

Ainsi chantait le caïman quand il était à sec, sur le rivage de l'étranger.

O Révolution, feu du ciel, foudres vengeurs qui vous allumez aux autels de la justice éternelle, n'éclaterez-vous pas, enfin! et la terre ne sera-t-elle pas purifiée ?

LES FEMMES TRANSPORTÉES.

CHAPITRE VIII.

Ceci est un chapitre nouveau dans l'histoire de nos guerres civiles. En Hongrie, les femmes patriotes sont fouettées, étranglées, ou bien ensevelies dans les cachots par des soldats ivres ; en Italie, l'Autriche meurtrit leur sein, coupe leurs belles chevelures et les pend, parfois, le long des routes, comme des grappes humaines ; mais en France, on n'avait jamais connu ces passe-temps de sauvages, et, pour retrouver tant de femmes s'en allant captives, sur nos chemins, vers les bagnes d'Afrique, ou les foyers de l'étranger, il faudrait remonter aux boucheries affreuses de Louis XIV, au grand exil des Cévennes !

Depuis un demi-siècle surtout, sous l'influence des idées nouvelles qui germaient dans les âmes, ou des libertés qui montaient, les mœurs de la patrie s'étaient adoucies, purifiées, élevées : dans toutes les luttes, la femme était sacrée comme l'enfant ; le bourreau s'éloignait de l'homme lui-même, et la Révolution, en se réveillant, l'avait désarmé.

Or, voici comment M. Bonaparte a compris, servi, développé cette belle destinée de civilisation ; voici comment il a traité les femmes, les femmes qu'avaient respectées les vengeances royalistes elles-mêmes !

LES FEMMES TRANSPORTÉES.

La préfecture de police est un bâtiment humide, hideux et sombre qui s'adosse au palais de justice, aux salles du vieux

Châtelet, et qui baigne, comme le crapaud dans la mare, ses deux flancs dans la Seine.

C'est tout un monde de cachots, de guichets, de salles infectes, de portes à clous de fer : les regards y sont louches comme les consciences, les pas furtifs ou bruyants, selon que c'est la délation qui passe ou la force. En ce lieu de gémissements et d'injures grossières, les calomnies se glissent le long des murs comme les vipères ; c'est le Paris des crimes, comme le théâtre est le Paris des arts, comme les bibliothèques sont le Paris des idées.

La matrone qui, la nuit, tient tapis-vert ; la pauvre mendiante qui provoque la pitié, sur les bornes, par le haillon des enfants ou la crécelle de ses plaintes ; la voleuse qui meuble son manchon dans les magasins ; l'empoisonneuse, l'infanticide, la prostituée qu'on ramasse dans les taudis, tout cela, de nuit et de jour, est relevé dans tous les quartiers, et jeté dans une salle commune qu'on appelle le *dépôt des femmes.*

Il y a là, d'un autre côté, le *dépôt des hommes* où se rencontrent l'escarpe, le filou, l'assassin, le forçat libéré, le grec, tous les gens d'écume, tous les vices et tous les crimes !

Eh bien, c'est dans ce caravansérail-sentine, dans cet antre aux mœurs hideuses, aux vices grouillants, qu'on jette, au lendemain des guerres civiles, quand le peuple et le droit ont succombé, tous ceux que la bataille n'a pas emportés, — tout ce qui reste de noms vaillants ou redoutés sur le carnet des polices.

Qu'une révolution passe et balaie quelque dynastie comme en 1830 ou 1848, pas une prison ne se ferme sur les vaincus ; mais qu'un gouvernement triomphe, crime ou légalité, droit ou force, les geôles s'ouvrent, les greffes s'encombrent, et tout devient cachot, jusqu'aux temples !

La préfecture de police ne fut jamais oubliée dans ces distributions de victimes humaines qui se fait au jour des réactions aux divers guichets de Paris : elle est même le dépôt principal, l'abattoir-préau qui garde et concentre pour les autres geôles ; mais en aucun temps elle n'avait reçu si riche cargaison qu'en Décembre, et M. Bonaparte, le raffiné des haines, y joignit un groupe de femmes qu'il fit jeter là, par ses polices, entre les *voleuses* et les *prostituées*.

Ces femmes, c'étaient nos filles, nos mères, nos sœurs ! — Que ces supplices-là ne s'effacent point de nos mémoires trop généreuses : il faut s'en souvenir !

Les noms, prénoms, âge et professions déclarés au greffe, la police livrait les victimes à l'entremetteuse-femelle qui fait les *fouilles*....... et la terrible avanie subie, toutes les brutalités de la parole et de la main étant commises, on les poussait éperdues, tremblantes, dans la salle commune, au milieu du troupeau.... des *filles de joie !*... puis, quand cette dernière profanation avait assez duré pour les rendre folles, on venait leur proposer la *pistole* et les mettre en cellule :

Là, du moins, nous disait l'une d'elles, échappée par miracle, on pouvait se retrouver dans son cœur, dans sa pensée, dans son courage : *on n'entendait plus, on ne voyait plus....* On pouvait se recueillir et se relever ! Au lieu du lit de camp, nous avions chacune une couchette en fer avec draps et matelas, le tout pour cinquante centimes par jour, service compris. A sept heures, tous les matins, nous nous levions au signal donné par le geôlier de garde, et malade ou non, il fallait tout mettre en place dans le petit ménage.

— Il ne peut pas y avoir de malades ici, nous disait le guichetier, la Préfecture de police n'est pas un hôpital : debout !

A huit heures nous recevions un pain noir pour la journée, plus un bouillon tantôt gras, tantôt maigre où la *boule de son* était en détrempe. A deux heures venait le second repas qui se composait de lentilles ou de haricots : une cruche d'eau complétait le régime.

Quant aux cellules, elles ne s'ouvraient jamais que pour la surveillance et le service ; pas de communication, pas d'air, pas de jour :

nous étions au secret absolu jusqu'après l'interrogatoire par-devant le juge.

Et ce juge qui, d'après la loi, devait faire comparaître dans les trois jours, ce juge qui savait à fond tous les supplices d'une prévention prolongée, surtout, en pareil lieu, pour des femmes honnêtes, ce magistrat qui répond au nom d'homme, les laissait quelquefois trois semaines en cellule !

Et quand il les mandait enfin, quand elles arrivaient sous la main d'un gendarme, il les insultait, soit dans leur famille, soit dans leur honneur ; il menaçait ou ricanait, selon ses humeurs du matin : il était tour à tour jovial, cruel, sémillant, souvent inquisiteur, lâche toujours !

Il s'appelait Amédée Petit, ce juge, comme l'autre Bridoison : — *petit* de cœur et *petit* d'honneur, que son nom lui reste !

SAINT-LAZARE.

La prison de Saint-Lazare est une espèce de Fort-l'Evêque où la police enferme ses prostituées en contravention, et les voleuses que l'instruction a gardées.

Les prévenues politiques du 2 Décembre, encaissées comme des forçats dans des paniers-tombeaux, dits voitures cellulaires, étaient jetées dans cette nouvelle geôle aux infamies sans nom, et subissaient, comme à la Préfecture, toutes les indignités de l'écrou.

Avec les noms, prénoms, âge et profession, on inscrivait cette fois la *religion* des victimes. Nous verrons pourquoi plus tard.

Là, dans des chambres humides, froides et nues, l'on distribuait la cargaison du jour par groupes de trois ou de cinq, et l'espionnage gardait une salle commune pour y tendre ses filets, à certaines heures de la journée.

Poursuivant toujours sa politique infâme de dégradation et d'abaissement, la police de M. Bonaparte inventa contre ces détenues le plus lâche et le plus cruel des supplices : elle envoya, pour les *visiter*, les médecins de ses dispensaires, assimilant ainsi la pudeur et l'honnêteté captives du crime, à la débauche *en carte*, aux impudicités de ses bouges ! mais ce hideux scandale de la force voulant souiller l'honneur ne put aboutir, et le viol recula devant l'énergie des résistances...

Détournons nos regards de ces brutales orgies du vice : la vue du sang ferait moins mal, et l'idée souffre trop à dévoiler de telles scènes.

A Saint-Lazare, le menu des festins était le même qu'ailleurs ; chaque jour deux repas : à dix heures le matin, le bouillon et le bœuf ; à deux heures, pommes de terre ou lentilles avec la *boule de son* et le quart de vin par tête.

Après le médecin des *maladies sans nom*, un autre homme voulut intervenir, c'était le prêtre, magistrat entre la terre et Dieu : mais cette nouvelle tentative échoua comme la première : les femmes républicaines, jeunes filles ou mères de famille, savaient trop bien ce que valaient ces hypocrisies chrétiennes qui venaient suborner le malheur !

Les sœurs de charité furent plus heureuses, et leur qualité de geôlières imposées par l'administration leur permit d'ouvrir tous les *saints* commerces.

Les unes, chargées des consciences, tentaient la conversion des âmes ; les autres, chargées des bénéfices, organisaient l'exploitation des travaux, et cette spéculation dernière fut poussée si loin, qu'on en vint jusqu'à frapper d'un impôt d'un franc tout ouvrage qu'on envoyait du dehors aux prisonnières!

Tel était le régime intérieur de cette *Salpétrière* politique ouverte aux femmes des républicains, par les bandits de décembre, et, pour qu'aucune insulte ne leur fût épargnée, le fils de la reine Hortense, qui se connaît en délicates manœuvres, leur envoya l'un de ses soudards, pour régler leurs comptes.... avec sa *clémence*. Cet homme était ce même général de Goyon qui venait de traverser les forts pour y provoquer des *repentirs*, et qui n'avait trouvé partout que les hauts mépris de la fierté républicaine.

Il arriva parmi les captives, insolent, fanfaron, grossier comme l'écurie et, flanqué d'un rapporteur-secrétaire, le colonel de Courson, son éternel Tristan.

Appelées devant lui, les femmes défilèrent comme un troupeau, sous la brutale insolence de la parole, du geste et du regard militaires.

Il disait aux unes qu'elles *sentaient la cartouche;* aux autres qu'elles étaient alliées à des brigands et tombées dans *l'écume sociale;* à toutes, qu'il n'y aurait point de grâce sans soumission absolue, sans placet *du cœur* au prince!

Provoquer, torturer, insulter des femmes, quel rôle pour une épée de France!

M. de Goyon, jusque là, n'était qu'un bandit comme tant d'autres: il n'avait tué que des hommes; mais l'insulteur de Saint-Lazare ne peut avoir qu'un nom dans notre langue: il s'appelle Haynau-de-Goyon!

Laissons parler maintenant une grande voix, la voix du génie et de la vertu sortant d'une tombe.

C'est madame Pauline Roland, dans la fosse aux martyrs, dans la fosse de Saint-Lazare!

Saint-Lazare, 8 mars 1852.

Ma chère enfant et vous tous mes bons amis, vive la République démocratique et sociale! je suis condamnée à la transportation, — l'Algérie, je crois; et, comme je suis bien résolue à ne rien demander ou laisser demander, il est très probable que le jugement recevra son exécution. S'il arrivait qu'on reculât devant la déportation pour des femmes, des mères de famille, et qu'elle fût commuée en exil, j'irais vous rejoindre, et nous tâcherions de nous réunir pour vivre dans la justice.

Du reste, je dois vous le dire en toute sincérité, je ne suis nullement abattue par le coup qui me frappe. J'espère, en quelque lieu que je sois, pouvoir faire entendre la parole de vérité, répandre la sainte semence : qu'importe le reste ?

Je n'ose parler de mes enfants, car mon cœur se brise à cette pensée. Qu'adviendra-t-il de ces chers orphelins ? Je vais écrire au ministre de la guerre pour demander à les emmener avec moi, sans trop savoir quels seront les moyens d'exécution si ma demande m'est accordée. Dans tous les cas, il faut laisser mon Moïse, dont la mort serait assurée dans des régions quasi-tropicales. Mon pauvre Moïse est celui qui a le plus besoin de sa mère. Mes amis promettent d'en avoir soin ; mais qui peut me remplacer ? Enfin, que la volonté de Dieu s'accomplisse, et que son nom soit béni. Puisse l'avenir ne connaître plus d'orphelins, et par les terribles souffrances amassées sur nous, que notre mort, s'il le faut, achète cet avenir.

Dites à Pierre que je l'aime et le bénis du fond de ma prison pour la portion de lumière dont il m'a éclairée ; dites-lui que j'eusse été heureuse d'être là-bas, près de vous tous.

. . . .

Au moment où je venais de clore cette lettre (du 23 avril), il nous est arrivé quatre nouvelles compagnes du Loiret, trois mères de famille et une jeune fille de vingt-un ans.

Que de victimes ! que Dieu ait enfin pitié !

. . . .

. . . .

Nous restons vingt-quatre condamnées à Saint-Lazarre : six à l'Algérie *plus*, c'est-à-dire au pénitencier,—six à l'Algérie moins, c'est-à-dire à la transportation libre,— cinq retenues administrativement, ce semble,—une condamnée à Cayenne,—nous sommes cinq qui nous sommes absolument refusées à rien demander : Augustine Péan, Claudine, madame Huet, madame Jarreau (Cayenne), et moi-même. Il paraît que le Maupas est furieux contre moi, grand bien lui fasse ; en vérité je ne le crains pas, le malheureux ne peut tuer que le corps !......

. . . .

J'ai pourtant bien des motifs de préoccupation personnelle ; je ne sais ce que vont devenir mes pauvres enfants, pour lesquels mes amis ne peuvent à peu près rien, dispersés comme ils le sont et ne sachant presque aucun comment vivre sur la terre d'exil ou dans la transportation. Mon Moïse est malade grièvement, je le crains, et mon ami S..., sur lequel je pouvais compter pour lui, va être forcé, peut-être par l'état de sa santé, à quitter son institution.

L'incertitude où l'on nous tient m'empêche, d'autre part, de faire aux quelques personnes qui restent debout dans mes connaissances, l'appel énergique que j'aurais droit de leur faire, si j'eusse été frappée plus violemment, plus brusquement.

Enfin, Dieu protecteur de la veuve et de l'orphelin leur viendra sûrement en aide.

. . . .

Pauline ROLAND.

Le rapport du commissaire des *grâces* est expédié : la *clémence* a fait sortir quatre femmes qu'ont accablées, plusieurs mois durant, toutes les humiliations de l'âme et du corps. Les *autres* restent sous la main des polices, et le Deux-Décembre, en sergent-de-ville, vient saisir ses *condamnées*.

Nous laissons encore parler le poète-martyr de cette cruelle odyssée, madame Pauline Roland :

LE DÉPART.

C'était le mardi 22 juin 1852. Comme de coutume, les quelques amis, visiteurs fidèles de la noire prison, nous étaient venus serrer la main. Tous étaient calmes, presque joyeux : M. Bonaparte avait, disait-on, engagé sa parole à son oncle Jérôme que les femmes ne seraient pas transportées. Une amnistie générale viendrait, au 15 août, nous rendre la liberté à toutes, et si quelqu'une était exceptée, elle pourrait prendre librement le chemin de l'exil.

Cependant nous ne partagions ni la confiance ni la joie de nos amis : un bruit fatal nous avait été apporté.

Ce bruit était la mort d'un héros de la démocratie. Le noble et saint Barbès aurait été tué dans sa prison par un gendarme !

Notre après-dîner fut une longue angoisse.

. . . .

Pour ma part, mes verroux une fois tirés, j'écrivis à Belle-Isle pour savoir la vérité, toute la vérité. Couchée à 10 heures, j'entendis bientôt dans le corridor des pas d'hommes et un bruit inaccoutumé.

L'idée me vint que nous aussi on allait peut-être nous assassiner. Je m'arrangeai dans mon lit pour mourir décemment; puis, éteignant ma lumière, je m'endormis du sommeil d'enfant que Dieu envoie au prisonnier comme un baume bienfaisant.

Je dormais depuis deux heures, lorsque ma porte s'ouvrit à grand fracas. Deux pâles religieuses, tenant chacune une bougie, qui semblait un cierge funèbre, se dressent près de mon lit, en m'enjoignant de me lever. "Nous partons pour l'Algérie, dis-je? — Hélas! oui, pauvre dame; — Vive la République!" et aussitôt je suis debout.

Mais un cri de douleur avait frappé mon oreille. Je le supposais parti de la poitrine d'une de mes compagnes. Je cours chez chacune d'elles : toutes étaient fermes et souriantes. C'était une jeune religieuse qui avait laissé échapper cette exclamation, et qui sans doute aura été punie pour ce fait. Des hommes arrivent bientôt, et le directeur de la prison, dissimulant mal l'émotion profonde qu'il ressentait, allant de chambre en chambre, fait entendre à chacune de nous ces mots, qui semblent appris par cœur : "Mesdames, préparez-vous : vous partez pour l'Algérie. A une heure et demie, vous quitterez la prison. Je n'ai reçu la nouvelle qu'il y a une heure, sans quoi je vous eusse prévenues plus tôt."

On se presse, on s'agite à demi vêtues ; on prépare à la hâte les paquets, dont pas un seul ne peut sortir sans subir l'humiliante formalité de la fouille. On se serre les mains, certaines écrivent pour dire un dernier adieu à leurs enfants, à leurs amis ; puis craignant d'être séparées on partage fraternellement le peu d'argent qui se trouve entre les mains de quelques-unes. Et durant tout ce temps, les hommes vont de chambre en chambre, pêle mêle avec les religieuses, sans que les uns non plus que les autres semblent se douter que les saintes lois de la pudeur sont indignement violées. Une prisonnière n'est pas une femme aux yeux des geôliers ; l'essentiel est de faire partir à l'heure indiquée les malheureuses qu'a condamnées le nouveau conseil des dix, qui frappe dans l'ombre comme jadis l'odieux tribunal Vénitien que l'histoire a voué à l'exécration de l'humanité.

Une de nos compagnes relevant à peine d'une maladie mortelle est amenée pour partir avec nous ; deux femmes la tiennent sous les bras, et, pour la formalité de l'écrou on la dispense de se lever, de peur sans doute de la voir tomber en défaillance. La plus grande, jeune encore, d'une beauté remarquable et longtemps célèbre, semble aujourd'hui couchée par l'âge et la douleur ; des mèches de cheveux blancs s'échappent de son chapeau noir, elle est la personnification de la torture subie, la vivante protestation contre l'iniquité commise, contre la transportation !

Nous voilà prêtes enfin, nous descendons dans le gouffre où momentanément nous sommes encore enfermées, dans cette fameuse cage d'où une fois déjà nous fûmes extraites pour être livrées au grand sacrificateur, général *comte de Goyon*. Mais cette fois il ne s'agit plus d'aussi haut personnage, nous venons tout simplement remplir la formalité dérisoire de la levée de l'écrou qui ne sera qu'un transfèrement. . . . .

. . . .

. . . . Les religieuses, leur supérieure en tête, viennent régler de petits comptes de travail fait pour la prison par quelques-unes de nous, et l'ouvrage est si minutieusement visité, si scrupuleusement examiné, qu'on retranche à peu près moitié des salaires à des femmes sans ressources ! Du reste, pour rendre justice à ces *saintes en Dieu*, nous devons dire que pas un mot de consolation et pas un mot de sympathie ne leur échappa vis-à-vis des pauvres sacrifiées, pas un verre d'eau ne fut offert à celles qui vont, au milieu de mille dangers, prendre le chemin de l'exil : ceci sans doute eût été grave infraction à cette règle de fer dont le premier article semble être : Tu n'aimeras pas.

O Christ ! toi dont ces femmes portent sur la poitrine l'image profanée, aurais-tu deviné qu'en ton nom, bannissant de leur âme l'amour, la pitié, elles changeraient en pierre ce cœur que Dieu donne à toute femme pour en faire sur terre un ange de miséricorde et de consolation ?

Et toi noble Thérèse, qui contemplant les tortures de Satan, as laissé échapper ce cri sublime : " Le malheureux, il n'aime pas !" que dis-tu de cette déchéance de tes filles ?

Cependant le brigadier de la prison se ravisant déclare que le jour étant commencé nous avons droit à notre ration. Il la fait apporter, et presque malgré nous fourre ce qu'il peut dans le petit nombre de paniers que nous possédons. Désormais nous n'appartenons plus à Saint-Lazarre. On nous remet en compte aux hommes de la police, de nombreux sergents de ville qui se pressent armés de gourdins. On a choisi les plus grands, les plus vigoureux des braves chevaliers de la rue de Jérusalem. De redoutables pistolets se montrent coquettement au bord de leurs poches entrebaillées, non sans intention, et— ignominie !—il faut gagner bras dessus, bras dessous avec eux l'embarcadère du Hâvre.

Il pleut à verse : nous sommes presque toutes en pantouffles, sans manteau, insuffisamment vêtues. Vainement nous réclamons des fiacres que nous offrons de payer ; un coupé unique est amené non sans peine pour la malade, et une charrette suit avec les bagages.

De jour, par un beau soleil on nous eût enfermées dans l'affreuse voiture cellulaire. Mais les rues sont désertes, on peut nous traîner à pied. En effet nous rencontrons à peine un ou deux ouvriers, qui nous regardent, cherchant à comprendre le sens de cette marche silencieuse qui n'est ni noce ni convoi.

La voiture de quelque riche, revenant d'une fête, de l'Elysée peut-être, nous éclabousse, à la hauteur de la Chaussée-d'Antin ; plus loin nous heurtons du pied un vagabond étendu sous une porte, et tout cela au milieu des brocards, des insultes des ignobles chevaliers auxquels on nous a rivées.

Entrées à l'embarcadère par la porte des bagages, nous voyons étinceler aux premières lueurs de l'aube, trois files de bayonnettes : c'est la ligne, ce sont les représentants de l'antique chevalerie, les soutiens de l'honneur Français, qui le fusil chargé, et la capsule mise sur la détente, m'a-t-on dit, viennent présider à l'embarquement de dix femmes, après le départ desquelles la France pourra dormir tranquille! On nous fourre à la hâte dans deux wagons, où l'inévitable sergent de ville reçoit l'ordre, à haute voix, de prendre note de tout ce que nous dirons, et de nombreux gendarmes placés dans d'autres wagons doivent nous accompagner, partie jusqu'à Brest, partie jusqu'à Alger.

Mais qu'attend-on, pourquoi nous avoir jetées dans ces wagons qui resteront là jusqu'à quatre heures du matin? Ce qu'on attend, ce sont nos frères, des transportés—hommes qui au nombre de deux cent dix ont été amenés du fort de Bicêtre pour partir avec nous.

Ils nous regardent avec surprise : quelques-uns doutent de ce que nous pouvons être, aucun ne le sait bien, les plus vaillants se risquent à tirer leurs casquettes, mais en général on tourne autour de nous avec cet air inquiet des souris dont parle le bon Lafontaine, lorsqu'elles ont à reconnaître certain Rodilard enfariné. Evidemment nos amis craignent un piège : en effet, plus tard nous avons appris que la police avait habilement manœuvré pour leur inspirer cette défiance : elle cherchait à nous attirer de douloureuses insultes!

On eût voulu faire donner par la main d'un frère, l'éponge trempée de fiel et de vinaigre que le Christ reçut, au Golgotha, de la main d'un soldat inconnu.

Le chargement étant enfin au complet, le machiniste fait entendre son sifflet, dont le son est pour nous le dernier signal de l'exil, et nous partons à toute vapeur pour... la mer. Pauline Roland.

C'est *le Magellan* qui les prend au Hâvre et les emporte : le gendarme a la surveillance comme pour les convois d'hommes ; il est toujours brutal et grossier! Mais la marine, officiers et soldats, montre, cette fois, quelque bienveillance. — Voici le point de débarquement :

Fort Saint-Grégoire, 9 juillet.

Je ne veux pas laisser partir le courrier sans vous dire quelques mots, mais quelques mots seulement, l'étrange manière dont nous sommes installées ici ne me laissant pas un moment de solitude, ni la possibilité de rassembler deux idées.

Je me porte bien et mon courage reste entier, voilà ce qu'il vous importe surtout de savoir. Nous sommes actuellement au fort Saint-Grégoire, qui est placé vis-à-vis d'Oran, à peu près dans la même situation que le Mont-Valérien vis-à-vis de Paris, mais sur une éminence plus escarpée.

Nos officiers du *Magellan* pensaient qu'en sortant du navire qui nous avait donné une fraternelle hospitalité, on nous laisserait reposer au joli village de Miserghin, pour être ensuite internées dans quelque ville à notre choix; il n'en a rien été. Au débarqué, à Mers-el-Kébir, nous avons été remises dans les mains de la force armée et enfermées au fort Saint-Grégoire. Là, nous sommes couchées sur la paille, réduites pour tout régime à la ration militaire, sans vin, sans café, et le pain noir; ajoutez à cela les agréments de notre situation de prisonnières, qui est de n'avoir qu'une salle commune et un fort petit préau.

Je ne puis rien vous dire du pays, que je n'ai vu que du haut du fourgon militaire qui nous a hissées jusqu'au fort Saint-Grégoire, au risque de nous rompre mille fois le cou. La route qui y conduit est taillée dans un roc à pic, et bordée de précipices. Un moment, nos conducteurs, les zouaves, ont eux-mêmes été effrayés. Les chevaux bronchaient; j'ai détourné la tête, et plusieurs de mes compagnes ont poussé un tel cri de détresse, que notre escorte nous a permis de continuer à pied l'ascension de notre calvaire. Cette scène a été terrible; pendant toute notre traversée, où nous avons eu gros temps, je regrettai qu'on ne m'eût pas permis d'emmener ma petite fille; mais ici j'ai béni le ciel de ne l'avoir pas pour témoin de telles horreurs !"

Pauline ROLAND.

COUVENT DU BON-PASTEUR.

Le Bon-Pasteur est une maison religieuse, espèce de couvent qu'on trouve près du village d'El-Biar à quelques kilomètres d'Alger.

La direction spéciale de cet établissement est sous la main de

M. Pavie, héritier et successeur de l'évêque Dupuch, dont le nom est bien connu dans toute la province d'Afrique ; il a pour coadjuteur et principal intendant son vicaire-général, l'abbé Suchet, qui veille aux intérêts de l'entreprise.

Voici ce que dit Pauline Roland de cette prison-monastère :

Alger, 14 juillet, couvent du Bon-Pasteur.

Nous sommes arrivées à Alger le 12 au soir, après deux jours d'une navigation fort pénible, pendant lesquels nous sommes restées nuit et jour couchées sur le pont, sans autre literie qu'une toile à voile pour matelas et une mauvaise couverture de matelot. En somme, voilà trois semaines que nous n'avons couché dans un lit raisonnable ni fait ce qu'on peut appeler un repas. Vraiment, il est incroyable que dix pauvres femmes, parties presque toutes malades de Paris, aient pu endurer sans périr toutes les fatigues du corps et les tortures morales auxquelles on nous a condamnées.

Je suis heureuse de dire pourtant que, soit à bord du *Magellan*, soit à bord de *l'Euphrate*, qui vient de nous conduire d'Oran à Alger, tout ce qui appartient à la marine s'est montré pour nous plein d'égards et de respect. Mais nulle part nous n'étions attendues ; rien n'était prêt pour nous recevoir, et nous nous trouvions forcément réduites à la rude vie du matelot. A bord de *l'Euphrate*, on a voulu me faire une faveur exceptionnelle : une chambre d'officier a été mise à ma disposition ; je l'ai refusée, ne voulant pas jouir d'un privilége que mes compagnes ne pouvaient partager.

En débarquant à Alger, nous avons été conduites au couvent du Bon-Pasteur. Même régime ici, quant au pain noir et au reste. Mais notre situation de prisonnières est devenue bien plus pénible qu'elle ne l'avait jamais été. Vous allez en juger. Nous sommes réunies ici avec cinq détenues appartenant aux départements riverains de la Méditerranée ; le Var, l'Hérault et le Gers : en tout quinze femmes, ayant pour domicile une seule pièce, dont nos quinze grabats remplissent si bien l'espace qu'il en reste juste assez pour une longue table où nous prenons nos repas en commun. Ajoutez, pour avoir une idée complète de notre résidence, un préau d'une grandeur double à peine de celle de notre chambre, sans un seul arbre, ni un abri où l'on puisse se soustraire aux ardeurs d'un ciel en feu.

Je ne sais pas si c'est là ce que M. Guizot a voulu, lorsqu'il demandait, en style de doctrinaire, l'incarcération dans la déportation, mais, à coup sûr, un pareil séjour est intolérable ; c'est un véritable enfer.

Adieu. Donnez-moi des nouvelles, des nouvelles surtout de mes chers enfants. Depuis mon départ de France, il y a trois semaines, je n'en ai point reçu.

Pauline Roland.

Mais ces privations matérielles n'accablaient que le corps ; aussi, le système religieux, toujours habile à la pratique du tourment, organisa-t-il contre les captives toute une série de persécutions morales.

C'était le prêtre-confesseur qui les appelait au saint tribunal, c'était la religieuse qui les traquait à chaque heure pour les *réconcilier*, c'était monseigneur l'évêque laissant tomber en passant une espérance de grâce pour tous les cœurs touchés et repentants.

Les prisonnières travaillaient-elles ? le bénéfice en restait à la communauté : les saintes femmes-geôlières emplissaient leur troncs— et touchant des deux mains, encaissaient d'un côté le salaire et de l'autre les pensions payées par le gouvernement : saintes pratiques dès longtemps familières à ces âmes pieuses qui sont si détachées des intérêts de la terre !

Les consciences à ramener, les âmes à sauver, voilà surtout quelle était la grande affaire des nones, et de là, nous le répètons, tout un ensemble d'intrigues, de vexations, d'hypocrisies, d'avanies, comme on n'en saurait deviner et trouver que dans un couvent ; malheur surtout à la femme virile par le caractère et ferme dans sa foi : sa vie devenait une persécution incessante quoique toujours déguisée sous les formes hypocrites de la *miséricorde* chrétienne.

Ces dernières, quand tous les efforts avaient échoué, recevaient un ordre d'internement, et on les jetait sans ressources dans les plus lointains villages.

Laissons encore parler madame Pauline Roland dans une lettre datée de son lieu d'internement :

Sétif, 15 septembre.

. . . .

Vous n'avez pas idée de l'animosité de ces gens là contre votre pauvre amie, c'est à n'y pas croire ; l'absurdité dépasse encore la violence. Du reste on a eu au moins le mérite de la franchise, car on m'a dit textuellement :—Attendu que vous êtes une personne fort dangereuse, réunissant en elle l'attrait de la première madame Roland, et les fureures de Théroigne de Méricourt, nous vous envoyons à Sétif, dans un trou il vous sera impossible d'agir !

— Mais, monsieur, il faut que de mon travail je gagne ma vie et celle de mes trois enfants.

— Vous allez dans un lieu où vous ne pouvez rien faire, le gouvernement y pourvoira.

Et ce magnifique gouvernement Algérien m'alloue par jour un franc que *j'ai l'insolence de refuser.* A Sétif, pour *vivre de privations*, il faut trois francs par jour.

Pour diminuer ma pension je m'y suis faite à moitié lingère, à moitié cuisinière dans l'hôtel où je suis descendue. Dieu pourvoira au reste, mais mes enfants !

. . . .

. . . .

Pauline ROLAND.

Quant au règlement, à la discipline, aux formalités policières, elles étaient les mêmes pour les femmes que pour les hommes. Au départ la feuille de route, à l'arrivée le salut au gendarme, et chaque jour signature au registre pour constater la présence : ainsi, impossibilité de travail, servitudes disciplinaires de toute espèce, misère, isolement, — tel était le sort des femmes transportées qui sortaient *insoumises* du pénitencier-monastère !

On ne leur épargna pas même l'affreuse persécution du *placet* pour grâces, et c'étaient les mêmes promesses, les mêmes menaces, les mêmes façons d'embauchage que celles pratiquées contre les hommes, dans les forts et dans les camps.

Entendons encore la voix de la grande sacrifiée :

. . . .

Quant à moi je puis dire avec Jésus : " les renards ont leurs tanières, mais je n'ai point où reposer ma tête." Où serai-je dans une semaine? Dieu le sait. Les gens du pouvoir Algérien viennent d'envoyer au général commandant à Sétif, je ne sais plus combien de circulaires par lesquelles nous sommes sommés de faire notre soumission, sous peine de nous voir remis en prison et appliqués aux travaux publics. J'étais seule lorsque j'ai reçu communication de ces pièces curieuses. J'ai répondu par le refus le plus formel.—J'attends la suite non sans inquiétude, mais sans crainte........

. . . .

Pauline ROLAND.

Elle n'attendit pas longtemps, la noble femme, et ses bourreaux qu'exaspérait l'énergie tranquille de ses refus, tombèrent dans les dernières fureurs : ils la transportèrent à Bône !

J

Voici comment elle rend compte de cette dernière étape et de cette nouvelle honte pour le gouvernement-Randon :

Constantine, 14 octobre 1852.

Monsieur,

J'ai reçu à Sétif, où j'étais internée depuis cinq semaines, le 10 septembre, la lettre que vous avez eu l'obligeance de m'adresser à la date du 14 du mois d'août. Cette lettre avait couru après moi à Bône comme par une sorte de pressentiment.

Aujourd'hui, je vous écris de Constantine, où je suis prisonnière de nouveau. J'ai quitté Sétif le 9 courant, sur l'ordre du gouverneur de la province de Constantine. Cet ordre porte que je dois être immédiatement conduite à la Casbah de Bône pour y être détenue prisonnière. Ici, où je reste quatre jours, il est formellement défendu de me laisser communiquer avec âme qui vive, mes gardiens exceptés.

Voici ce qui a motivé cette nouvelle mesure de rigueur qui n'est point exceptionnelle, mais commune à beaucoup de mes frères transportés :

Il y a un peu plus de quinze jours, nous fûmes prévenus, par une circulaire émanant du gouverneur-général, que ceux de nous qui voulaient obtenir soit leur retour en France, soit l'internement définitif, soit toute autre commutation de peine devaient, dans les quarante-huit heures, produire une demande en grâce adressée directement à *Monseigneur* le président de la République. La formule était indiquée, et au plus, pouvait-on lui faire subir certaines modifications littéraires. Je n'ai produit et j'ajoute, je ne produirai aucune demande de ce genre ; ma conscience s'y refuse. Mon abstention a été mentionnée et devait l'être par ce qu'on nomme *la place*. Le retour du courrier a apporté l'ordre de me mener à Bône.

Je m'abstiens de toute réflexion, mais si vous êtes encore le journaliste dont personne n'a pu mettre en doute le courage, si vous êtes ennemi de l'arbitraire, je vous demande de porter à la connaissance du public ce fait répété sur tous les points de l'Algérie. Il s'agit ici de bien plus que de la liberté d'une mère de famille dont Dieu n'abandonnera point les orphelins ; il s'agit de bien plus que de sauver des misères de la prison le corps d'une pauvre vieille femme qui se sent la force de subir tout plutôt que de commettre une lâcheté, il s'agit de défendre des principes sacrés.....

C'est donc au nom de la justice et de la liberté que je vous adresse ces lignes en vous autorisant à en faire ce que bon vous semblera.

Salut empressé,

Pauline ROLAND.

Ici s'arrête (la suite au chapitre des notes) la correspondance de Pauline Roland : les tourmenteurs avaient épuisé, sans pouvoir l'abattre, cette vaillante nature, et quand ils la virent près de s'éteindre, ils l'expédièrent pour France. Madame Pauline Roland mourut à Lyon : ils avaient laissé passer un cadavre, les *cléments !*

Quant aux autres femmes-martyrs, leurs souffrances ont été partout les mêmes : sur la terre d'Afrique combien n'en reste-il pas encore ?

Madame Roland est morte, mais que sont devenues, entre autres, les victimes dont les noms suivent : Madame Clouart. Rosalie Gobert, Eugénie Guillemot, Augustine Péan, Fine Prabeil, Elisabeth Parlès. Anne Sangla (veuve Combescure), Marie Reviel, Claudine Hibruit ? Armantine Huet ?

Cette dernière, madame Huet, n'est-elle pas encore là-bas, dans quelque fosse d'internement, et sous la main des goujats-proconsuls ?

Voilà deux ans bientôt qu'ils la traînent de geôle en geôle, de douleur en douleur : Préfecture de police, prison de Saint-Lazare, voitures cellulaires, escortes de gendarmes, convois de mer, pénitenciers et cachots, elle a tout vu, tout subi, tout traversé, sans plier ni l'âme ni le genou devant les *drôles* qui supplicient des femmes, et, comme madame Pauline Roland, elle a fait toutes les étapes du calvaire.

Ne pouvant la réduire à la *soumission*, au placet, qu'ont imaginé les bourreaux ? Après avoir séparé, pour refus de recours en grâce, la femme du mari transporté comme elle, ils ont renvoyé *de force* ce dernier en France, malgré ses protestations : ils ont *amnistié* M. Huet et gardé sa femme captive au désert ! Touchante distribution de justice qui frappe les deux à la fois, et qui fait de la *miséricorde* octroyée le supplice d'un homme de cœur !

Madame Huet aura sans doute sa *grâce*, comme Pauline Roland.... quand on l'aura tuée !

Nous arrêterons ici ce récit de la *persécution des femmes*, triste épisode qui ferait tache dans les annales de la Cafrerie.

Jadis, lorsque Germanicus fut empoisonné par Pison, valet de Tibère et compère de Sejean, Aggripine sa femme remplit Rome de ses plaintes, et sa grande âme échauffant les légions déchues, l'homme de Caprée l'exila.

Il la fit plus tard assassiner dans son lieu d'*internement* ;

car il ne pouvait dormir au fond de ses grottes rafraîchies par le sang humain, tant qu'il y aurait derrière le trône une si haute et si mâle vertu. Tibère avait peur des âmes!

Comme ce vieillard chauve et pourri, Louis-Bonaparte a peur des libres intelligences, des cœurs virils, des fronts qui rêvent, et, Caligula des idées, il couperait avec joie toutes les têtes qui pensent.

Voilà pourquoi madame Roland est morte, lentement suppliciée par cet homme, insultée par ses Pison d'Afrique, et crucifiée *jusque dans ses chers petits enfants!...*

Il y avait là, dans cette nature délicate, chétive, épuisée par l'âge et les longs travaux, une âme ardente au bien, un cœur religieux, un souffle de la grande inspiration : tous les nobles instincts de la conscience et toutes ses justices — c'était un ennemi! M. Bonaparte se baisse, du haut de sa dictature, enlève cette femme et la fait jeter dans ses prisons. — Il prendra plus tard la Belgique et la frontière du Rhin!

Cent autres femmes, épouses, filles ou mères, sont enlevées de même, traînées sur les chemins, incarcérées et parquées pour l'Afrique : c'étaient encore des ennemies! — N'y avait-il pas là de saints dévouements, des âmes fières, d'héroïques sacrifices et de la pitié pour le malheur?

Or, la vertu, comme l'idée, fait peur à M. Bonaparte : Eponine ne lui vaut pas mieux que Sabinus, et voilà pourquoi le 2 Décembre, dans sa gloire, a désolé tant de foyers : — à l'exil les femmes, comme les bourgeois et les prolétaires!

On passera plus tard les Alpes neigeuses, et l'on fera son Austerlitz,... après l'Afrique.

Quel abaissement, quelle dégradation jusque dans la cruauté!

Certes, au milieu de nos grandes luttes, les femmes ont plus d'une fois souffert comme l'homme, et de Brunéhaut à

Madame de Berry, écartelées, l'une dans son corps, l'autre dans son honneur, on n'en trouve que trop, dans notre histoire, de ces victimes pendues aux échelles gémoniennes ; mais ce n'étaient là que jeux sanglants d'ambitions rivales : ces tragédies ne sortaient guère que des maisons royales ou de ces hautes régions qu'agitent les querelles du grand orgueil : les filles du peuple n'étaient point mêlées à tous ces orages, et si Jeanne d'Arc a vu le bûcher, c'est que la vierge de Vaux-Couleurs, plus grande qu'une dynastie, avait derrière elle cent victoires !

Aujourd'hui, c'est une fileuse de Rouen ou de Lyon, une ménagère de l'Ardèche, le pays des chaumes, une bûcheronne de la Nièvre ou de l'Allier que M. Bonaparte arrache à leurs foyers, pour querelle de *Constitution politique*, et qu'il jette à l'exil comme des Clytemnestre : c'est une marchande de vins qui est sa maréchale d'Ancre, une femme de lettres, madame Roland, sa Marie d'Ecosse !

Et que pouvaient, bon Dieu, toutes ces faiblesses sacrées, toutes ces larmes obscures, tous ces frêles dévouements qui s'appellent des femmes, contre les armées de cet homme, contre ses canons, son orgueil, ses crimes ? Au fond de son palais gardé par les Suisses du massacre, ayant tout abattu — tribune, presse, assemblée, partis, pouvoirs et lois, — maître partout, enfin, par ses espions, ses prétoriens, ses juges, qu'avait-il à craindre de quelques ouvrières éparses çà et là dans les ménages de France, et qui pleuraient à l'écart, dans l'ombre de leurs foyers désolés ?

Il a donc des peurs bien lâches ou des haines bien raffinées, ce César qui croise l'épée contre le fuseau, qui fait l'aiguille captive, et qui met toutes ses polices en campagne pour courir sus à quelques femmes républicaines ?

Hélas ! c'est le vertige du crime à qui tout fait ombrage : c'est le délire de l'assassin que toutes les voix du rêve épouvantent : — conscience, larmes cachées, piétés domestiques, regards tristes, muettes douleurs, tout l'accuse et tout l'irrite : il a tant de sang aux mains !

C'était bien d'ailleurs dans sa nature, dans sa tradition, et Bonaparte troisième du nom — puisque le fœtus d'Autriche est compté, — Louis Bonaparte ne déroge point à descendre en ces vilenies. Est-ce que le fondateur de la dynastie, le grand empereur de la légende, Napoléon premier n'a pas poursuivi, traqué madame de Staël dans toute l'Europe ? Est-ce qu'au milieu de ses victoires, quand la terre tremblait sous le poids de ses armées, et que tous les rois s'inclinaient comme des hobereaux, sous la menace de son épée, ce Frédérick Barberousse, ce Charlemagne-écumeur n'a pas eu peur d'une plume ? Est-ce qu'il n'a pas fait ce grand honneur à la pensée humaine de la frapper jusque dans une femme et de l'espionner comme une puissance, après l'avoir exilée ?

Mais celui-ci fait mieux les choses, il faut en convenir : il généralise sa haine ; il l'étend jusqu'aux femmes les plus obscures des villages ; il entre partout, comme la peste, — dans la maison bourgeoise, dans l'atelier, sous le chaume, — et pour lui, telle cardeuse ou lavandière vaut au moins la mère des Gracques.

Bon sang ne pouvait mentir : la nature corse a gagné !

Qu'était-ce, en effet, que cet exil de madame de Staël, riche à millions, entourée d'amis, et vivant à Coppet, sous la splendeur des Alpes, ou promenant sa gloire à travers l'Europe ?

Aujourd'hui, c'est à la Préfecture de police, ce repaire-dépôt où l'on met en fourrière tous les scandales des nuits libertines, — c'est à Saint-Lazare, la Bastille des *voleuses* et des *prostituées*, que les Bonaparte jettent nos femmes. Là, pour lac de Genève aux vastes horizons, elles ont la cellule et ses grilles — pour Benjamin-Constant, des gardiens grossiers, insulteurs immondes, — et, pour agapes, la *boule de son.*

Entendez une dernière voix qui sort de ce taudis : c'est madame Louise Julien, dans l'antre de la Préfecture :

J'ai passé vingt-et-un jours au fond de ce bouge, dans la cellule n° 1, dite *Cellule d'Essai.* Ceci est une construction-modèle, vraiment étrange, et qui vaut presque les cages de fer de son éminence. M. de la Balüe :

Imaginez une pièce de sept à huit pieds carrés, sombre, sourde, écrasée sous plusieurs étages, et dont l'unique fenêtre, fermée par une serrure à secret, ne reçoit l'air que par un petit carreau qui joue dans la rainure : au dehors le jour est voilé par un épais treillage de fer, et par une persienne à jointures tellement serrées, que voir un point du ciel serait miracle ; ajoutez à cela l'incessant tourment d'une chaleur étouffante exhalée par un calorifère-monstre et qui m'accablait jusqu'à l'asphyxie.

C'est dans cette cellule-tombeau, je le répète, qu'estropiée, malade, et coupable d'avoir chanté la République, j'ai passé vingt-un jours, collant mes lèvres, d'heure en heure, contre le treillage, pour aspirer un peu d'air vital et ne pas mourir. Pendant mon martyre je n'ai pas vu un juge, mais que de scènes hideuses !

Je frissonne encore au souvenir des outrages que j'eus à repousser et qui vont parfois jusqu'à la violence... J'ai vu, *de mes yeux vu*, de belles jeunes filles, que des fautes graves avaient fait tomber dans cet égoût, mais qui pouvaient se relever, je les ai vues supporter, craintives et pourtant pâlissantes d'indignation, les gestes des gardiens grossiers, et du directeur lui-même, vieillard qu'on a chassé depuis, m'a-t-on dit, tant il était *libre !*......

Quel enfer !

Oui, l'enfer où tous les vices grouillent, où la bestialité s'amuse, où Lucifer et ses guichetiers sont rois.

Et combien a duré, pour ces femmes enlevées la veille au foyer de famille, cette captivité dans les tanières de la brute immonde ? — Un mois, deux mois, trois mois, soit à la Préfecture, soit à Saint-Lazare, c'est-à-dire des années de souffrance, et les tortures d'un siècle !

Quand toutes ces pudeurs ont assez longtemps saigné,

quand toutes ces douleurs profanées sont à bout, s'arrêtera-t-on, enfin ? — Non, le supplice commence à peine, et tout ce qui reste de saints mépris, de fiertés indomptables, tout ce que la *grâce* des forbans n'a pu réduire ou toucher, est jeté sous la main des soldats qui traînent, vers la mer, ces chrétiennes de l'idée sociale marquées pour les lointains exils !

Après tant de convois d'hommes, l'Océan reçoit donc sa cargaison de femmes et la verse dans la Méditerranée, dans cette vieille mer romaine dont les flots, même au temps de Sylla, n'avaient jamais porté pareille hécatombe.

Ainsi l'a voulu le César-Auguste qui monte à l'empire sur l'épaule des prétoriens et sous la bénédiction de ses prêtres, vendant les faibles, les enfants, les femmes, pour lécher la main des maîtres !

L'Eglise en est à la *sportule*, comme les soudards :

Les temps sont proches !

Que deviennent là-bas les transportées *non repenties ?* — A peine échappées aux brutalités du gendarme, aux rudes fatigues de la mer, à leur prison flottante, elles tombent aux mains des nonnes d'El-Biar ; ce sont les *disciplinaires* du couvent.

Un couvent, c'est un asyle sacré, n'est-ce pas ? un sanctuaire où la prière s'élève, parfum éternel, vers les cieux, — où tout est mansuétude, charité divine, saints élans ? — Oui l'on prie, l'on chante, l'on psalmodie dans ces prisons-tabernacles, mais on y espionne surtout, on y tourmente, on y provoque doucereusement : — c'est une femme qui gouverne sous la main d'un prêtre !

Le pain noir qui nourrit les captives ne tombe jamais, dans leurs cellules, sans une douce parole ou quelque verset de l'Evangile : on vous affame avec onction.

Les travaux qu'elles font ne leur sont jamais payés, *au rabais*, sans un texte de l'Ecriture ou de la Vie des Saints :

on vous pille avec amour et l'on vous escompte avec des cantiques. — Les saintes filles ne sont pas de ce monde !

Mais ce sont là petites misères : c'est la persécution des âmes, c'est la chasse aux consciences qui est le fléau le plus redoutable de ces maisons saintes. Les nonnes excellent en ces pratiques : elles pèsent sur vous, le jour, la nuit, à toute heure : tarentules empoisonnées, elles vous mordent au cœur et vous font saigner toutes ses plaies, c'est le supplice des guêpes : — Dieu a ses vampires !

Ainsi tourmentées, les femmes de la transportation ont peut-être plus souffert qu'au milieu des goujats et des geôles : hébétées par le malheur, quelques-unes ont cédé, soit pour la *religion*, soit pour la *grâce*, et les autres reconnues indomptables, comme madame Roland, ont été parquées dans les villages, entre la surveillance et la faim.

Toutes ne sont pas mortes encore, mais cela ne peut tarder ; car les longues souffrances de l'exil et ses nostalgies si terribles à l'homme, sont bien autrement redoutables pour l'expansive et délicate nature des femmes !

Nous écrivons de l'histoire, une histoire qui a déjà ses tombes, et nous doutons pourtant, nous hésitons : — Comment ce scandale hideux de femmes torturées, suppliciées jusqu'au dernier raffinement, a-t-il pu, non pas éclater, mais durer, sans provoquer les anathèmes de l'opinion et les colères de la France ?

Notre pays est fait aux violences, nous le savons, aux coups de main, aux rudes batailles, à l'odeur de la poudre et du sang : s'il n'aime point les supplices, il a toujours un peu la fièvre des guerres, et son histoire n'a que trop vu de ces jeux sauvages ; mais c'est dans le feu, sous le canon fumant qu'il va chercher la lutte, et ceux qui tombent, cadavres de la journée, sont des hommes !

Ici la scène change : ce que traînent les tombereaux de la police, ce qu'on livre à la main brutale des geôliers, ce sont des femmes; ce qu'on exile *administrativement*, ce sont des mères de famille, comme mesdames Greppo, Voisin, Jeanne Deroin et tant d'autres; ce qu'on transporte, ce qu'on parque aux solitudes africaines, et ce qui meurt là-bas, dans les lentes agonies du couvent ou du désert, ce sont vos filles à vous Bourgeois, à vous Prolétaires, à toi France! — Et regarde, ô patrie, dans tes villes, le long de tes chemins, au fond de tes campagnes; pourquoi tant de portes fermées, tant de chaumières abandonnées, tant d'ateliers déserts? Parce que les hommes sont partis pour Cayenne, Bône ou l'exil et que, le pain manquant, les femmes qu'on a laissées se sont tuées, sont devenues folles, ou mendient sur les routes!

Ah! cette guerre cynique, implacable à la faiblesse désarmée, sera la tache la plus hideuse de ce gouvernement de Décembre, dont on peut dire qu'en deux années il a fatigué le crime. Encore une fois, emprisonner, bannir, décapiter les ambitions rivales qui tiennent l'épée, cela s'est vu souvent entre les partis; mais en pleine civilisation, faire la chasse aux gardiennes du foyer, avoir son cirque de femmes...... Cette monstruosité défie l'enfer.

Et, ce qui nous attriste, ce qui nous épouvante, c'est que tout le monde s'est tu, dans cette France aux grands instincts, au génie chevaleresque, aux mœurs libérales et douces; c'est qu'on a laissé passer cette chaîne de captives, comme les autres caravanes de l'exil; c'est qu'il y aura, dans notre histoire un feuillet-poteau portant ce titre : *Les femmes transportées!*

Que la justice, dans sa bassesse, n'ait pas arrêté le convoi, cela ne nous étonne point — c'est une prostituée.... la prostituée de tous les gouvernements.

Que la religion n'ait pas fermé ses temples au bourreau, cela n'a rien de plus étrange : il y a longtemps que le sacerdoce n'est plus qu'un commerce et que les Athanase sont morts; mais que l'opinion publique, l'âme de la France, n'ait point éclaté contre ce scandale, sinon violemment, du moins par l'anathème ou le sanglot, encore une fois, cela nous épouvante !

Et voyez comme l'abyme s'éclaire à la lumière des contrastes.

Au Deux-Décembre deux femmes étaient dans Paris, — l'une mère de famille ayant honoré sa vie déjà longue, par les sueurs divines d'un travail opiniâtre, intelligent, élevé, qui nourrissait ses enfants, — l'autre aventurière au long cours, hantant les chasses, les palais, les parcs, butinant partout le plaisir et ne comptant ses nuits que par des fêtes :

La première, sous le coup d'Etat, s'en va relever les blessés, consoler les douleurs, avertir les suspects, chercher un toit aux proscrits, on la jette à Saint-Lazare ; — l'autre, court à travers le sang comme la fille de Tarquin, et s'en va rayonnante, superbe, féliciter l'assassin dans son antre : on l'accueille, comme Antonie Cléopâtre, et sa place est marquée dans les grandes orgies !

La première, dans sa prison, travaille pour ses pauvres petits enfants abandonnés, pour ses compagnes moins faites à la peine, pour tout ce qui souffre autour d'elle ou dans l'exil : elle console, elle élève, elle fait des âmes : on la transporte en Afrique ! — l'autre, reine des festins, boit dans les coupes de la dictature, intrigue, pousse aux vengeances, et, courtisane habile, irrite les violents désirs : on la fait impératrice !

Epuisée, brisée, défaillante, la première, ne revient en France que pour y mourir, sans le dernier adieu de ses enfants ; — l'autre, comme les Eudoxie du Bas-Empire, s'étale au trône et n'attend plus qu'un pape pour la couronner !

Est-ce que le crime sera roi longtemps sur la terre de France ? Est-ce que le vice hardi t'éblouit à ce point, ô Peuple ! que ta face prosternée n'ose plus se relever devant les maîtres ?

Souviens-toi de madame Roland et de ses compagnes : ce sont *tes filles, tes mères, tes sœurs !*

LES DERNIERS HORIZONS.

CHAPITRE IX.

LAMBESSA.

Lambessa!... ce nom, depuis nos dernières guerres civiles, a retenti jusque dans le dernier village de France : il n'est pas un département, un canton, un hameau qui ne l'ait entendu dans les harangues officielles ou qui ne l'ait trouvé dans les lettres de l'exil. Pour l'opinion publique en France, Lambessa, c'est le *Sainte-Hélène* de la République!

Eh bien, Lambessa n'est pas un mythe de la fable, mais il n'a jamais reçu d'autres proscrits que ceux de la grande bataille de Juin.

Trois cents hommes à peu près sont là depuis deux ans, condamnés aux rudes travaux des galères pénitentiaires, n'ayant pour témoin que le désert, et pour vengeur que la conscience.

Lorsque M. Louis Bonaparte eut besoin de Bab-Azoun, de Douéra, de Bir-Kadem et des vieilles citadelles africaines, pour y jeter ses proscrits, il fit enlever de la Casbah de Bône les trois cents martyrs de la grande tempête sociale qu'avec bien d'autres il avait allumée, et les ruines romaines de Lambessa leur furent assignées comme Bastille, ou pour mieux dire, comme tombeau.

Ouvrez les livres, penchez-vous sur les cartes, consultez les voyageurs, vous ne trouverez nulle part une indication sérieuse sur ce point perdu du désert où vivent nos frères.

Cela est jeté, nous a-t-on dit, au bord des grandes solitudes qui ne voient que le soleil et le vent ; point de fleurs, point d'arbres sur cette grève lointaine : l'herbe elle-même n'y peut monter : voilà le paysage !

Les chaudes haleines du sirocco qui fait orage et la froide humidité des nuits : voilà le climat.

Dans le camp, la discipline des bagnes, le boulet pour les mutins, l'insulte pour tous. Quant aux travaux, c'est la corvée de misère à ce point raffinée qu'on a forcé les martyrs à construire eux-mêmes leurs prisons avec les séculaires débris qui gisaient çà et là, derniers cadavres de Rome !

Les trois cents de Lambessa sont les indomptables du combat et de l'idée, natures généreuses, mais qui ne plient pas sous la force. Aussi la réaction de 1848, monstre à plusieurs têtes, n'a-t-elle jamais voulu les amnistier : cela se comprend ; ils n'appartenaient ni à César, ni à Pompée, ni à Lépidus ; ils ne répondaient qu'à la grande consigne de la Révolution française, et toutes les ambitions, toutes les sympathies, toutes les *dictatures*, les ont laissés dans leur bagne !

Entre tous, pourtant, un homme avait promis d'effacer cette honte et de finir ce supplice ; il était candidat alors, et la miséricorde de ses progammes était large, infinie comme ses cupidités ; dans ses circulaires, la transportation était un crime ; dans ses discours-embaucheurs, il ne désirait le pouvoir que pour guérir les plaies de la patrie !

Certes, pour tous ceux qui savent l'histoire de ce temps, et qui de près ont suivi nos guerres, M. Bonaparte avait là non seulement un devoir civique à remplir, mais une dette à payer. Combien de soldats, qu'avaient entraînés son or et son nom, ne comptait-il pas, en effet, dans ces terribles journées où le desespoir, la misère et le droit trouvèrent tant d'ambitions complices !

Qu'on relise le procès de Lahr et de Daix, les premières têtes coupées depuis que le peuple avait jeté le trône et le panier de Samson aux mêmes gémonies.

Mais M. Louis Bonaparte était une ambition princière de la grande école. Pour ces dieux-là, les hommes sont des obstacles ou des *instruments, des choses :* obstacles, on les brise, instruments, on les livre, et quand vient l'heure on monte au Capitole !

Donc on n'a point lutté contre les échafauds, l'on n'a point amnistié, l'on n'a point gracié, comme l'annonçaient les programmes ; on s'est fait empereur et l'on garde à Lambessa comme au Mont-Saint-Michel, comme à Belle-Isle toutes ces têtes républicaines qui ne savent pas se courber au gré des fortunes !

Le régime intérieur de Lambessa ne nous est point connu dans ses règles essentielles et fondamentales, mais les disciplines de Douéra, de Bône et de Béni-Mansour ne sont que de la faveur et du printemps, à côté de ces codes mystérieux et clos.

Il y a de plus la distance et l'isolement, c'est-à-dire, pour les geôliers, cruauté libre et responsabilité nulle : qu'on y songe, en effet : de ces cercles lointains la plainte ne peut sortir et le Gessler est Dieu sur ce domaine ; les âmes et les corps sont sous sa main : il peut insulter à sa guise, supplicier à sa fantaisie, troubler le sommeil fiévreux, aggraver les tâches et torturer à pleine haine !

C'est le vautour libre au flanc de Prométhée sur le Caucase désert.

Ce que peut inventer la rage humaine en de pareilles conditions, et ce que doit avoir à souffrir le malheur désarmé, cela se devine ; mais ce n'est point seulement la persécution intérieure, irresponsable, anonyme qui doit entrer en compte ici : ce n'est pas la faim, ce n'est pas le boulet, ce n'est pas le travail incessant, ce n'est pas la solitude où tout est perdu, famille, amis, patrie ; — c'est la guerre des éléments, c'est le climat, c'est la fièvre que tout engendre, c'est la mort qui sort des marais infects et que portent les vents!

Ainsi, veut-on savoir ce qu'il y a d'influences terribles en ce pays où M. Bonaparte a relégué ses captifs ? — qu'on lise la lettre suivante :

C'était par une belle et chaude journée de septembre, je m'acheminais lentement vers le lieu de ma destination. J'avais reçu l'ordre de me rendre au pont du Chélif, pour y remplir les fonctions de médecin de la *colonie pénitentaire*, ou encore, des *transportés politiques....*

Je ne pouvais m'empêcher de ressentir des regrets en voyant fuir, derrière moi, cette ville de Mostaganem, que j'habitais depuis six ans. Malgré moi je songeais à ceux que j'avais soignés, aux amis que je quittais ; ma mémoire, trop fidèle compagne, me retraçait les trois épidémies cholériques que j'avais traversées, comme chef de service, et à mon tour je murmurais tout bas : *grandeur et servitude militaires!*

Je ne veux nullement revendiquer pour nous seuls, médecins de l'armée d'Afrique, le privilége exclusif des désillusions, des mécomptes, des peines sans compensation : je commettrais une injustice et j'aurais tort ; mais la vie algérienne, encore incomplètement organisée, *recèle des tristesses fatales*, inconnues à nos confrères de France.

Les milieux où nous vivons surexcitent la somme de courage moral accordée à chacun de nous, *usent rapidement les ressorts de l'organisme*, impriment à l'intelligence une activité fébrile et capricieuse, *exaltent les appétits physiques*, et flétrissent avant l'heure les sentiments les plus généreux. On vieillit vite, parce qu'un *climat impitoyable* vous force à plier sous son joug ; on vieillit vite surtout, parce que le cœur reste inoccupé.

Les traditions, la famille, n'existent pas en Afrique ; rien ne vous reporte aux souvenirs si doux et si consolants de vos jeunes, de vos fraîches années ; tout, au contraire, irrite votre impatience, froisse la délicatesse de vos susceptibilités, enflamme les exigences de votre chair et blesse votre jugement, en le faussant ; aussi, lorsqu'après un long séjour on s'examine, on s'analyse froidement, se trouve-t-on moins bon.

L'homme est actif, il faut à son âme, à son intelligence et à ses sens des satisfactions convenables, modérées, pour que l'harmonie préside à la régularité de son existence, pour qu'il puisse, sans secousse, obéir à ses devoirs et aux rigueurs de sa position, pour qu'enfin des passions exagérées et égoïstes, des désirs blâmables et illégitimes ne viennent troubler ni son repos ni sa raison......

... Observons donc, médecin, peut-être serons-nous assez heureux parfois pour guérir ou pour soulager ; philosophe, nous serons plus indulgent, qui sait ? pour les *erreurs et les égarements* des hommes, en rapportant, avec une juste impartialité, avec un esprit dépouillé de toute prévention hostile, *les passions condamnables* aux causes le plus souvent fatales qui les ont produites, en les rapprochant des milieux funestes auxquels ils ont emprunté leur germe.

... Le village du Pont du Chélif est situé sur un versant de montagne s'étendant obliquement du nord-ouest à l'est, et présentant un plan légèrement incliné qui se termine au Chélif, un des principaux fleuves de l'Algérie... L'inclination du plan dont je viens de parler n'est pas entière, c'est-à-dire qu'elle se trouve arrêtée brusquement par un rebord assez élevé, à 50 mètres du fleuve.

Je reviendrai plus bas sur cette circonstance.

Le village est, de toutes parts, entouré de hautes montagnes appartenant, les unes au Dhara, les autres à la vallée même du Chélif. A 6 kilomètres environ, et sur la route du Dhara, on rencontre une forêt assez importante, composée de lentisques et de chênes verts.

Ce village n'est pas achevé ; il se compose dans ce moment de cinquante maisons à peu près, placées à une distance inégale les unes des autres.

Les constructions qui doivent occuper la partie supérieure du plateau que j'ai indiqué n'ont pas encore été commencées.

Un fossé d'enceinte a été creusé par les transportés.....

On n'a, jusqu'à présent, découvert aucune *source, un seul puits a été creusé, et l'eau en est mauvaise et salée.*

Les vents ordinaires sont ceux du nord-ouest, du nord-est, puis vient le sud-ouest.

Les orages sont fréquents : la brise de mer ne se fait sentir que vers les deux ou trois heures de l'après-midi. Les vents du nord-ouest soufflent parfois avec une grande impétuosité ; *les chaleurs sont fortes, accablantes, difficiles à supporter ; l'air est pesant et humide.*

Ces faits s'expliquent par la position même du village, bâti au fond d'un entonnoir.

L'eau du Chelif est mauvaise ; elle a mérité malheureusement, sous le rapport *de ses effets nuisibles,* une réputation très répandue dans la subdivision.

Saumâtre, d'un gris sale, abondamment chargée de matières terreuses et organiques, elle est lourde, *pénible à l'estomac, d'une diges-*

tion très laborieuse, provoque la diarrhée, et contribue beaucoup, suivant moi, à la fréquence des *fièvres d'accès* qu'on observe dans le pays....

On rencontre, dans les environs, des carrières de marbre et un grand nombre de blocs de pierre blanchâtre, véritable albâtre avec lesquels les transportés ont construit des filtres ; plusieurs même en on fait des ouvrages très curieux.

J'ai cru remarquer que ces filtres, tout en rendant l'eau plus limpide, lui communiquent cependant une saveur salée, désagréable, et une action purgative.

A trois kilomètres du village, dans la direction de l'est, au-dessus du pont du Chélif, et dans le voisinage de Souk-el-Miton, se trouve *un marais dont les exhalaisons* sont apportées par les vents qui viennent de ce côté.

On sait qu'en Afrique les pluies tombent par torrents et pendant une période déterminée ; or le rebord du terrain dont j'ai parlé en commençant arrête l'écoulement des eaux, aucune saignée n'ayant été pratiquée. Ces eaux forment *sur l'emplacement du village, autour de chaque maison*, des mares, ou plutôt de *véritables marais* accidentels.

. . . .

. . . .

Les travaux récemment entrepris, les terrassements, les grands remuements de terre, en un mot, qui ont lieu, contribuent encore à *l'insalubrité du village*.

On ne rencontre aucune trace de végétation. Quelques jardins ont été essayés depuis peu......

Les maisons habitées par les transportés... sont convenablement distribuées et tenues proprement, mais elles sont *toutes très humides*. Couvertes en tuiles, toutes les précautions ont été prises pour les préserver d'inconvénients graves, mais il est fort difficile, on le conçoit, de conjurer *certains périls qui résultent d'une position donnée*.

Les transportés, au nombre de 317, sont arrivés au Pont du Chélif, le 10 mai 1852.

Ils ont été divisés *en escouades de* 20 *hommes*, commandées par un chef nommé par le gouverneur général. *Chacune d'elles occupe une maison séparée*, autant que possible.

Tous sont couchés sur des lits ordinaires de soldats, et convenablement couverts la nuit...

Ils sont nourris de la manière suivante : 750 grammes de pain de munition ; 250 grammes de pain de soupe ; 350 grammes de viande : 12 grammes de riz ; ½ litre de vin ; 12 grammes de café ; 12 grammes de sucre.

Toute proportion gardée, les transportés sont aussi bien nourris que les soldats.

Les transportés, organisés militairement, *travaillent deux fois par jour*, et tous les deux jours, le matin à six heures, le soir à deux heures. Ils ont achevé un fossé d'enceinte.

La transportation est donc, cela est constant, aggravée par les travaux forcés.

En général, la conduite des transportés, sous l'influence de l'administration intelligente et sage de M. le capitaine-directeur, n'a provoqué aucune plainte fâcheuse, n'a nécessité aucune démonstration rigoureuse, aucune mesure enfin dont l'opportunité sévère eût été justifiée par la gravité de l'acte.

Du 16 mai au 20 novembre 1852, sur le chiffre de 317 transportés au Pont du Chélif, *cent vingt* ont été envoyés à l'hôpital.

C'est-à-dire que plus du tiers de l'effectif de la colonie a été atteint par les maladies en six mois !

Le nombre des exemptions à la chambre a été considérable parmi les *tirailleurs indigènes* de service dans le village, *beaucoup ont été attaqués de fièvres.*

Quelle a été la nature, quel a été le genre des maladies dont les transportés ont été atteints ?

J'esquisserai à grands traits les maladies qu'ont présentées les transportés ; je n'en donnerai qu'une idée générale, je n'en tracerai qu'un tableau fidèle, mais court. Je n'avais à ma disposition que fort peu de moyens d'action, et, *dirigés sur l'hôpital,* il devenait impossible de les observer avec suite.

Dans le courant de l'automne comme à la fin de l'été, j'ai constaté peu de cas de dyssenterie. Presque tous les malades ont été atteints de *fièvre paludéenne* offrant la forme rémittente gastrique ; l'accès était quotidien, quelquefois double quotidien, très rarement tierce. *Beaucoup ont eu des accès graves* contre lesquels j'employais immédiatement le sulfate de quinine à haute dose ; quelques-uns ont éprouvé des accès *pernicieux comateux ;* je n'en ai pas rencontré de délirants.

Une remarque importante et curieuse, c'est que tous ceux qui ont été touchés en quelque sorte par l'intoxication marécageuse de la localité en ont conservé des traces telles *qu'ils n'ont jamais pu entièrement se rétablir. D'emblée la cachexie les frappait de son cachet indélébile.*

Ce fait s'explique par *l'intensité du foyer marématique* et *par l'infériorité de constitution* que présentent en général les transportés. La moyenne de leur âge est de quarante ans, et à côté de jeunes gens on voit des vieillards de cinquante *et même de soixante ans.*

J'avais prévu, dès mon arrivée, ce résultat fâcheux, et j'avais prié M. le capitaine directeur d'en faire le sujet d'un rapport spécial à M. le gouverneur général, afin d'obtenir que les transportés malades de cachexie confirmée fussent envoyés, si cela était possible, en France, *dans une prison du littoral* que l'autorité supérieure aurait désignée.

J'exprimai la même opinion à M. l'inspecteur médical, dans un rapport sanitaire que j'eus l'honneur de lui adresser.

Les symptômes gastro-hépathiques se sont toujours montrés d'une manière tranchée ; et le sulfate de quinine ne possédait son énergie ordinaire que quand ils avaient disparu.

Ce phénomène morbide, comme j'ai déjà eu ailleurs l'occasion de le dire, dépend directement des causes *climatériques ou fixes, ainsi que de l'élévation de la température.*

J'ai voyagé, j'ai visité deux prisons en France, *je n'ai jamais rien rencontré de plus triste qu'une colonie pénitentiaire.* Souvent en voyant passer ces figures attristées et pâlies par les souffrances de l'exil, en observant avec attention ces hommes dont beaucoup, aux traits marqués par de profondes rides, semblaient ne devoir plus aspirer qu'au repos de l'obscurité et à la tranquille monotonie du foyer domestique, je me demandais : A quels mobiles ont-ils cédé ? A quelles idées ont-ils obéi *en commettant les fautes* qui leur sont reprochées ? Est-ce l'espoir d'un avenir meilleur qui a armé leur bras, inspiré leur courage ?

Maintenant, ce village réunit-il les *conditions voulues de salubrité ?* Peut-on lui présager un avenir favorable ? *Je ne le pense pas.*

Le rebord qui termine l'espèce de plateau sur lequel la colonie est placée, empêche l'écoulement des eaux pluviales qui, avec les détritus de toute espèce qu'elles rencontrent, forment *des marais accidentels dont j'ai déjà signalé les effets délétères.*

La position de ce village, son orientation, sa proximité d'un fleuve impétueux et débordant à la saison des pluies, boueux et infect quand il est à sec, enfin la mauvaise qualité des eaux, voilà les circonstances qui doivent, suivant moi, faire considérer cette *localité comme insalubre.*

Il ne me paraît donc pas opportun d'achever la partie du village placée à l'extrémité supérieure du plateau. En 1847 et en 1848, les troupes qui travaillaient alors au pont nous on fourni un nombre considérable de maladies, et nous avons eu à enregistrer à l'hôpital une *mortalité très élevée.* Le travail spécial auquel se livraient les soldats a dû, j'en conviens, contribuer d'une manière assez notable à l'élévation du chiffre des malades ; toutefois *la cause principale appartient aux influences locales.*

Je crois que cette localité ne devrait être qu'un camp militaire propre à garder le pont, cette position d'une importance capitale.

Des 317 transportés, arrivés le 10 mai 1852, il n'en reste aujourd'hui qu'environ 130 ou 150 ; un grand nombre ont été *graciés.*

BEAUCOUP DE TRANSPORTÉS DÉJA ONT SUCCOMBÉ A LA NOSTALGIE, AU DÉCOURAGEMENT, AUX INFLUENCES FUNESTES DU CLIMAT.

Emile CORDIER,
Médecin de 1re classe, en Algérie.

L'homme de science qui a écrit ces lignes est un personnage officiel, salarié par le gouvernement, et dont la pensée n'oserait les témérités politiques : en maints endroits, d'ailleurs, il a grand soin de manifester clairement sa répugnance et ses mépris pour les martyrs de la foi républicaine.

Or, voici pourtant ce que sa confession révèle : *il y a,* même pour les heureux, *des tristesses fatales* dans la vie d'Afrique : *les ressorts de l'organisme s'y usent facilement : — le climat est impitoyable : — les chaleurs y sont accablantes, difficiles à supporter :* — on n'y rencontre (en ces points désolés) *aucune trace de végétation : — et rien n'est plus triste qu'une colonie pénitentiaire !*

Le rapport où sont signalées ces conditions de mort, l'administration algérienne l'a reçu sans y répondre : le gouvernement central lui-même, celui de Paris, n'ignorait aucune de ces terribles influences climatériques, et pourtant il a jeté douze mille hommes sur cette terre où la maladie sort de la plante, de l'air, des marais et des vents. Qu'on nous dise, après des révélations pareilles, qu'on a voulu coloniser l'Afrique !

Lambessa, quoique sur un autre point, se trouve placé dans le même milieu de fièvres et de pestilences ; c'est toujours le sirocco dont le souffle porte la flamme, c'est toujours l'humidité malsaine des nuits tropicales, c'est toujours et partout le miasme empoisonné, la sécheresse aride et les vapeurs embrasées du désert.

Le bon docteur qui décrit si tristement son exil payé constate encore ce que nous avons signalé déjà dans ce livre, la galère incessante et les travaux forcés de la transportation : il nous parle, comme les martyrs, *de fossés d'enceinte, de terrassements*, et de toutes les rudes corvées qui sont la tâche quotidienne imposée par la philantropie du 2 Décembre.

Ces travaux, nons dit-il, se répètent deux fois par jour et contribuent encore à *l'insalubrité* des villages.

Cela se comprend, en effet; cette terre sauvage qu'on éventre pour la première fois depuis des siècles vomit tous les poisons et répand au loin les maladies mortelles. Que de pionniers ne sont-ils pas restés sur le sillon dans les forêts vierges qu'entamait l'Amérique ?

Ici, nous avons encore la déclaration très nette et très significative de notre savant : *des trois cents dix-sept transportés*, dit-il, *il n'en reste aujourd'hui qu'environ cent trente, beaucoup ont déjà succombé à la nostalgie, au découragement, aux influences funestes du climat.*

Et pour que sa parole ait plus de portée, il spécialise, en ajoutant que la *cachexie* frappait, de son cachet indélébile, ceux des transportés que n'emportaient point les rudes fatigues ou les fièvres.

Il est vrai que le médecin patenté de l'administration ajoute : *beaucoup ont été graciés*. Mais comme nous savons déjà ce qu'ont donné les *amnisties* du Deux-Décembre, nous pouvons laisser, en toute conscience, les deux tiers des absents au compte de la mort.

Ainsi, sur cette terre aux cents bagnes, les hommes-geôliers sont des bourreaux : le travail est un supplice, l'air un poison et le sol dévore. Des cadavres ou des spectres : voilà ce que laissera la colonisation d'Afrique !

CAYENNE.

Cette vaste arène d'Afrique, où s'ébattent les lions, les Kabyles et les vents, n'a pourtant pu suffire à M. Louis Bonaparte : sa haine est aussi gloutonne que son ambition, et, pour d'autres victimes, il lui fallait d'autres cieux, afin sans doute que par toute la terre il y eût des témoins de sa gloire : déjà, quand il n'était encore qu'au bas de l'échelle, ayant au-dessus de lui le peuple et les assemblées, il avait fait d'un petit îlot de l'Océan pacifique un ergastule-modèle pour les républicains, et jeté ses premiers martyrs dans ce puits perdu de la lointaine et mystérieuse Polynésie.

Qui ne se souvient de Nouka-Hiva ?

Après décembre et ses guet-apens heureux, maître absolu de la situation, ayant sous le pied les consciences, les institutions, les idées, les hommes, le dictateur put mieux donner toute carrière à ses froides vengeances, et Cayenne eut alors sa part de butin, comme Alger, comme les Marquises, ces *oubliettes* du grand Océan.

Ainsi, douze cents républicains sont partis, par convois successifs depuis deux ans, pour cette terre de feu qu'ont depuis longtemps illustrée nos malheurs, et la Révolution de Février laissera là des ossements, comme la grande République sa mère.

M. Bonaparte aime les traditions, en matière de supplices surtout : il s'est souvenu de Fructidor !

Journalistes, cultivateurs, propriétaires, ouvriers des villes et travailleurs des champs, il y a de tout, *même des femmes*, dans cette lande-cimetière qu'embrase le soleil, et cette fois encore, il s'agit de coloniser.... *mais avec des forçats !*

M. Louis Bonaparte est, en vérité, plus grand que son oncle : ce n'est pas un prince, c'est *le prince : — l'autre*, — celui de la gloire, comme disent les chansons, l'autre se contentait de faire assassiner en grand appareil de guerre quelques milliers d'hommes par jour, de prendre à ses heures une ville, une frontière, un royaume, et d'envoyer dans les cachots ou les déserts, — à la Guyane, par exemple — ce qui lui tombait sous la main : il était artiste en meurtres ; il faisait de la force pour elle-même, et n'avait guère souci que de la puissance.

Celui-ci ne prend ni villes, ni frontières, ni royaumes : il assassine chez lui, n'attaque pas le voisin et parle de *la paix*, comme Louis-Philippe, le roi des banques : mais avec ses ennemis il a des façons félines plus cruelles que la violence et plus terribles que l'échafaud ; il les accouple avec les forçats, espérant ainsi les dégrader et flétrir en eux l'idée qu'ils représentent : il sait bien que Cayenne les tuera comme l'Afrique, mais il n'a pas seulement besoin de cadavres, il lui faut, en tous et partout, la mort de l'honneur : il ne fait pas la guerre aux hommes, il la fait *à l'homme !* C'est le *jésuite* du système.

Que si l'on doutait de cette dernière infamie qui rappelle le supplice de Maxence, liant le vivant au mort, nous n'aurions qu'à transcrire ici le décret-Morny du 8 décembre, décret assimilant les prisonniers politiques aux repris de justice, et condamnant les membres des anciennes sociétés secrètes à la vie commune, dans les bagnes de Cayenne, avec les forçats en rupture de ban !

Voici d'ailleurs, entre cent autres, une lettre inédite, et qui prouve la vérité de ces monstrueux accouplements imaginés par la pensée du crime :

A bord de l'*Erigone*, le 28 mai 1852.

Mon cher Charpy,

Partis de Toulon le 23 avril, nous sommes arrivés à Brest le 6 mai, où nous languissons depuis. Mais aujourd'hui nous allons partir pour ce Cayenne qu'on nous promet depuis si longtemps.

Il n'est pas trop tard que cela finisse, car pour mon compte je suis épuisé de fatigues après tant de voyages tant en France qu'en Afrique.

Voici le personnel de la frégate : cent quarante-cinq détenus politiques de trente-deux départements, pressés comme sur le *Christophe Colomb*, je te laisse à penser si nous souffrons ; quatre-vingts environ repris de justice en rupture de ban, rebuts impurs de toute la société, ces hommes vont à la Guyanne sous la dénomination de *volontaires*; puis pour compléter la situation, cent soixante-un *forçats* viennent d'être embarqués aujourd'hui. Voilà nos compagnons de voyage ! Je vous laisse à comprendre notre douleur et la position qui nous est faite.

Gardez mon ami, gardez là bas un souvenir aux exilés. Je sais qu'en Afrique vous n'êtes guère plus heureux, éloignés de vos familles comme nous : seulement vous les reverrez bientôt. On nous dit qu'il n'en reviendra pas beaucoup de nous.

Ne m'oublie pas, mon ami, je t'en conjure. Je viens de te dire notre prison, dis-moi la vôtre.

J'attends une lettre de toi, je la recevrai à Cayenne, *ne m'oublie pas!*

C'est le 29 mai que nous quittons la France, si tu la revois avant moi salue-la pour nous deux, je l'aime toujours !

Adieu.

Pierre QUEBEL,
Chapelier à Montreuil.

L'ouvrier est parti, son dernier regard cherchant la France et, le pied en manille comme son compagnon de chaîne, un forçat, *un assassin, peut-être....*

Et ce n'est pas au milieu de la lutte seulement, quand la peur poussait aux violences qu'on a fait ces choses : ce n'est pas une mesure de combat, un accident, une fantaisie de vengeance, c'est un système permanent, c'est la loi vivante, religieusement gardée par les *maîtres*, et que le caprice applique.

Voyez :

On lit dans le *Salut public* de Lyon, le 6 MARS 1853 :

Par application de l'art. 2 du décret du 8 décembre 1851, le ministre de la police générale vient de décider que les nommés Chapitel, cordonnier, âgé de vingt-neuf ans, né à Clermont-Ferrand (Puy-de-Dôme), et Brayet, cordonnier, âgé de quarante-trois ans, né à Rive-de-Gier, condamnés, le premier à *six* mois d'emprisonnement, et le second à *deux* mois d'emprisonnement, pour affiliation à une société secrète *seraient transportés à Cayenne, pour la durée de dix années*, à l'expiration de leur peine.

Le *système* est-il assez cruellement constaté ? La justice des tribunaux, si rampante et si lâche depuis le 2 Décembre, n'avait pourtant condamné qu'au *minimum* ces deux prolétaires : pour tous ceux qui savent la couardise et les *nécessités* de Thémis, il est clair qu'ils étaient innocents. Eh bien, la police les ramasse et les jette pour dix ans à Cayenne !

Y a-t-il encore une France ? et ne dirait-on pas les lignes suivantes datées du pays d'Archangel ou d'Astrakan ?

" Des lettres de Toulon nous informent qu'il partira de ce port, demain jeudi 10 mars, un nouveau convoi de forçats pour la colonie pénitentiaire de Cayenne. De ce convoi doivent faire partie, si d'ici au 10 il n'arrive pas de contre ordre de Paris, un certain nombre de personnes " condamnées " par les conseils de guerre à la suite du coup d'Etat de Décembre 1851, les unes à la déportation simple, les autres à la déportation dans une enceinte fortifiée. Ces personnes s'étaient pourvues en grâce, et leur peine avait été commuée en celle de " quinze ans de travaux forcés à passer au bagne de Toulon ou dans la colonie pénitentiaire de Cayenne, au choix." Elles avaient opté pour Cayenne, dans la pensée qu'elles y seraient classées dans la catégorie des déportés politiques. L'option faite, on leur déclara qu'elles " seraient assimilées aux forçats ordinaires." Ces personnes ont immédiatement écrit à Paris, à qui de droit, pour obtenir, s'il était possible, " le retrait de la commutation " qui leur avait été " accordée," préférant une condamnation à vie à une condamnation moindre, mais plus flétrissante.

" Il nous fut proposé, écrit un de ces malheureux à sa femme, de " choisir entre le bagne de Toulon ou celui de Cayenne. Nous avons " accepté pour Cayenne, croyant y être considérés comme des hommes " politiques : mais on nous a dit ' que nous serions considérés comme " forçats.' Nous avons cru utile de protester contre une telle com- " mutation.

" Notre dignité et l'honneur de notre famille nous en prescrivaient

" le devoir, car il est douloureux et pénible pour nous d'aller passer " notre existence au milieu d'hommes que la morale réprouve et que " le crime a flétris.

" Que la nouvelle de mon départ ne te chagrine pas! ne songe " qu'à toi absolument. Arme-toi de courage, et sois la digne femme " du malheureux ami qui t'embrasse de tout son cœur."

" Tous les hommes de bonne foi, quelle que soit d'ailleurs leur opinion sur les actes qui ont été jugés par les conseils de guerre après le 2 Décembre, conviendront que ce langage est le langage de gens de cœur, peu dignes, en effet, d'être confondus avec les forçats." (*La Presse*, 10 mars 1853.)

La *dignité*, le *respect de la famille*, l'*honneur du nom*, qu'est-ce à dire et que veulent ces marauds? Pour MM. Bonaparte et Morny, ces bâtards illustres, cela se comprendrait, — ils viennent de si haut et de si loin, et par de si belles voies! mais ces ouvriers obscurs, ces bourgeois de rien, ces *anonymes* de la vie.... Est-ce qu'il y a de l'honneur à perdre sous pareilles guenilles?

Les conseils de guerre ont prononcé : M. de Maupas, qui est *la loi*, comme l'autre est *la majesté*, M. de Maupas ne peut pas attendre : que la justice ait son cours!...

Ils sont partis, par le dernier convoi des chaînes, protestant à la face du ciel et des hommes contre l'iniquité qui les souille, et, laissant derrière eux, — non pas l'honneur, ils l'emportent, ils sont eux-mêmes l'honneur! — mais la désolation dans leurs foyers, et les dernières hontes dans la patrie...

Quelle est leur vie là-bas? C'est le régime des bagnes, sous un ciel tropical : c'est le travail forcé sous le grand soleil : c'est la surveillance des chiourmes, la brutalité grossière des gardes, le contact avec l'infamie, le vice, et le crime, — c'est le corps s'affaissant et l'âme râlant toutes les agonies : c'est la mort certaine!

Aussi dans cette *promiscuité* plus redoutable que le silence et l'isolement, leurs dernières énergies se condensentelles en un seul but : s'ouvrir un chemin à travers l'Océan : être libres et redevenir *hommes !*

Argonautes du désespoir, quelques-uns ont réussi : qu'on lise la lettre suivante :

New-York, 6 janvier 1853.

A M. le Rédacteur du Courrier des Etats-Unis.

Monsieur,

Vous avez inséré, il y a quelque temps, une lettre qui parlait de l'évasion de douze déportés politiques de l'île de la Mère (Guyane française). Ce drame est aujourd'hui terminé ; j'espère, monsieur, ne pas être trop importun en vous priant d'insérer cette nouvelle lettre, qui donnera à nos amis d'Amérique tous les détails sur cette évasion. La haine n'entrant nullement dans mes principes, je raconterai seulement les faits sans commentaires.

Depuis leur départ de France, les déportés de Cayenne supportaient avec peine les mauvais traitements de leurs gardiens ; mais grâce à de sages exhortations, aucun désordre n'eut lieu pendant toute la traversée. Arrivés à l'île de la Mère, leurs peines redoublèrent. Il ne se passait pas un jour où M. Dubourg jeune, conducteur des ponts-et-chaussées, nommé gouverneur de l'île de la Mère, ne nous menaçât des fers ou de la fusillade, et cela sans le moindre prétexte. Les cœurs que n'avaient pas encore pu abattre de cruelles souffrances, se révoltèrent de cette conduite et résolurent de mourir ou de reconquérir leur liberté.

Plusieurs plans d'évasion furent formés. Il s'agissait d'abord de s'emparer de M. le gouverneur-général et de son état-major dans une de ses visites à l'île : avec des otages aussi précieux, rien n'était plus facile que de s'embarquer tous à bord du vapeur et de gagner l'Amérique, où nous étions certains d'êtrs bien accueillis. Quelques instants avant l'action, plusieurs des principaux conjurés refusèrent d'agir dans la crainte d'une résistance sérieuse, et, par suite, de l'effusion du sang. D'ailleurs, l'espoir de rentrer dans leurs familles, dont ils étaient les soutiens, arrêta beaucoup de pères. Un autre plan, plus vaste, fut conçu : c'était de nous emparer de la Guyane en donnant la main aux noirs. Je crois qu'il est de mon devoir de n'en pas dire davantage à ce sujet : mes amis comprendront pourquoi...

« Les projets d'évasion générale ayant échoué, douze hommes se réunirent le 8 septembre 1852, et préparèrent le plan d'une évasion partielle. A dix heures du soir, deux d'entre eux allèrent au télégraphe et brisèrent les signaux. Après la ronde des gendarmes dans les barraques, les douze proscrits sortirent bien doucement de leurs chambres et se dirigèrent, avec chacun un petit paquet sous le bras, au lieu du rendez-vous. Là étaient cachés un petit sac de biscuits, des sabres d'abordage et quelques ustensiles de charpentier. Le tout fut embarqué sur un petit canot, qui fut poussé au large en nageant.

« Pendant ce temps, Barthélemy, un de nos meilleurs nageurs, allait enlever une seconde barque, qui était à une portée de pistolet de la maison du gouverneur et des pilotes. Alors nous nous dirigeâmes tous ensemble, les uns à la nage, les autres en poussant les canots, vers les deux grandes chaloupes-pilotes qui étaient au large. Après des peines inouïes, les ancres furent levées, les voiles crochées, et nous prenions le large, traînant à la remorque toutes les barques. Une heure après, nous faisions couler à fond tout ce qui nous était inutile, et nous faisions voile vers l'ouest, sans carte, sans boussole et sans vivres, si ce n'est cinq livres de biscuits, des pommes-de-terre crues qui se trouvaient par hasard à bord, quatre dame-jeannes de vin et deux pots de moutarde, mais pas une goutte d'eau.

« Tout alla assez bien la nuit, et, dès le point du jour, nous pûmes réparer les désordres qui existaient dans notre voilure. Nous marchâmes alors rapidement, et nous croyions déjà être sur les terres hollandaises, lorsque nous aperçûmes les îles du Salut. Nous perdîmes un temps précieux en voulant reconnaître ces rochers; des ordres avaient pu être expédiés partout pour nous arrêter, et nous ne fûmes pas peu surpris d'entendre le canon d'alarme. Nous reconnûmes alors notre erreur, et nous prîmes chasse devant un canot de guerre envoyé à notre poursuite par le stationnaire des îles du Salut avec ordre de nous tirer *dessus sans sommation.* (Ce fait nous a été certifié par le mécanicien du *Voyageur* et par trois de nos camarades évadés après nous.) Notre chaloupe filait bien et était parfaitement doublée en cuivre.

« Nous nous engageâmes dans les brisants de Synamarie, où il fut impossible à nos ennemis de nous poursuivre. La nuit mit fin à la chasse, et nous nous croyions sauvés, lorsque nous fûmes arrêtés court par des bancs de sable. Nous aperçûmes alors le feu d'une goëlette qui nous donnait aussi la chasse. C'étaient des gendarmes; mais ils ne nous voyaient pas, et ils ne pouvaient pas nous approcher à la marée basse. A trois heures après minuit, l'eau monta et vint nous délivrer de notre prison de boue et des gendarmes; nous tirâmes une bordée de huit heures au large, et dès lors nous ne fûmes plus inquiétés. Après quatre-vingt deux heures de course, nous étions à Brandwarscht, premier poste hollandais. Nous fîmes signal de détresse, et l'on vint à nous.

"Nous demandâmes de l'eau et des vivres, et trois hommes débarquèrent pour aller chercher des provisions. Le commandant du poste était absent: c'est un résident hollandais qui nous reçut. Il nous vit dans une position qui lui donna des doutes à notre égard; il crut que nous étions des forçats échappés des îles du Salut, et nous dit qu'il croyait de son devoir de nous faire arrêter. Je lui fis alors cette déclaration: "Nous sommes douze prisonniers de guerre échappés de l'île de la Mère. Malgré vous, nous pourrions aller plus loin; votre poste est trop petit. Mais je vous déclare que, à cause de vos doutes, nous n'irons pas ailleurs. Nous nous mettons sous la protection de la Hollande, en vertu du droit des gens." Le résident nous dit alors que si réellement nous étions des déportés politiques, nous n'avions rien à craindre de la Hollande, que nous pouvions nous remettre entre ses mains. Il me fit une déclaration écrite que nous ne serions pas rendus, et je fis débarquer mes camarades.

"Le lendemain, M. Maïs, le commandant, vint. C'est un Français. Il nous soigna comme des frères, et nous garda chez lui trois jours pour nous faire oublier nos souffrances. Nous fûmes ensuite conduits à Paramaribo, où nous avons été reçus *comme étrangers arrivant sans passeports.* L'Heldin nous fut assigné comme résidence, et Paramaribo comme prison. Pendant ce temps, M. le gouverneur prenait toutes les précautions nécessaires pour s'assurer de notre idendité, et le 2 décembre le gouvernement hollandais nous mettait tous en entière liberté.

"Pendant notre séjour à Paramaribo, trois autres républicains s'échappaient de Cayenne et entraient au fort hollandais sous le pavillon américain. M. de Troyon, commandant du brick français *le Voyageur,* venait les réclamer le lendemain. Mais une réunion de tous les capitaines américains eut lieu chez le négociant remplissant les fonctions de consul, et il fut décidé que tout prisonnier politique qui avait mis le pied sur un navire américain était libre. Des mesures furent prises pour que nos amis fussent bien traités à bord, et, trois jours après, ils faisaient voile pour Boston.

"Frères d'Amérique, j'ai maintenant un appel à faire à votre cœur. Onze de mes camarades sont restés avec une grande répugnance dans la Guyane; tous désirent venir en Amérique; ils ont besoin d'une nouvelle patrie libre! Ils ont besoin de serrer la main à des amis. N'y aurait-il pas moyen de venir à leur aide? Je ne fais que poser la question: les cœurs grands et généreux des Américains et des Français d'Amérique la résoudront, j'en suis certain!

" Mes camarades sont tous de bons soldats de la démocratie universelle ; tous sont jeunes et actifs et possèdent des états.

" Voici les noms des douze déportés libres :

" 1. Reusse (Jules), cuisinier, Parisien, resté à Surinam.

" 2. Billiard (Gilbert), boulanger, de l'Allier, resté à Surinam.

" 3. Barthélemy (Jacques), boulanger, resté à Démérary, possession anglaise.

" 4. Tournaire, cordonnier, de l'Ardèche, idem.

" 5. Siol (Albert), carrossier, de l'Ardèche, idem.

" 6. Brûlat (Joseph), horloger, des Basses-Alpes, idem.

" 7. Beulet, propriétaire, de l'Ardèche, idem.

" 8. Lemaître (Louis), soudeur, de la Nièvre, idem.

" 9. Miaille (Henri), jardinier, de Vaucluse, idem.

" 10. Cadenes (Louis), menuisier, de Marseille, idem.

" 11. Yssery (Joseph), tuilier, du Gard, idem.

" 12. Riboulet, professeur, du Jura, à New-York.

" Les trois derniers évadés sont :

" Gourieux, entrepreneur ;

" Quesne, publiciste ;

" Chambonnière, professeur.

" Je suis avec respect, monsieur le rédacteur, le délégué des douze,

" Riboulet,

" *Instituteur du degré supérieur.*"

Cette évasion-presque-miracle, à travers tant de périls de la mer et des hommes, est une ce ces aventures hardies qu'aiment les âmes vaillantes, et comme il y en a beaucoup dans nos annales républicaines : mais de pareilles tentatives ne trahissent-elles pas toujours l'effort désespéré de martyrs que la peine accable, et pour chercher ainsi la liberté-problème à travers la mort ne faut-il pas qu'on ait épuisé les patiences dernières ?

Ils le disent, d'ailleurs : — la contravention, le regard, le geste allaient aux fers : pour une réponse, un mot, on armait les fusils, et M. Dubourg, l'un des Dragons de ces Hespérides enfiévrées, ne connaissait que le supplice ou l'insulte pour passe-temps !

Ainsi le 2 Décembre a trouvé partout, pour l'exécution de

ses vengeances et le service de ses haines, de ces *Tristan* de bas étage qui ont le génie du tourment : eh bien, il ne faut pas qu'un seul échappe, dès qu'il est signalé : car, si, derniers valets du crime ils n'appartiennent pas à la grande histoire, ils ont pourtant assez déshonoré l'espèce pour qu'elle s'en souvienne. Entrez donc, monsieur Dubourg, dans la petite ménagerie-Monnier : — vous serez un des chacals du second empire !

LES DERNIERS ADIEUX.

CHAPITRE X.

AUX MARTYRS DE LA RÉPUBLIQUE.

En ouvrant ce livre, Citoyens, j'ai fait mon salut à César, et secoué les serpents des Euménides sur ce front qui porte le crime, comme un arbre ses fleurs : aujourd'hui, ces dernières lignes, c'est à vous que je les adresse, à vous tous, amis inconnus ou vieux compagnons qui souffrez pour le droit immortel, soit dans les tristes solitudes de l'exil, soit aux Landes du Tropique ou du Désert brûlées par le soleil, soit dans les geôles.

" *Ils sont vaincus et nous sommes les maîtres!* disent les rois et leurs nomenclateurs, en comptant les échafauds, les potences, les croix, les bagnes, les cachots, les tombes à peine fermées et fraîches de sang. Nous avons éteint la lampe de ces mineurs qui creusaient le ciel; nous avons détruit leurs idées, et renversé leurs échelles comme leurs légions; il n'y a plus de République, il n'y a plus de libertés, il n'y a plus de tribune d'où la parole tombe et coure par toute la terre : la France, enfin, est au sépulcre, *nous sommes les maîtres!* "

Il est vrai que nous avons bien souffert : révélation incomplète et bien pâle de nos douleurs, ce livre le prouve, et, si nous regardions autour de nous, à travers l'Italie où tant de cadavres se balancent au vent, au fond de la Hongrie couverte d'échafauds, dans la Pologne patrie des veuves et des espérances, si nous comptions toutes les prisons pleines, tous les ossuaires ouverts et comblés, toutes les ruines qui parlent, toutes les villes qui pleurent, toutes les proscriptions et toutes les captivités, nous aurions un terrible bilan de deuil; il nous faudrait emprunter ses tablettes à la mort elle-même!

Mais la terre ne boit pas tout le sang de ces échafauds : il en passe de ce sang-idée dans l'âme des enfants, comme il en reste aux mains des rois : mais ces cachots où languissent ensevelis tant de martyrs, on les voit de tous les points du monde : on entend le bruit des chaînes, le cri des verroux, le sanglot des nuits, et les colères s'amassent, les anathèmes s'appellent, qui, plus tard, formeront les foudres! — Mais ces caravanes de proscrits errants sur les chemins, c'est la Révolution qui passe, semant ses idées avec ses larmes, ralliant des forces, ouvrant les cœurs fermés, créant des âmes, et battant partout le rappel des guerres saintes!

Quels sont ces hommes et d'où viennent-ils, demande-t-on à l'étranger? — "Nous sommes la Pologne exilée : biens, famille et patrie, nous avons tout perdu, non sans combats et sans gloire. Mais il a fallu partir, nous n'étions qu'une légion contre un monde... Et maintenant le Cosaque emporte chaque année nos petits enfants.... et leurs aînés meurent au Caucase... et notre langue est proscrite comme une empoisonneuse... et, restées seules au foyer, nos femmes en deuil servent des maîtres. Si la bataille ne revient pas, heureux ceux qui sont morts!"

L'hôte ne répond pas peut-être, mais il appelle ses fils, et plus tard, quand Nicolas vient à Londres, il ne trouve pas un mendiant qui le salue.

Quels sont ces hommes, et d'où viennent-ils? — "Nous sommes la Hongrie décimée, proscrite, errante. Nos femmes sont au gibet, comme nos mères : la trahison nous a livrés avant le dernier sang ; notre terre n'est plus qu'un cirque, et les échafauds la couvrent comme des tentes de mort. Heureux ceux qui sont tombés, si le deuil de la *patrie* doit durer longtemps ! "

L'hôte, peut-être, ne répond pas, mais il appelle sa femme, ses enfants... et, plus tard, quand Haynau le boucher vient à Londres, — par ses ouvriers, par ses femmes, l'Angleterre le marque au front... et, châtié par la verge des rues, le belluaire va cacher sa honte au fond de ses domaines volés !...

L'Italie parle comme la Hongrie, sa sœur, et l'Allemagne comme la France.

" Nous avons voulu, disent-elles, que les peuples ne fussent point le patrimoine des rois, que la pensée ne fût point l'éternelle esclave de la force ou des dogmes morts ; que la liberté, qui est la vie, laissât passer l'idée, qui est le rayon ; que devant le travail s'effaçât le privilége, et que la famille humaine, affranchie dans son esprit comme dans son corps, pût se constituer en pleine harmonie de relations fraternelles. Voilà pourquoi tant de nos frères sont morts ; voilà pourquoi tant d'autres sont en Afrique, à Cayenne, ou dans les sombres forteresses du Danube et du Rhin ; voilà pourquoi nous errons, proscrits, persécutés, martyrs, au hasard des chemins, des fortunes et des gouvernements ! "

L'hôte ne répond pas, mais il regarde sa Bible, qui lui fut si longtemps à crime ; il se souvient de Marie la sanglante, des Stuart bourreaux.... et bientôt après, dans la presse, dans les meetings, à tous les foyers, il y a deux grands procès ouverts, il y a deux condamnés : le pape et l'empereur !

Ne l'oubliez donc jamais, transportés, exilés, captifs, nos souffrances sont encore une force, nos larmes sont fécondes, comme notre sang, et les bourreaux qui croient vivre de nos supplices y puisent la mort.

Etrange fortune de l'idée ! elle engendre sur les gibets, sur les croix, sur les échafauds, et les cendres du bûcher lui sont semence. Où sont les *Hussites*, où sont les *Albigeois*, et les *Puritains* du temps de Milton? Ils sont couchés dans l'histoire, balafrés, sanglants, tenaillés ou rompus vifs, mais Luther depuis des siècles est le grand maître en Angleterre, en Allemagne, en Amérique, et le pape s'en va trébuchant jusque dans Rome!

Où sont les Encyclopédistes, les Philosophes et tous ces apôtres-confesseurs qui travaillaient au siècle dernier dans les échoppes de Suisse ou de Hollande? On les proscrit encore, on les blasphème comme les Titans de la révolte ; mais la Révolution Française est sortie toute armée de leurs propagandes, mais Descartes a tué le grand Aristote, mais ils ont renouvelé la conscience humaine, et si tout n'est pas encore déblayé, vieux empires et dogmes éteints, c'est que la science est plus difficile à faire et plus lente à venir que les religions.

Ainsi le passé tout entier nous est caution de victoire : au milieu de nos épreuves, si notre âme chancelle, nous n'avons qu'à nous souvenir!

Ne sommes-nous pas, en effet, les héritiers directs, les disciples, les fils de ces grands suppliciés, de ces esprits lumineux, de ces soldats-penseurs dont la logique plus redoutable que toutes les épées a fait tant de ruines dans le vieux monde des servitudes?

Eh bien, tous ces morts combattent pour nous, avec nous : ils étaient à la bataille de 1830, avec les sergents de la Rochelle; ils étaient aux barricades de 48 avec les martyrs du Mont-Saint-Michel et de Doullens ; ils sont en vous, en moi, dans l'âme du bourgeois, sous la veste du prolétaire, et jusque dans la conscience du juge qui balbutie des arrêts de mort sur ses siéges.

Il n'y a pas, au milieu des rangs ennemis, une âme tranquille, depuis le bourreau jusqu'à l'empereur!

Ayons donc, nous tous que le jour présent accable, ayons une foi ferme, indomptable comme celle des anciens de la la première République tombés au panier de Samson ou sur les chemins de l'exil : gardons, jusqu'au bout, entière et vivante, la religion transmise, et par nous fécondée, aggrandie.

Nos douleurs, comme nos fiertés, font propagande : c'est la poussière de Marius, et c'est de là que viennent les Gracques !

Voyons d'ailleurs, autour de nous, quelles sont les forces ennemies, et ce que marquent les signes du temps.

Cet empire d'hier qui s'est fondé par le massacre sur les ruines d'une Révolution, et qui a livré tant de batailles à l'esprit humain, qu'a-t-il gagné depuis deux ans ? Où sont les intelligences élevées, sérieuses qu'il a ralliées à son abrutissement, à son culte ?

Où sont les caractères, les épées, les consciences de quelqu'éclat et valeur qui se sont inclinés et prosternés ? Quel est le parti qui s'est détaché de sa tradition et qui a déserté ses autels pour suivre la nouvelle fortune ?

Il a pourtant cet empire tous les trésors, tous les pouvoirs, toutes les dignités à répandre. Il a mis toute une civilisation dans son auge, et jamais plus large curée ne s'offrit aux convoitises : eh bien, sauf quelques marquis besogneux comme les Larochejacquelein, ou quelques vieillards effarés comme les Timon, pas un homme, depuis le Deux-Décembre, n'a pris le chemin des Tuileries !

L'empire est debout, au milieu de la France, isolé comme un poteau : ses armées-complices font encore sentinelle, mais déjà dans les rangs il y a des rumeurs sinistres, les épées s'entrechoquent parfois, les généraux s'espionnent, se mesurent du regard, la hiérarchie menace de s'effondrer, et les soldats qui voient passer le Peuple, silencieux sous ses fardeaux, les soldats regardent et songent !

La magistrature sur ses siéges rend toujours les mêmes *services*, emprisonne, exile, confisque et tue à tous les commandements qui viennent d'en haut : mais le sang versé l'étouffe parfois, mais certaines confiscations lui pèsent et l'épouvantent; mais elle est livide comme le remords, sous ses robes rouges, et, quand elle a quitté la grand' chambre pour le huis-clos de famille, elle dit bien bas : que de crimes !.. quel temps !... nous touchons aux ruines...

L'Eglise encense encore, et psalmodie comme au premier jour ; mais elle intrigue et trahit pour les maîtres absents.

L'administration est sans foi ; la police est effarée dans ses emportements. L'argent lui-même a peur de cette force isolée qui peut être demain la guerre, au milieu d'un monde ennemi ; et tous ces intérêts, toutes ces ambitions, toutes ces bassesses le méprisent !

César n'a gardé que ses compères, ses reîtres, ses amis de la veille, affranchis gloutons qui tiennent les marches du trône, ont le trésor public sous la main, vivent, gaspillent, et font bombance. Hobereaux de misère sortis du chenil, ils aiment la soie, le velours, les splendides hôtels, les caves pleines, les armoiries, les galons...., et d'ailleurs, complices du guet-à-pens, ils sont rivés au Deux-Décembre.

" Défiez-vous , pourtant, ô César, et souvenez-vous de Fouché ! "

Voilà la cour, voilà les influences, les forces, les robustes épaules qui portent l'empire. Au-delà de ce cercle officiel des parasites et des comparses, dans la vie générale, il n'y pas un instinct, pas une conscience, pas une idée qui ne soient en révolte.

L'aristocratie se tient à l'écart, et fouaille de ses mépris sanglants toutes ces gloires d'écurie ou de banque borgne, tous ces princes de la maltôte ou du tapis vert, toutes ces *impératrices* d'aventure qui forment l'olympe.

La Bourgeoisie, humiliée, désarmée, suspecte, insultée par l'éperon, surveillée par les polices, la Bourgeoisie républicaine ou libérale compare les temps aux temps : elle se prépare aux laborieuses journées, — et celle de la juiverie, celle des écus tremble elle-même. — La tribu d'Israël ne sait rien des finances, on en parle si bas au corps législatif! — et puis, n'avez-vous pas entendu le canon sur la frontière du Rhin, à Constantinople, par exemple, où du côté de Waterloo? — Voilà les tourments, de la caisse : cruels soucis de la nuit et du jour... On espérait mieux dormir dans ce corps de garde !

Quant au peuple, plus d'Austerlitz, plus d'Iéna, plus de Pyramides, et beaucoup d'impôts. Comme appoint ou prébende, quelques salaires que les loyers dévorent, puis du Mazas, du Cayenne, ou du Lambessa, si vous ne trouvez point que cet empire-escargot est une locomotive, cette nuit de voleurs une journée pleine de soleil, cette boue de la gloire, et ce Napoléon-*socialiste* un père!

Il y a là, d'ailleurs, dans ces masses profondes du prolétariat, des études sévères qui se continuent, des énergies patientes mais indomptables qui n'ont jamais désarmé : ni les violences de la force, ni les scrutins de la fraude, ni les équivoques jésuitiques ne les ont entraînés ; chaque jour ils passent sous leur fardeau, devant les Tuileries, sérieux, impassibles, comme des juges : ils savent qu'ils le seront!

Ayons donc confiance, nous tous, gens de la peine : si nous avons perdu la patrie, si nos familles pleurent, si les tristesses de l'exil ou les misères du cachot nous éprouvent, si nous portons le grand deuil de la République, soldats que le crime a faits orphelins, relevons nos fronts inquiets et foudroyés : la Liberté fait ses rondes!

Adossés à l'histoire, nous avons derrière nous les phalanges invincibles, les grandes idées et les tombes qui parlent ; la science est dans nos rangs, les intérêts s'écartent du bourreau, les consciences se relèvent, et si l'*incident* fut tragique, il ne durera pas longtemps !

Mais que tous ceux qui sont restés au foyer, Bourgeois ou Prolétaires se préparent : que le Peuple surtout ne s'endorme point ! Est-ce que ses morts ne lui parlent pas ? — est-ce que les enfants seraient moins fiers, moins dévoués que les pères ? — est-ce qu'il ne sait pas qu'il y a dans le monde une Italie, une Pologne, une Allemagne, une Hongrie qui pleurent ? — est-ce qu'il ne vaudrait pas mieux la France morte que la France vassale, silencieuse, déshonorée ?

Réveillez-vous donc, Ouvriers, Paysans, et Bourgeois : unissez-vous, formez les faisceaux, et que celui-là soit maudit et flétri qui préfèrera sa rente, son salaire ou ses loisirs au grand devoir !

CH. RIBEYROLLES.

ANNEXES.

CHAPITRE XI.

ANNEXES.

N° 1. — *La délation qui marque les portes* (page 15).

Moulins, le 3 juin 1852.

. . . .

Je te dirai que Moulet, dégraisseur-teinturier, vient de mourir — il s'est empoisonné — il a fait venir Girard, Carrot, épicier, et Ducloux, tailleur, pour leur demander pardon de les avoir lâchement dénoncés ; il leur a fait promettre de lui pardonner d'avoir été cause de leur arrestation. Ils ont répondu que oui, qu'ils le pardonnaient de grand cœur. — Moulet avait fait demander aussi un autre citoyen qui n'a point voulu se rendre auprès de son dénonciateur au lit de mort.

Reçu à Douéra, 13 juin 1852, par le citoyen Gras, *limonadier à Moulins et transporté.*

—

Je soussigné, Narjot (Jean-Pierre), ex-garde-champêtre de la commune de Lalande, canton de Toucy (Yonne), et y demeurant.

Certifions et attestons que, appelé devant M. le juge-de-paix de Toucy, pour lui donner des renseignements sur les personnes accusées d'avoir pris part aux démarches hostiles qui eurent lieu au commencement de décembre dernier, j'ai accusé faussement, le sieur Millot (Etienne), âgé de cinquante-cinq ans, cultivateur, demeurant en cette commune, de faits dont il était innocent, les croyant vrais. Mais, depuis, j'ai reconnu qu'il n'en était point coupable ; j'ai cédé à une inspiration mensongère en sévissant contre lui. Je l'ai fait aussi dans l'intention de conserver ma place de garde-champêtre : une coupable idée me fit croire que je devais me montrer son ennemi en le calomniant.

Je certifie, en outre, qu'il ne m'a jamais engagé, en sa qualité de maire, à sévir injustement contre personne ; au contraire, tous ses conseils avaient toujours l'équité et la justice pour principes.

Le remords que me cause ma déclaration mensongère me poursuit ; les suites malheureuses m'alarment. Quoi ! une femme éplorée, sept enfants au désespoir qui réclament en pleurant un époux, un père, captif en ce moment, sont la conséquence de mon injuste déposition ! C'en est trop pour moi ; la mise en liberté de celui qui en est la victime pourra, seule, rendre la tranquillité à ma conscience que le remords poursuit.

En foi de quoi j'ai délivré le présent certificat. Puisse-t-il contribuer à faire cesser la captivité de celui pour qui je réclame la liberté.

Lalande, 13 mai 1852.

Signé : NARJOT.

Approuvé en l'absence du maire :

L'adjoint,

Signé : PIGOLLON.

—

N° 2. — *Ils font un crime de la pitié qu'ils emprisonnent* (page 54).

. . . .

Dans la ville de Brioude (Haute-Loire), et parmi les victimes de Décembre, se trouvait un pauvre cultivateur, père de trois enfants, dont le plus âgé avait six ou sept ans (ce cultivateur se nommait Joseph Barnier) ; ses seules ressources consistaient dans le produit de son travail et dans le produit d'un champ qu'il avait pris en bail-à-ferme. Or, il y avait déjà deux mois que ce malheureux gisait sous les verroux de M. le sous-préfet Rochette. Ses voisins, touchés de pitié, se réunissent mystérieusement un dimanche matin, et vont, au nombre de vingt, cultiver et ensemencer son champ. M. Rochette apprend cet acte de bon voisinage, il lance ses mouchards, ses gendarmes, ses gardes-champêtres, pour s'enquérir du nom des coupables. Tous ses efforts échouent . . . .

. . . .

Il fait empoigner la femme de Barnier au milieu de ses trois petits enfants et de sa vieille mère infirme, âgée de quatre-vingts ans.

. . . .

Il fait mieux encore : une dame, par le cœur chrétienne, envoyait chaque jour des vivres à Barnier, dans sa prison! M. Rochette la fit prévenir que si elle continuait il la ferait arrêter!...

—

N° 3. — *Razzia de vieillards et d'enfants* (page 45).

Ayma (Louis), horloger à Lusignan, fut arrêté le 5 mai et condamné comme propagandiste républicain et homme *dangereux*.

Son fils, âgé de sept ans, fut expulsé pour avoir crié : Vive la République! au moment où le prêtre chantait le *Te Deum*, cri qui fut unanimement répété par tous les autres présents à l'église.

Ayma a laissé sa femme avec quatre enfants en bas âge, en proie aux horreurs de la misère.

En expulsant cet enfant, le préfet de l'Aude osait dire qu'en frappant les enfants on détruirait ainsi la Démocratie jusque dans ses racines.

Cet enfant a produit à Londres un bien douloureux contraste en présence de Louis Badin, vieillard septuagénaire, natif de d'Oisy (Nièvre), expulsé pour avoir refusé de prendre son fusil de chasse.

Les misérables! ils oseront encore parler du respect de la famille et de la propriété.

—

N° 4. — *Les conservateurs-voleurs* (page 35).

On écrit de Paris à l'*Indépendance belge :*

Une affaire jusqu'ici mystérieuse, mais qui va éclater au grand jour du conseil d'Etat, occupe fort en ce moment les bureaux de l'intérieur et de la police. Le commissaire central de police d'une des plus grandes villes du Midi est à la veille d'être arrêté, comme prévenu d'avoir trafiqué des grâces dans ces derniers temps, et d'avoir vendu, à beaux deniers comptants, des commutations ou des libérations aux démocrates.

Le fait a été dénoncé à la justice par l'un de ces détenus, et appuyé, dit-on, d'autres déclarations semblables. On se refusait d'abord à admettre la possibilité d'une aussi maladroite prévarication, de la part d'un fonctionnaire intelligent, bien noté, qui venait de recevoir des marques de confiance du pouvoir; mais les charges sont devenues si fortes, qu'après enquête, il a fallu demander au conseil d'Etat l'autorisation d'arrêter et de poursuivre ce commissaire central. On sait que la nécessité de l'autorisation préalable est une immunité qui couvre le fonctionnaire public, hors le cas de flagrant délit; mais cette formalité, qui arrête quelquefois les poursuites intentées par de simples citoyens, n'est presque jamais refusée à l'autorité agissant pour la vindicte publique.

—

No 5. — *Il jette sur vous ses armées* (page 44).

ANNÉES DE CAMPAGNE.

Rapport au prince Président de la République française.

Monseigneur,

Vous avez bien voulu décréter, en principe, le 5 décembre dernier " que, lorsqu'une troupe organisée aurait contribué par des combats " à rétablir l'ordre sur un point quelconque du territoire, ce service " serait compté comme service de campagne. "

Vous avez arrêté, en même temps, que " chaque fois qu'il y aurait " lieu de faire application de ce principe, un décret spécial en déter- " minerait les conditions. "

Or, depuis longtemps déjà les troubles survenus à la suite du 2 Décembre ont complétement cessé; le moment est venu de faire profiter vos bienveillantes intentions aux troupes de toutes armes, qui ont si vaillamment réprimé ces désordres et rétabli partout la paix publique.

Tel est, monseigneur, l'objet du projet de décret que j'ai l'honneur de soumettre à votre sanction.

Paris, le 23 avril 1852.

Le Ministre de la guerre,
A. DE SAINT-ARNAUD.

Ce rapport est suivi d'un décret ainsi conçu :

Art. 1er. L'année 1851 sera comptée comme bénéfice de campagne aux militaires de tous grades et de toutes armes qui, au 2 Décembre, se trouvaient en garnison dans des localités où des troubles ont éclaté, ou qui y ont été appelés à cette occasion.

Art. 2. L'inscription de la campagne sur les états de service desdits militaires aura lieu en prenant pour base le tableau des corps auxquels s'applique le décret ci-dessus.

Fait au palais des Tuileries, le 23 avril 1852.

—

N° 6. — *Les paysans* (page 42).

Les misères que souffrent en Afrique les victimes du 2 Décembre ne sont pas les seules que le parti républicain ait à enregistrer; le fait suivant prouvera jusqu'à l'évidence, que les pourvoyeurs de Décembre voulaient en finir avec les républicains en les envoyant partout à une mort certaine.

Dans les premiers jours de juin 1852, étant à me promener sur le bord de la Tamise, avec les citoyens Valrivière et Gornet frères, nous vîmes avancer vers nous deux citoyens, dont l'un tenait un enfant de cinq à six ans par la main; leur costume annonçait deux paysans du Midi de la France; celui qui menait l'enfant m'adressa la parole et me dit en patois si j'étais Français et proscrit, je lui répondis en patois que j'étais l'un et l'autre, alors ayez la complaisance de m'écouter: "Il y a trois jours que nous sommes à Londres, nous n'avons pas un sou; partout où nous allons pour demander un logement le soir, et du pain dans la journée, on nous renvoie faute de nous comprendre, nous avons couché deux nuits dans les rues, ayez la complaisance de nous mettre en relation avec quelqu'un qui nous comprenne, autrement nous sommes forcés de mourir de faim, nos forces sont épuisées."

Lui ayant demandé pourquoi il n'avait pas laissé son enfant avec sa mère, il me répondit en baissant la tête "que sa femme était morte de chagrin du temps qu'il était en prison, et qu'à sa sortie il n'avait trouvé personne qui voulût s'en charger, il ne me restait plus aucun ami dans le village, tous avaient subi le même sort que moi."

Ces deux braves citoyens avaient fait près de trois cents lieues à pied, ayant à porter cet enfant entre leurs bras, ils n'avaient en partant de chez eux d'autres ressources que les trois sous par lieue que les sauveurs de la société leur accordaient.

BERGOUNIOUX.

N° 7. — *De Caudin, mort depuis au grand ossuaire.....* (page 103).

Mon cher Frond,

Tu me demandes quelques mots sur ma captivité, que dire de mon pauvre individu? rien de bien intéressant, mais tu le désires; tu songes à une œuvre morale pour édifier la société sur les actes politiques auxquels sont dûs tant de bouleversements dans les familles comme dans les fortunes, dans les projets individuels comme dans les sphères sociales. Je vais joindre mon appoint au martyrologe qui occupe ton âme sympathique, et si les minimes souffrances d'un artiste sont de quelque enseignement pour les générations qui nous succéderont dans la lutte, j'aurai la joie de m'être associé, pour ma faible part, à ton généreux travail.

J'ai été arrêté à Vierzon, dans le *Cher;* j'avais depuis deux mois fait élection de domicile dans ce pays, où je fuyais une position devenue impossible à Paris, grâce à la mort de nos journaux et aux tracasseries policières; devenue également impossible dans le pays de mon beau-père, que l'autorité, vu ma présence chez lui, avait privé de sa petite fortune (un bureau de poudre et un bureau de tabac achetés dix mille francs il y a vingt-quatre ans), ceci soit dit en passant aux détenteurs de la propriété.

A Vierzon, je faisais mon métier assez paisiblement, lorsque le coup d'Etat du 2 Décembre vint m'arracher à mes travaux. Il fallut aller à Bourges dans la *prison* qui fut le palais du duc Jean.

A peine convalescent d'une longue maladie, je fus placé à la chambre du *secret,* moins close apparemment qu'au temps où elle logeait son fondateur : la porte glaciale qui donnait directement sur moi me procura un accès de goutte si violent, que pendant six semaines il fallut me laisser porter par mes co-détenus chaque fois qu'un changement devenait impossible; heureuse circonstance, puisqu'elle me fit rencontrer une obligeance pleine de grâce, un dévouement tout fraternel dans un petit groupe d'artilleurs du 9e régiment, auxquels je suis heureux de témoigner ici ma profonde reconnaissance.

Depuis lors j'ai eu la bonne chance de les trouver de prison en prison, toujours à mes côtés et quand le sort nous aura séparés, je les retrouverai encore dans mon cœur!

Tu as été, mon cher ami, à même d'apprécier la dignité constante de ces braves jeunes gens, et l'universel respect dont ils ont su s'entourer. Je n'insisterai donc pas davantage sur une liaison dont les innombrables détails arrêteraient long temps mon récit.

A Bourges commence pour moi une mission de fraternité : séparé de tout ce que j'ai de plus cher, mon triste nid, je sentis le besoin de consoler un peu les familles auxquelles manquait un père, un fils, un frère et un mari. Je luttai contre le mal comme j'ai fait toute ma vie; je fis, j'ose le dire, la contre partie des *honnêtes gens* qui nous tiennent captifs; je renvoyai chez eux, sinon les prisonniers, du moins leur image vénérée, et j'ai l'orgueil d'ajouter que plus d'une bénédiction a couronné ma tâche. Nos geôliers n'en diront pas autant de la leur.

C'est encore la besogne à laquelle je me livre dans cette prison de Douéra. Tu vois, mon cher ami, que l'homme qui t'écrit n'est point un homme politique, à la façon des Machiavel ou des Talleyrand.

Je n'ai jamais compris et jure de ne jamais comprendre que la langue ait été donnée à l'homme pour dissimuler sa pensée. Je n'ai jamais accepté qu'il faille tuer les hommes quand on ignore les moyens de les faire bien vivre, et même seulement vivre. Je ne veux pas que l'on dise à son frère : tu diffères de moi, je te prends ta liberté. Je n'entends pas que le droit soit autre chose que le devoir pour chacun comme pour tous, et que méconnaissant cette vérité, les uns possèdent tous les droits, laissant aux autres tous les devoirs.

Je tiens pour un homme très fort le Machiavel *ci-dessus* qui nous a enseigné à quelles abominables conditions on pouvait être *prince*, mais je tiens pour des hypocrites et des scélérats tous les gens qui prétendent appliquer les hautes leçons de tyrannie par lui données comme des enseignements. C'est pourquoi, mon ami, je suis en prison, et pourquoi je me préoccupe fort peu des petites misères qui s'attachent à ma chétive individualité, permets-moi donc de clore ma lettre par une fraternelle poignée de main.

A toi de cœur.

Signé : Jules de CAUDIN.

N° 8. — *Ici s'arrête la correspondance*..... (page 195).

Bonne C......

Veuillez m'envoyer à bord par le commissionnaire les effets que j'ai laissés à El-Biar. Il m'a été impossible de retourner près de vous ; la chose vous sera expliquée plus tard.

Aimez-moi toujours, et bientôt, je l'espère, nous serons réunies.

Mettez tous mes papiers dans ma malle, tous sans exception, prenez garde de ne rien laisser traîner. Je vous aime et vous embrasse toutes.

Je pars dans de terribles conditions que personne ne doit m'envier.

Adieu.

Pauline ROLAND.

Bougie, 29 juillet 1852.

Ma bonne et chère amie, ma sœur chérie, mon cœur est resté avec vous, de telle sorte que je ne sens pas encore que je jouis de la liberté. Cependant je suis couchée dans un *vrai* lit, d'où je vous écris; j'ai fait un *vrai* déjeuner avec des amis retrouvés là par la grâce de

Dieu ; *j'ouvre et ferme ma porte moi-même ;* enfin, je prends un bain à cinq heures, un *vrai* bain.

Mais, amie, que de revers à ce beau côté de la médaille, et quelle aggravation que cette solitude plus absolue à laquelle on nous livre encore toutes deux. J'ai fait hier de vains efforts pour retourner prisonnière quelques jours avec vous...... Je vous lègue, mon amie, à tous ceux qui se sont montrés là-bas mes amis personnels, dont le nombre est, du reste, fort petit.

Je n'oublie et n'oublierai aucune de mes compagnes, et ferai toujours tout ce que je pourrai pour chacune.

. . . .

Je n'ai pu non plus obtenir le temps de séjourner à Alger, pour y faire quelques emplettes : " C'est inutile, m'a-t-on dit ; " ici, au contraire, je séjournerai autant que je le voudrai ; on m'y laisserait si je le demandais, je crois.

Mais, pour aller à Sétif, il faut d'ici traverser un bout de la Kabylie à dos de mulet, avec une grosse escorte, en courant le risque d'être enlevée par les Kabyles ou mangée par les lions ; cette perspective me plaît, et je n'aurai garde de ne pas saisir une si belle occasion.

En me menant jusqu'à Philippeville, je trouvai une route carrossable, un service régulier établi ; deux de mes compagnons d'internement : Peyre (de l'Hérault) et Lebègue (de la Seine), destinés à Sétif, étaient eux pour être débarqués à Philippeville ; ils ont sollicité et obtenu de partager mon sort. Je crains qu'on ne les fasse aller à pied : Peyre est un vieillard de plus de soixante ans !

. . . .

Que je vais être longtemps sans lettres ! Je compte que cela ira jusqu'au 10 août maintenant. Quel supplice ! Les courriers partent pour les pays que je vais habiter les 8, 18 et 28 de chaque mois ; mes lettres vous arriveront les 4, 14 et 24 ; vous en recevrez une chaque courrier, à moins que les Kabyles et les lois ne disposent autrement de moi, ce dont je n'ai nulle crainte. Mes braves camarades d'internement qui, eux, avaient demandé Sétif, se montrent pour moi des amis dévoués. Quatorze autres internés, de l'Yonne, de l'Aube, de l'Allier, allant à Bône, à Philippeville et autres résidences, m'ont tous serré la main.

Je viens de déjeuner avec un des internés de Bougie, qui s'est trouvé à la Casbah avec les amies du Midi ; il leur fait bien des compliments : il se nomme Morin.

. . . .

Votre sœur dévouée,
Pauline ROLAND.

Sétif, 11 août 1852.

Le courrier d'Alger est arrivé hier, bonne et bien chère amie, je comptais qu'il m'apporterait une lettre de vous, et je croyais pouvoir y compter d'autant plus sûrement que, de Bougie, je vous avais moi-même écrit une longue lettre qui a dû vous parvenir le 4 ou le 5 courant. Je comptais sur dix lettres au moins, tant de Paris que de divers points de l'Algérie; je n'en ai pas reçu une seule. Je n'accuse pas mes amis, vous le savez du reste : mais je souffre de ce cruel silence !

Quinze jours depuis notre séparation, chères bonnes amies; pendant ces quinze jours, j'ai subi de rudes tortures physiques, mais ces tortures n'étaient rien auprès de la souffrance morale. Pourquoi m'a-t-on forcée à vous quitter, mes pauvres sœurs ?..... Pourquoi ?... mais à tous ces pourquoi de la tendresse pas d'autre réponse que l'inflexible PARCE QUE ; aussi, faut-il autant que possible nous abstenir des pourquoi !

Parlez-moi de vous; que tout ce qui là-bas écrit sans trop de sacrifices m'écrive le plus souvent et le plus longuement possible; j'ai, en vous quittant toutes, quitté une seconde fois ma famille et ma France bien-aimée. Si vous eussiez été heureuses toutes, j'en eusse pris mon parti peut-être....

Et vous, ma C...., ma sœur, l'avez-vous compris ce nouveau déchirement qui m'était imposé par la providence, toujours bénie quoi qu'elle fasse, ce déchirement que m'a causé la séparation d'avec vous, d'avec vous avec laquelle je pouvais parler de ceux que nous aimons.

Cependant j'étais libre et vous *restiez*, peut-être vous *êtes* encore captive. Au nom du ciel écrivez-moi ce que vous devenez toutes.

. . . .

Si l'on venait à Sétif, il faut demander à venir par Philippeville, non par Bougie et faire en sorte d'obtenir la traversée par terre et sur des prolonges. Le voyage par Bougie est une *véritable passion.* J'ai cru mourir en route, et arrivée ici, j'ai été plusieurs jours sans bouger. Aucune des fatigues de la route ne m'avait donné idée de celles-là : madame ..... et vous ma C.... ne les supporteriez sûrement pas. Imaginez la montée du fort Saint-Grégoire pendant trente lieues, par une chaleur de plus de quarante degrés, avec un soleil dévorant, sans un arbre pour s'abriter, le tout à dos de mulet, sur un bât qui vous a écorchée dès la première heure. Impossible de marcher depuis la tombée du jour à cause des Kabyles, et pour reposer la nuit, la terre nue en plein air au milieu des postes ou des tribus arabes. Je ne voudrais pas n'avoir pas fait ce voyage, qui m'a intéressée au plus haut point; mais je ne souhaite à aucune femme de le faire.

Dès le second jour, j'avais les mains et le visage enflés de huit à dix lignes par l'effet du soleil, et de grosses vessies pleines d'eau surmontaient le tout, comme si l'on y eût promené des charbons. Le cerveau en a été atteint quelques jours durant, et je ne sais comment je ne suis point tombée malade. Maintenant la peau s'enlève comme après une brûlure ; de nouvelles vessies s'élèvent, et, grâce au mulet, j'ai été huit jours sans pouvoir tenir assise. — Que si quelqu'une vient, elle prenne donc garde. Qu'elle se prémunisse aussi de vivres pour la route ; car on ne trouve que difficilement et deux fois seulement, à six lieues de Bougie et à six lieues de Sétif environ, moyen d'acheter du pain et du vin. Le voyage dure de trois à quatre jours pleins. On rencontre çà et là des fontaines, mais voilà tout.

A-Dieu, amie, amies! qu'il vous garde et nous protège toutes.

Votre bien sincèrement dévouée,

Pauline Roland.

Sétif, 20 août 1852.

Bonne et chère amie,

Une lettre de madame ..... m'apprend que vous êtes malade de ces cruelles douleurs nerveuses qui nous tiennent l'une et l'autre comme une maladie de famille. J'ai si grand besoin d'avoir une lettre de vous, ma pauvre sœur, que je pense que celle-ci vous fera du bien quelle qu'elle soit. Vous êtes *seule* là-bas, comme je le suis ici malgré la bienveillance universelle dont je suis l'objet. Vous me remplaciez mes chers enfants et les chers amis dont je suis si cruellement séparée ; je tenais, je le crois, quelque place dans votre cœur. Cette cruelle séparation a été pour moi la dernière goutte qui a fait déborder le vase. Je suis brisée, non abattue, ni découragée : *ma foi en Dieu et en l'avenir reste entière ;* vous en êtes là aussi, ma C..... n'est-ce pas ? j'ai besoin que vous me le disiez vous-même. Si vous ne pouvez le faire, empruntez la plume de madame..... : il y a sûrement dans l'accent de sa voix quelque chose de plus semblable à nous que dans l'accent de bien d'autres !

Je répondrai à madame Greppo par le prochain courrier. Celui d'aujourd'hui ne m'a apporté que deux lettres d'Alger, la sienne et celle d'un autre ami.

. . . .

J'ai le cœur bien malade, ma pauvre chère amie ! plus malade que je ne peux le dire.

Dites-moi si plus heureuse que moi-même, vous avez reçu des

nouvelles de votre fils et de celles de votre cher captif. J'ai écrit à Langlois.

Un mot, bonne et chère amie, un mot. La liberté n'est pas la liberté quand ceux que l'on aime sont captifs : vous comprenez cela, vous, et vous ne me croyez pas bien heureuse sur mon rocher de Sétif.

. . . .

Je ne vous parle pas de nos affaires personnelles. Sachez toutefois que l'on m'a envoyée dans une ville où je n'ai d'autre ressource que de me faire domestique. Je vis le plus économiquement possible, attendant quelques jours encore pour prendre ce parti extrême. Je travaille un peu de l'aiguille, de façon à payer de ce travail partie de ma chétive dépense. Mais ces misères matérielles valent-elles qu'on en parle ? je ne crois pas. Tranquille avec ma conscience, j'en prendrais vaillamment mon parti, n'était l'inquiétude où je suis pour ceux que j'aime. Ecrivez-moi ! Ecrivez-moi ! que madame Huet, madame B..., que tout ce qui écrit là-bas m'écrive !

Je vous aime du fond de l'âme et vous embrasse toutes de même.

Pauline ROLAND.

Sétif, 1er septembre 1852.

Ma chère C......,

J'attendais un mot de vous par les précédents courriers, ce mot n'est pas venu ; je ne me plains point, c'est un assez grand bien d'aimer comme je vous aime pour que l'on ne croie pas ceux que l'on aime aussi obligés de nous payer de retour.

Notre ami D... m'écrit que vous êtes internée à Alger avec votre amie......, je vous félicite toutes deux. Il m'écrit que je vais être libre de retourner en France ; j'attends la nouvelle officielle, et ne sais ce que je ferai si la chose est véritable. Nous avons parlé trop souvent ensemble de cette éventualité pour que vous ne sachiez parfaitement ce qu'a dû me faire éprouver cette nouvelle. Ce n'est sûrement pas de la joie... Il y a des gens qui sont difficiles à satisfaire, et je suis de ceux-là. Jamais je n'ai été plus triste, plus déchirée que je ne le suis ; et je ne puis mieux expliquer les mille raisons, trop légitimes hélas ! de cette tristesse, de ces déchirements. Une partie appartient à la citoyenne, une à la mère, l'autre à la femme. Les mille attaches qui me tiennent à la vie et qui correspondent aux fibres de mon cœur sont toutes également douloureuses.

Que la volonté de Dieu soit faite et que son nom soit béni.

Vous reverrai-je jamais, mon amie ? Dieu le sait, et si nous ne nous revoyons pas en cette vie, vous souviendrez-vous assez de moi pour me reconnaître dans une autre. Je le souhaite bien plus que je ne l'espère. Je demanderai à passer par Alger *si je dois retourner en rance;* mais ceci me sera-t-il accordé? *Retournerai-je en France?* Je vous ferai connaître la façon dont j'agirai en tout ceci, lorsque l'avis officiel de ma mise en liberté et une lettre de mon fils que j'attends pour le 20 courant, m'auront dit si je dois accepter ma liberté et si je dois retourner en France, ou bien profiter de cette liberté pour essayer de me fixer en Afrique ou pour passer en Angleterre pour y souffrir avec mes amis.

Maintenant voici ce que vous demande la citoyenne :

M'envoyer par le prochain courrier la note exacte de la situation politique où se trouve chacune de nos compagnes de captivité. C'est-à-dire me faire savoir celles qui seront internées et où chacune est internée; celles qui restent en prison et celles qui sont renvoyées en France. Si vous ne pouviez faire cette note vous-même, faites la faire pour le prochain courrier.

Une lettre de Paris m'annonce aussi que l'on m'a envoyé *pour les besoins des femmes transportées* une somme de plus de cent francs, cette somme n'est plus, me dit-on, de la provenance ordinaire, mais bien le fruit de la cotisation de quelques femmes, cotisation qu'on espère rendre mensuelle. Veuillez me dire comment elle doit être répartie. La lettre qui la contient aura été envoyée d'Alger à Bône, de Bône à Constantine, et très probablement elle me sera renvoyée par le courrier du 4; plusieurs lettres ont déjà suivi ce chemin. Je vais donc la réclamer. Si elle me revient avant mon départ et que par le courrier du 10 j'aie une lettre de vous, je la répartirai ainsi que vous le direz. Si l'on m'oblige à partir sans vous voir et avant d'avoir reçu votre lettre, je vous l'enverrai et vous en disposerez de votre mieux.

Adieu, mon amie, je ne cesserai point de vous aimer.

Pauline Roland.

—

Sétif, 2 septembre 1852.

. . . .

Tant qu'une femme sera déportée je dois et je veux l'être; tant que quelques hommes seront ainsi sacrifiés au Molock de la peur, des femmes doivent avoir part au martyre. Or j'ignore ce que sont devenues mes compagnes, sauf deux que je sais internées à Alger.........

...Pour la question de ma sécurité personnelle il faut bien considérer ceci : mon emprisonnement et ma transportation ne sont que de simples accidents, ils sont la conséquence de toute ma vie, de la position que j'occupe dans le parti. L'ordre de ma mise en liberté a été obtenu par une sorte de pression morale exercée par mes amis, par les journalistes, par les succès de mon fils ; ce changement matériel n'explique aucun changement au fond. Rentrée en France, j'y serai arrêtée au premier jour, sans rien faire, quand la chose conviendra, et de cette fois, en vertu des décrets sous le régime desquels nous vivons, j'irai à Cayenne. Un nouveau genre d'ennemis s'est trouvé sous mes pas, les jésuites, le coup sortira de leurs mains, s'il ne vient pas assez promptement d'un autre côté. . . . . . .

. . . .

Pauline ROLAND.

—

Sétif, 17 septembre 1852.

. . . .

...Le général Basquet, qui commande à Sétif, pensait recevoir quelque chose touchant cette *grâce* par le courrier du 15.

Rien n'est venu, je reste identiquement dans la même position...

Si ceux qui me poursuivent de tant de haine et qui ne m'ont jamais vue savaient ce que je souffre en pensant à mes enfants, peut-être, pris d'une sympathie humaine, ils trouveraient que c'est trop de maux accumulés sur une seule créature.

Mais quelque soit ma peine je ne changerai pas ma ligne politique, dût la mort s'en suivre, je ne le dois point. J'ai dit à *** l'esprit des infâmes circulaires par lesquelles, le pistolet sur la gorge, l'expression n'est pas trop forte, on exige l'abaissement des républicains transportés. . . . .

Pauline ROLAND.

—

Sétif, 22 septembre 1852.

. . . .

Après trente-neuf jours depuis celui qui a dû voir signer mon permis de rentrer en France, rien qui ait trait à cela n'est encore arrivé à Sétif, et ma conviction est que rien n'y arrivera. . . . . . .

. . . .

Je sors de chez le général, je lui ai porté ma lettre d'internement pour Alger, voici sa réponse : " Vous n'obtiendrez rien sans le demander directement au président de la République, encore faut-il que votre lettre donne des gages *de repentir* pour le passé et de soumission pour l'avenir."

Les dernières circulaires reçues indiquent que l'on veut coucher à terre le parti républicain, et briser tout ce qui ne courbera pas la tête.

. . . .

Surtout que personne à Paris ne fasse de démarches dans un autre sens que celui de mon *internement pur et simple*, internement *provisoire* à Alger; ce qui serait au-delà pourrait avoir pour effet de me mener à Cayenne. Il faut être transporté pour comprendre ce qui se passe ici. C'est renouvelé de l'Inquisition et du conseil des Dix. .

. . . .

Pauline ROLAND.

—

Sétif, 6 octobre 1852.

. . . .

...Hier en rentrant du bain j'ai trouvé un avis conçu en ces termes : " Prière à madame Roland de vouloir bien passer au bureau des affaires civiles, pour prendre connaissance d'une dépêche qui la concerne."

Ce bureau étant fermé à cette heure j'ai passé une assez mauvaise nuit, et dès le matin je suis allée trouver l'officier qui m'avait écrit. Voici à peu près le contenu de la dépêche dont j'ai dû prendre connaissance :

Mon cher général, l'état que vous m'avez envoyé à la date du...... indique que madame Roland n'a pas voulu faire de soumission ou demander grâce au chef du gouvernement, je vous enjoins de diriger *cette femme* sur Bône, où elle devra être enfermée prisonnière à la Casbah, veuillez en conséquence la diriger sur Constantine par le prochain convoi, et me donner avis de son départ de Sétif. . . .

...La mesure prise vis-à-vis de moi n'est point une chose exceptionnelle, elle atteindra tous ceux qui ne consentent pas *à avouer leur faute, à manifester du repentir, à demander* GRACE. . . . . . .

. . . .

Pauline ROLAND.

—

Constantine, 13 octobre 1852.

. . . .

...Ici j'étais annoncée aux transportés, qui partout où je passe m'appellent leur mère. L'autorité avait décidé que je n'en verrais pas un. On m'a enfermée immédiatement à la place, où je ne communique qu'avec des militaires, qui du reste sont pleins d'égards pour moi.

. . . .

Pauline ROLAND,

—

Philippeville, 22 octobre 1852.

. . . .

...Ma santé est excellente, et je ne sens s'affaiblir en rien ni mon courage, ni ma foi dans l'avenir, ni la certitude de la justice de ce que nous voulons. Aussi au milieu des souffrances qu'on nous inflige, et qui vraiment sont fort grandes, il m'arrive souvent de chanter, en une sorte de prière, ces deux vers d'un bel hymne qu'à bord du *Magellan*, mes compagnons de captivité chantaient souvent en chœur :

" Il ne faut pas douter du salut de la France,
" Les larmes des martyrs fécondent l'avenir ! "

Si je n'étais loin de mes pauvres enfants, je crois en vérité que je ne ressentirais qu'une grande joie d'avoir été choisie pour souffrir pour la vérité.

Ayant une occasion sûre pour envoyer ma lettre, j'en profite pour rentrer dans certains détails sur ce qui se passe ici Ces détails, on les transmettra à nos amis, qui ne doivent pas se faire une idée bien exacte de la persécution exercée contre nous, et qui chaque jour prend des caractères plus terribles, un parfum de *Cosaquie* plus marqué. .

. . . .

Pauline Roland.

Casbah de Bône, 31 octobre 1852.

Ma bonne et chère amie, il me serait difficile de vous dire ce qui se passe dans mon cœur en ce moment. Il est certain que ce n'est pas de la joie ; et si, comme je le pense, B... vous parle de la façon dont j'ai reçu la nouvelle de cette *grâce* dont on me *flétrit*, peut-être le comprendrez-vous mieux que moi-même.

Je serai heureuse de revoir nos enfants, si la vie n'est pas impossible pour moi à Paris sous le rapport *policier*, si je puis gagner ma vie et celle de nos chers petits ; je resterai à Paris pour remplir *nos* devoirs de mère, car jusqu'à votre retour votre fils sera mon fils, aussi loin que sa volonté le permettra. — De toute façon je vais donc me trouver seule avec mes devoirs en rentrant en France, seule sans un un lieu ami où reposer ma pauvre tête, sans un cœur où verser mes larmes. Si vous y étiez, mon amie, je ne dirais point cela.

. . . .

Je viens d'être obligée de cesser d'écrire dans l'agonie de douleur que me cause cette affreuse séparation ; et tous les autres qui—jusqu'à mes geôliers — se sont montrés si bons pour moi, je ne les reverrai probablement jamais non plus. Mon Dieu ! pourquoi ce cœur qui s'attache si fort, pourquoi ce cœur à celle que tu as destinée à tant de séparations?...

. . . .

Je voudrais passer à Alger, mais je suis bien résolue à ne rien demander à ceux qui nous gouvernent. Je ne leur en veux pas, mais je ne puis les reconnaître, et leur demander c'est les reconnaître.

Dites à madame......, et à qui de droit, que si je reste à Paris, je je suis prête à faire tout ce qu'elle me demandera. Ne pouvant en ce moment être au service de la République qu'en expectative, je suis avant tout au service des républicains. Jusqu'à ce que je sache ce que je deviendrai, on doit m'écrire *poste restante*, je ne fais pas adresser à mon fils de peur de l'inquiéter, au cas possible où je serais arrêtée en route et détenue prisonnière quelque part. *Je m'attends à tout, je pars me sentant le couteau sur la tête.* Du reste je me sens prête à tout aussi, et certes ce que j'ai souffert pour notre sainte cause est loin encore, bien loin de ce que je me sens disposée à souffrir pour elle avec joie.

. . . .

Adieu, votre sœur,

Pauline ROLAND.

Casbah de Bône, 12 novembre 1852.

Comme me voilà bel et bien en prison, avec tous les agréments de la chose, parmi lesquels celui, fort grand, d'avoir toutes ses lettres ouvertes au départ et à l'arrivée, je ne vous écrirai pas avec tout mon cœur, comme il me serait si doux de le faire. Vous devinerez tout ce que je ne vous dirai pas, n'est-ce pas ?

On pensait que l'ordre de ma mise en liberté arriverait par Constantine, et que je partirais le 6. Nous voilà au 12 ! Trois courriers successifs sont venus de Constantine depuis mon arrivée, aucun n'a rien apporté.

J'ai vu partir le *Charlemagne* qui devait m'emporter, qui, je crois emportait quelques-uns de mes frères de la Casbah, et je suis restée... Le bateau du 22 en emmène d'autres, la chose leur a été signifiée, et il n'y a rien pour moi. Vous me connaissez assez, mon amie, pour savoir que je supporte la chose avec courage, mais cette chose est une des plus impatientantes qui soit au monde. Je veux vous dire toute ma pensée toutefois. J'ai toujours pensé que je ne rentrerais en France que par la grande porte, ou du moins par une amnistie générale ; ma pensée reste la même.—Moins que jamais, d'ailleurs (vous savez si je l'ai été jamais) je me sens disposée à rien demander.

. . . .

Enfin que Dieu pardonne! et quelles que soient les douleurs qu'il m'a envoyées, celles qu'il me destine, que sa volonté soit faite et que son nom soit béni.

Ma santé est excellente, j'ai repris le travail, et travaille beaucoup.

Je suis bien matériellement, mais le cœur me saigne en contemplant mes pauvres frères s'agitant au nombre de six cents dans leur petite cour; s'il m'était permis de les voir, ne fût-ce qu'une heure par jour, je les consolerais, je les calmerais, ce me semble; mais la consigne est rigoureuse, et vous savez que j'observe superstitieusement la consigne.

Je ne parle pas de la plaie que me fait l'absence de mes enfants, elle est de celles que l'on n'ose sonder. Je vis très isolée par le cœur, isolée dans le présent, mais riche de souvenirs. Mon fils me donne hier des nouvelles d'Europe, de nos amis. Il m'annonce une lettre de madame G..., lettre que je n'ai pas reçue. Il paraît que ces chers amis sont loin d'être heureux à Londres. Il me donne aussi des nouvelles de Pierre et de toute sa famille; elles sont à peu près semblables.

Que de martyrs! pour faire enfin triompher la justice qu'on poursuit en eux, car le triomphe est certain, inévitable. Mais à Dieu, amie bien chère! écrivez-moi tous les courriers, l'un ou l'autre des membres de la petite église, église souffrante, hélas!...

Je vous embrasse tous du fond du cœur, en vous demandant pardon de l'insignifiance de cette lettre qui ne vaut pas le port. C'est la faute du greffe.

Donez-moi des nouvelles de votre fils et de Belle-Isle, j'attends des lettres de cette dernière résidence; elles sont peut-être restées accrochées à quelque grille?

On vient me chercher pour une dame ma voisine qui est assez malade. C'est la femme d'un médecin transporté. Je ne sortirai pas de mon rôle de garde-malade! cela m'ennuie à cause de mon travail, mais je suis heureuse d'être bonne à quelque chose.

Adieu, adieu!

Pauline Roland.

—

Marseille, 29 novembre 1852.

Mon amie,

Je suis arrivée hier à Marseille, après une horrible traversée de huit jours, pendant laquelle nous avons par trois fois failli périr. Il semblait que la terre d'Afrique, où je laisse de si tendres affections, ne voulait pas me rendre à cette terre d'Europe, où sont mes plus chères amours.

Enfin me voilà ! et dès que l'autorité civile ou militaire le permettra, je me mettrai en route pour Paris.

Je n'ai pu vous écrire en quittant l'Afrique, et voilà pourquoi : Prévenue, à Bône, de mon départ seulement quarante-huit heures à l'avance, et quand je ne comptais plus sur ce départ, j'ai été accablée d'affaires, de lettres à écrire, etc., etc. J'ai ajourné pour vous jusqu'à Philippeville, mais là je suis arrivée *naufragée* ou peu s'en faut, à demi morte, incapable d'écrire et presque de penser. Nos amis *** m'ont fraternellement soignée, et au bout de trente-six heures, bien lasse encore, j'ai dû reprendre la mer où m'attendaient de nouvelles et plus terribles souffrances.

Voilà mon excuse, chère amie.

Lorsque vous reviendrez en France, je vous le demande au nom de notre amitié, au nom de votre fils, au nom de notre devoir envers nous-mêmes, ne faites pas la stupidité d'accepter le passage gratuit *sur le pont*. Pendant six jours sur huit, j'ai reçu la lame presque continuellement, et suis restée mouillée de la tête aux pieds. C'était à en mourir mille fois, et je ne réponds pas lorsque le loisir d'être malade me sera rendu, de ne pas le payer chèrement......, je me suis embarquée en peignoir de toile, en brodequins de coutil. Je frissonnerai toute ma vie, je crois, en songeant à ce que j'ai enduré sur ce pont où, malade de la mer comme je ne l'avais jamais été, je suis restée vingt-quatre heures couchée au milieu de l'eau, sans qu'aucun être humain m'offrît des secours.

Ces marins de la marine marchande sont des brutes ! Et les officiers de l'armée d'Afrique, quelle chevalerie ! Et un prêtre qui était là, et les *civils*, comme dit B...! Ah ! mon Dieu ! mon Dieu ! la jolie société, et que nous avons tort d'y vouloir changer quelque chose !

Je verrai votre fils aussitôt mon arrivée, mon amie, et dès que je l'aurai vu je vous écrirai. Je vous répète que je vous remplacerai près de lui autant qu'il me sera possible de le faire.

Adieu ! adieu !

Pauline ROLAND.

Madame Pauline Roland écrivit pour la dernière fois de Marseille, le 11 décembre 1852 ; elle avait été si rudement éprouvée dans les derniers temps de son séjour en Algérie, et pendant ses voyages, qu'en arrivant à Lyon elle tomba pour ne plus se relever.

Ce fut le 15 décembre qu'elle mourut, sans avoir pu reconnaître son fils, arrrivé sept heures avant, et quand elle était en pleine agonie.

Madame Roland avait quarante-quatre ou 'quarante-cinq ans : cinq personnes seulement accompagnèrent ses dépouilles. A Lyon, comme ailleurs et plus qu'ailleurs, on surveille les gens qui suivent la mort !

Tandis que Madame Roland s'éteignait à Lyon, un de nos meilleurs soldats, le citoyen Veyrac, de Saint-Céré (Lot), succombait à la Casbah de Bône, et, nous écrit un de nos amis, le citoyen Lavaur, hôte de la même bastille : " La " mort nous fauche à pleine gerbe, ici ; — nous serons bientôt " *graciés !* "

TABLE ANALYTIQUE.

CHAPITRE Ier.

ÉPISODES DE PARIS.

CHAPITRE II.

ÉPISODES DES DÉPARTEMENTS.

CHAPITRE III.

LES PONTONS.

CHAPITRE IV.

LES CONVOIS.

CHAPITRE V.

ALGER.

CHAPITRE VI.

LES CAMPS-COLONIES.

CHAPITRE VII.

L'INTERNEMENT.

CHAPITRE VIII.

LES FEMMES TRANSPORTÉES.

CHAPITRE IX.

LES DERNIERS HORIZONS.

CHAPITRE X.

LES DERNIERS ADIEUX.

CHAPITRE XI.

ANNEXES.

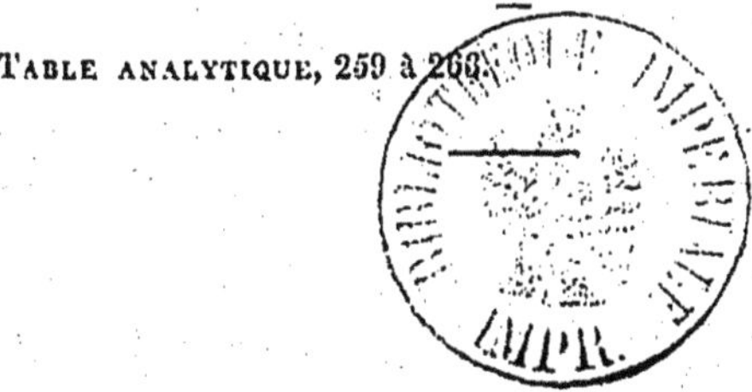

www.ingramcontent.com/pod-product-compliance
Ingram Content Group UK Ltd.
Pitfield, Milton Keynes, MK11 3LW, UK
UKHW021051220726
13924UKWH00005B/2072

9 782019 683528